Cuestiones de lingüística teórica y aplicada

STUDIEN ZUR ROMANISCHEN SPRACHWISSENSCHAFT UND INTERKULTURELLEN KOMMUNIKATION

Herausgegeben von Gerd Wotjak

BAND 99

María del Carmen Fumero Pérez/
José Juan Batista Rodríguez (eds.)

Cuestiones de lingüística teórica y aplicada

PETER LANG
EDITION

Bibliografische Information der Deutschen Nationalbibliothek
Die Deutsche Nationalbibliothek verzeichnet diese Publikation
in der Deutschen Nationalbibliografie; detaillierte bibliografische
Daten sind im Internet über http://dnb.d-nb.de abrufbar.

Library of Congress Cataloging-in-Publication Data
Cuestiones de lingüística teórica y aplicada / María del Carmen Fumero Pérez,
José Juan Batista Rodríguez (eds.).
    pages cm -- (Studien zur romanischen Sprachwissenschaft und interkulturellen Kommunikation ; Band 99)
    Includes bibliographical references.
    ISBN 978-3-631-64689-2 -- ISBN 978-3-653-04244-3 (E-Book) 1. Applied linguistics. 2. Linguistics. 3. Spanish language--Grammar. I. Fumero Pérez, María del Carmen. II. Batista Rodríguez, José Juan.
    P125.C
    410--dc23
                        2014038900

Gedruckt auf alterungsbeständigem,
säurefreiem Papier.

ISSN 1436-1914
ISBN 978-3-631-64689-2 (Print)
E-ISBN 978-3-653-04244-3 (E-Book)
DOI 10.3726/978-3-653-04244-3

Diese Publikation wurde begutachtet.

www.peterlang.com

Índice

María del Carmen Fumero Pérez
José Juan Batista Rodríguez
(eds.)

Prólogo

Siguiendo una tradición que cuenta ya con dos volúmenes del Instituto Universitario de Lingüística *Andrés Bello* de la Universidad de La Laguna (INU-LAB) publicados en esta misma colección, se recogen aquí catorce trabajos sobre lingüística teórica y aplicada: los dos primeros, especialmente interesantes, son de Gustave V. Dioussé y de Xavier Lee Lee, profesores de las universidades Gaston Berger (Saint-Louis del Senegal) y Las Palmas de Gran Canaria (España), respectivamente, a los que se invitó especialmente a colaborar en esta obra y que tan sabia y generosamente han respondido; y los otros doce son de miembros del INULAB.

Para hacer un rápido repaso del contenido de este libro, diremos que las siete primeras contribuciones se engloban en la lingüística teórica y las siete últimas en la aplicada. Empezando por los profesores invitados, ambos se ocupan de categorías nominales propias de sus respectivas lenguas maternas y que desempeñan una función morfosintáctica comparable al género gramatical de las lenguas indoeuropeas, tal y como ha puesto de manifiesto Guy Deutscher (2011) en su obra *El prisma del lenguaje* (Barcelona: Ariel). Así pues, Gustave Dioussé estudia las clases nominales del mancañá (lengua minoritaria de Senegal) y llega a la conclusión de que su función es categorizar los sustantivos de manera semejante a como lo hace el género gramatical indoeuropeo, con la particularidad de que este nunca pasa de tres miembros (masculino, femenino y neutro), mientras que las clases nominales del mancañá llegan hasta diez en singular (humano, animal, árbol, fruta, objetos, líquidos, etc.), si bien se reducen a la mitad en plural. Por su parte, Xavier Lee se ocupa de los clasificadores nominales del chino y también atribuye su existencia a la necesidad humana de categorizar y el ordenar el mundo circundante. La lengua china se sirve de unos cincuenta clasificadores específicos para señalar, contar y complementar los diversos entes y objetos a que se refieren, al tiempo que informan sobre su aspecto exterior. Estos clasificadores eran, en general, antiguos nombres que han sufrido un largo proceso de gramaticalización. Asimismo, ambos profesores ponen en relación las clases y los clasificadores nominales con los pronombres y la ausencia de artículo en sus lenguas respectivas, algo que resulta tan natural como sugerente. Al interés intrínseco de sus investigaciones se une, en ambos casos, una exposición clara y muy amena de unas categorías ajenas a nuestras lenguas indoeuropeas y que por ello resultan tan atractivas como instructivas.

Siguen cinco contribuciones del grupo de investigación que dirige Marcial Morera, cuya aportación sirve de obertura. El profesor Morera trata, en esta ocasión, de las llamadas «partículas negativas», empezando por el adverbio de negación *no*, al que distingue de los prefijos negativos *in-* y *a-*, etimológicamente emparentados, todos ellos con significación mostrativa, por lo que se oponen a los preverbios *dis-*, *des-*, *anti-* y *contra-*, que presentan significación descriptiva; luego, estudia cada uno detalladamente y con muchos ejemplos. Los trabajos de Dolores García Padrón y Juana Herrera se encuadran en un ambicioso proyecto de investigación sobre los gentilicios españoles: la profesora García Padrón estudia la formación léxico-gramatical y la evolución socio-pragmática de *sudaca*, un pseudogentilicio que, como ocurre con los exónimos, empezó usándose en España para caracterizar negativamente a los emigrantes hispanoamericanos y ha acabado siendo reivindicado como endónimo positivo por algunos grupos; y la profesora Herrera analiza el uso del exogentilicio *gitano* en los medios de comunicación españoles (y en el DRAE), denunciando la intensa carga negativa que comporta desde el punto de vista socio-pragmático y expresivo. Por último, dos becarias de este grupo de investigación, Kenia Martín Padilla y Leticia González Suárez, se han ocupado de la formación de palabras, y más concretamente de la composición mediante preverbios: así, partiendo del análisis de familias de palabras que ha desarrollado el profesor Morera, Kenia Martín analiza minuciosamente el triplo *conducto*, *conducho* y *conduto*, que, procedente del latín *conductum*, ha resultado de distintas soluciones fonéticas, las cuales se incorporaron al léxico español en momentos distintos para designar realidades diferentes; y también siguiendo los estudios del profesor Morera sobre preposiciones y preverbios, Leticia González se centra en la rección preposicional de los verbos españoles compuestos de preverbio, la cual suele imponer la misma preposición que refleja el preverbio o, en caso de que no exista en español como preposición libre, obliga a que se elija otra de su mismo subsistema, si bien hay casos en que, por determinadas razones, se selecciona alguna preposición de otros subsistemas.

Las siete aportaciones restantes se engloban dentro de la lingüística aplicada: se abren con tres estudios sobre dialectología, concretamente sobre la variedad canaria del español. En primer lugar, los profesores Gonzalo Ortega, Carmen Díaz Alayón e Isabel González Aguiar realizan un interesantísimo examen de la dificultad que ofrecen algunos topónimos canarios para establecer la motivación que los originó, la cual, a menudo, solo puede averiguarse si se logra esclarecer con certeza su etimología, factor, a su vez, determinante para su ortografía. Luego, partiendo de las actas del Cabildo de La Palma, la profesora Díaz Alayón realiza un minucioso análisis fonético y morfológico del español hablado en esa isla en el siglo XVI. En esta misma línea, el profesor Francisco Castillo, con su precisión y meticulosidad habituales, ha llevado a cabo otra valiosa aportación al estudio diacrónico del español de Canarias, al estudiar un texto de Lope Antonio de la Guerra, ilustrado canario del siglo XVIII.

La traducción y la llamada literatura de viajes están representadas por las contribuciones de Clara Curell y José Oliver, de un lado, y Marwane Sabir, de otro: Curell y Oliver, expertos en traducción literaria, exponen con sabiduría, claridad y concisión envidiables los diversos problemas que encontraron para traducir un poema del franco-antillano Ernest Pépin, siendo que a las dificultades inherentes a la traducción poética se añadía el reto de verter un lenguaje marcado diatópicamente; por su parte, Sabir, basándose en vastos conocimientos lingüísticos y de *realia*, realiza un intento de valoración objetiva de algunos textos escritos en castellano sobre palabras y expresiones de la antigua África occidental española.

Las dos últimas aportaciones versan sobre la enseñanza de segundas lenguas: así, los profesores Pedro Martín e Isabel Karely León, haciendo uso de su amplia experiencia docente e investigadora, han elaborado toda una serie de estrategias retóricas para ayudar a los estudiosos de medicina que deseen publicar el resultado de sus investigaciones en inglés; y, por último, el profesor Antonio Cano, buceando en la intrincada terminología de la enseñanza de lenguas asistida por ordenador, pone orden en el actual panorama de los espacios pedagógicos creados digitalmente.

Queremos concluir esta brevísima presentación con un triple agradecimiento: a los autores, por hacer posible la presente obra; al INULAB, por su ayuda financiera para la publicación; y, especialmente, al profesor Gerd Wotjak, por su constante e incondicional apoyo a la Universidad de La Laguna, renovado ahora al acoger un nuevo volumen del INULAB en su colección de Peter Lang. Precisamente al profesor Wotjak dedicamos los editores nuestro modesto trabajo de preparación y corrección de este libro.

En La Laguna, a 30 de mayo de 2014
Los editores

Gustave Voltaire Dioussé
(Universidad Gaston Berger, Saint-Louis del Senegal)

Clases nominales en lenguas africanas y género en lenguas indoeuropeas: estudio contrastivo de las lenguas mancañá y española

Introducción

La cuestión de cómo las lenguas clasifican los nombres[1] siempre ha interesado y sigue interesando a los lingüistas. Así, podemos citar, entre otros estudiosos que han trabajado sobre el tema, a Hockett (1958), Bonvini (1996), Corbett (1991, 2000), Creissels (1999, 2001), Kihm (2002), Brindle (2009) y Deutscher (2011). Según Creissels (1999), hay dos tradiciones que se oponen a este respecto: la lingüística indoeuropea y la lingüística africana. En la primera se habla de *género gramatical* para aludir al sistema de categorización de los nombres, mientras que en la segunda se prefiere el término de *clase nominal*.

En este trabajo nos proponemos analizar el sistema de clases nominales en una lengua de Senegal, el mancañá, que pertenece a la llamada *familia níger-congoleña*. La finalidad última que perseguimos es confrontar aspectos morfosintácticos del género gramatical indoeuropeo con las denominadas clases nominales de las lenguas africanas.

1. Género y clase nominal

En muchas lenguas indoeuropeas la existencia del género gramatical es clara: tal ocurre, por ejemplo, en español (masculino/femenino [y neutro en algunos pronombres]) y en francés (masculin/féminin). Aunque suele decirse que en inglés no existe género, lo cierto es que la tercera persona singular de los pronombres personales (no los nombres, que carecen de moción) opone *he* (masculino), *she* (femenino) e *it* (neutro): con el masculino y femenino se refiere al sexo (macho o hembra) de personas y (algunos) animales y con el neutro a las

---

1 Aunque conocemos la distinción clásica entre *nombres sustantivos* y *nombres adjetivos*, a continuación con el término *nombres* nos referimos a los *sustantivos*, de modo que emplearemos indiferentemente los términos de *nombre* y *sustantivo*.

cosas[2]. Por el contrario, cuando se trata de lenguas africanas, la cuestión no siempre parece tan clara. Pero, debido a las diferencias morfológicas que existen entre estas lenguas y las indoeuropeas, se tiende a considerar «inexistente» todo aspecto desconocido, cualquier «desviación» de las lenguas africanas con respecto a los tipos conocidos y descritos en las indoeuropeas. Ello ha provocado que únicamente el tipo de clasificación nominal indoeuropea se considere *género*, mientras que el modelo que se advierte en la mayoría de las lenguas africanas de la familia níger-congoleña, donde se incluye el mancañá, se denomine *clase nominal*.

El criterio en que suele basarse esta diferencia es de índole referencial: es un criterio externo, no lingüístico, ya que el género se asocia al sexo de la persona o animal que designa el nombre o sustantivo en cuestión (Corbett 1991: 1). Sin embargo, desde una perspectiva interna o lingüística, el género se ve como un rasgo gramatical inherente al sustantivo y no significa sexo. En otros términos, el sexo es un aspecto residual, subsidiario, del género gramatical: basta con atender a los miles de sustantivos que existen y comprobar cuántos de ellos son susceptibles de ser sexuados. Por eso suele decirse que, en el género, la función sintáctica de concordancia es lo más importante, lo que constituye su esencia: el género actúa de «orientador» de las concordancias entre el nombre y otros elementos relacionados con él. Esta concepción la critica así el profesor Morera (2011: 17–18):

> […], nos encontramos ante un problema lingüístico arduo, por el hecho importantísimo de que, junto a su mencionada significación básica, el género gramatical lleve aparejada una función formal de concordancia (de concordancia significante, no semántica), cuyo papel básico es indicar con qué sustantivo concreto se relaciona determinado adjetivo o pronombre. Esta función formal del morfema que nos ocupa hace que pase a segundo plano, o quede sin efecto referencial, su función semántica, cuando la base nominal afectada no formaliza más que una de dos posibilidades que esta categoría gramatical presenta en la lengua española.

Sin embargo, desde hace unos años ofrecen una visión diferente los estudios que versan sobre el sistema de clasificación de los sustantivos en las lenguas africanas, en concreto de la familia níger-congoleña. Ello se debe en gran parte a la labor del lingüista inglés Corbett (1991), quien parte de que el aspecto sexual no es el único criterio semántico-referencial que se debe tener en cuenta a la hora de

---

2   Por supuesto, hablamos en general y ya se sabe que siempre hay excepciones: así, es ya un tópico que el pronombre femenino *she* se usa para designar *gatos* (en principio independientemente de su sexo) y *barcos*.

establecer el género, pues muchas lenguas atienden a parámetros diferentes. Para este estudioso la característica esencial del género es la concordancia, es decir, que el género sirve para establecer correspondencias morfosintácticas entre el nombre (que lo lleva de forma intrínseca) y sus acompañantes (que lo adoptan para concordar con el nombre del que dependen): así, según los tipos de correspondencias que se manifiesten, los nombres se pueden agrupar en distintas clases. En este sentido, en una lengua como el español, el masculino y el femenino no serían géneros para Corbett (1991: 4), sino clases de nombres, que se distinguen por los tipos de concordancias que implican:

> ...the determining criteria of gender is agreement; this is the way in which the genders are 'reflected in the behaviour of associated words'. Saying that the language has three genders implies that there are three classes of nouns which can be distinguished syntactically by the agreements they take.

Dicho de otra manera, Corbett, entre otros estudiosos (entre los que nos contamos), considera que es lo mismo el *género* de la lingüística indoeuropea que la *clase nominal* de la lingüística africana, ya que el factor 'sexo' resulta mucho menos importante que la razón de existir de ambas formas de clasificar los nombres, que no es otra que la función gramatical de la concordancia. Además, este estudioso recalca que el número de géneros no está limitado a dos o tres, como sucede en las lenguas indoeuropeas, sino que, en casos extremos, puede llegar hasta veinte.

En un trabajo posterior, Corbett (2000: 293) emplea el término *género* a modo de archilexema, para referirse a todo tipo de clasificación nominal cuya principal característica es la de establecer concordancias:

> Gender systems have agreement as their defining characteristic. [...] Given this defining feature, the term "gender" covers what in some traditions is called 'noun classes. [...] Gender is not restricted to sex-based classification ('male/female'): other semantic possibilities include 'animate', 'small', 'insect', 'non-flesh food', and so on.

En un trabajo que tiene mucho que ver con el que ahora presentamos, Creissels (1999) trata de las similitudes y diferencias entre género y clase nominal, subrayando, entre otros, los dos rasgos siguientes: a) el amplio número de las clases nominales (unas diez en mancañá, diez en wolof, dieciocho en kimbundu [según Bonvini 1996], quince en yola banyal [según Bassène 2006], etc.)[3] frente a los dos o tres miembros de la oposición de género en las lenguas

---

3   Mientras que el *kimbundu* es una lengua autóctona de Angola, que se incluye en la familia níger-congoleña, el *yola banyal* y el *wolof* son dos lenguas de Senegal, como el mancañá, que es el idioma que consideramos en el presente estudio. En lo posible,

indoeuropeas; y b) la colocación tras la raíz del nombre del morfema de género (esp. *gat-O negr-O / gat-A negr-A*), frente a la colocación prerradical del morfema de clase (así, por ejemplo, las palabras mancañá *KA-tok KA-halu / I-toh I-halu* 'cas-A nuev-A' / cas-AS nuev-AS' presentan los prefijos KA-, de singular, e I-, de plural, antes de la base nominal). Este autor reconoce que el género gramatical y la clase nominal son básicamente lo mismo, ya que ambos sistemas desempeñan la misma función: posibilitar la concordancia entre el nombre y otros elementos que lo determinan. En este sentido, Creissels (1999: 178–179) precisa que la diferencia entre género y clase nominal no es más que una diferencia terminológica, pues la lingüística indoeuropea prefiere el término *género*, mientras que la lingüística africana suele emplear el término de clase nominal:

> Entre les classes nominales au sens des linguistes africanistes et le genre de la tradition grammaticale europénne, il y a une différence importante mais qui tient uniquement à la façon de décrire ces systèmes, et non pas à quelque chose qui les distinguerait de façon intrinsèque. [...]
> Cette question de terminologie étant éclaircie, la poursuite de la comparaison confirme que, si on se donne la peine de faire abstraction de ce qui tient à des distinctions de description plus qu'à des caractéristiques intrinsèques des langues, il n'y a que très peu de réelles divergences entre ces deux types d'organisation du système nominal.

Y, en un trabajo posterior, Creissels (2001: 2) expresa la coincidencia entre los sistemas de género y los de clases nominales de la siguiente manera: «[...] les systèmes des clases nominales des langues Niger-Congon sont typologiquement à la fois proches des systèmes de genre...».

Otro especialista que ha trabajado sobre los clasificadores nominales es Kihm (2002), quien, además del mencionado aspecto de la concordancia, subraya que los morfemas de género sirven de base al morfema de número: el morfema de número gramatical no puede unirse directamente a la base nominal, sino que tiene que aparecer siempre tras los morfemas de género. Ello puede deberse a que la raíz, cuando es susceptible de distinguirse como tal, no adquiere categoría nominal (o sea, su forma plena) sino cuando va unida a un morfema de género (*gat-o-s*). En cualquier caso, lo que cabe destacar es la posibilidad de oponer el singular y el plural tanto en los sistemas de género gramatical como en los de clases nominales. Así, por ejemplo, en mancañá, el prefijo nominal es el elemento que indica el número singular o plural: **na**-*hula* 'una persona de la etnia

---

hemos adaptado al español los nombres de estas lenguas africanas, a las que suele aludirse en su transcripción francesa: *mancagne, diola banjal,* etc.

mancañá' / *ba-hula* 'más de una persona de la etnia mancañá', *b(ë)*[4]*-koow* 'cabeza', *i-koow* 'cabeza-S', *u-pi* 'cabra [sin precisar el sexo]', *ŋ(ë)-pi* 'cabras [sin precisar el sexo]'.

Por otra parte, Kihm (2002) destaca que el morfema de género, igual que el prefijo nominal mancañá o el determinante wolof, funciona como un morfema derivativo; en este sentido, Morera (2011: 19) piensa que los femeninos derivan de los masculinos en los siguientes casos: *manzano / manzana, banco / banca, músico / música, mozo / moza*, etc. Paralelamente, en mancañá tenemos: *b(ë)-lemani* 'naranjo' / *p(ë)-lemani* 'naranja'.

Más allá de las coincidencias morfosintácticas entre el género y la clase nominal (dejamos de lado las diferencias por estimarlas muy secundarias), los procedimientos lingüísticos que nos ocupan reflejan, como apunta Kihm (2002: 2), la necesidad fundamental que tiene el ser humano de clasificar las cosas:

> The similarities between noun class and gender languages are sufficient; it seems, to warrant the following leading hypothesis: noun classes and genders jointly represent the grammatical expression of a basic faculty/activity of mind, namely *classification*.

En otros términos, la clasificación es inherente a la existencia misma del nombre: lo de menos es cómo cada lengua la lleva a cabo.

Además, como recuerdan Corbett (1991: 1) y Deutscher (2011: 218), la voz *género* viene del sustantivo latino *genus*, el cual es más transcripción que traducción del término gramatical griego γένος, que servía para designar el 'tipo', la 'clase', la 'raza'. Y, en este sentido, la distinción entre masculino, femenino y neutro o entre humanos, animales, vegetales y objetos, etc., es una distinción genérica. La diferencia entre el español y el mancañá, por ejemplo, reside en que el género de los nombres españoles incluye dos clases (masculino y femenino), mientras que el género de los nombres mancañá incluye hasta diez clases en singular (humano, animal, árbol, fruta, objeto, líquido, etc.).

2. Clases nominales y géneros en mancañá

La existencia de clases nominales es uno de los rasgos más destacados de la mayoría de las lenguas de la familia níger-congoleña (Creissels 2001, Bernd y Nurse 2004). Por *clase nominal* se suele entender el hecho de que los nombres se agrupan atendiendo a su referente, o sea, según designen seres humanos, animales, plantas, objetos, etc. Como tales, las clases nominales plantean dificultades

---

4   El signo *(ë)* nota una vocal oscura, apenas pronunciada: *vid.* a este respecto, y en general para la fonética del mancañá, Dioussé 2012.

enormes, en la medida en que, contrariamente a lo que piensan algunos estudiosos, no incluyen «valores semánticos evidentes» (Creissels 2001: 6), sino que, a menudo, seres de la misma naturaleza se reparten en diferentes clases. Pongamos algunos ejemplos a propósito: todos los nombres referidos a la clase de los animales llevan, en singular, el prefijo *u-*, de manera que *u-pi* designa la 'cabra [sin distinción de sexo]', *u-wit* la 'vaca' o el 'buey', *u-balab* la 'paloma', *u-búuru*[5] el 'burro', *u-barëm* el 'mosquito', *u-púla* la 'serpiente', etc.; sin embargo, en esta misma clase se incluyen también entidades como *u-kaaru* 'coche', *u-moota* 'moto', *u-deeb* 'hígado', *u-yook* 'viento', *u-ṣubal* 'lluvia', *u-bon* 'hambre', *u-limëṭ* 'sombra humana', etc. Lo mismo ocurre con la clase de los vegetales: todos los nombres de plantas llevan el prefijo *b(ë)*: *b(ë)-lemani* 'naranjo', *b(ë)-naana* 'platanera', *b(ë)-limoŋ* 'limonero', *b(ë)-kuuku* 'cocotero', etc.; no obstante, este mismo prefijo aparece también en nombres referidos a entidades no vegetales: *b(ë)-laañ* 'pieza amplia de tela, que puede servir de vestido o de sábana', *b(ë)-koow* 'cabeza', *b(ë)-lifi* 'sombra no humana', *b(ë)-ṭeem* 'canoa', *b(ë)-jan* 'lanza', *b(ë)-hej* 'machete', etc. Nos convence la explicación que ofrece Deutscher (2011: 224) al respecto: se trata de «extensiones» metafóricas o metonímicas de las clases originarias. Así, el estudioso judío pone el ejemplo de una lengua australiana que, como el mancañá, incluye las *canoas* dentro de la clase de los árboles, ya que estos constituían la materia con que se fabricaban aquellas (extensión metonímica); y en esta misma clase se incluye también *airplane* 'avión', préstamo tomado del inglés, ya que los aviones cumplen la misma función de transporte que las canoas (extensión metafórica).

En este sentido y como se puede observar, la clase nominal, entendida como una unidad semántico-referencial, es un verdadero «cajón de sastre» y, por tanto, difícil de abordar. Por nuestra parte, después de probar diversas clasificaciones, hemos optado por emplear un criterio morfosemántico, basándonos en el postulado de que, para existir, toda diferencia en el plano del significado tiene que ofrecer un reflejo en el plano del significante. De aquí nuestro intento de dividir todos los sustantivos del mancañá en dos clases principales, a saber: a) la clase de lo 'humano', que abarca los nombres referidos a personas y se caracteriza, en el singular, por la presencia de los prefijos *a-* o *na-* (y *ñ-*, probablemente con la misma etimología) y, en el plural, por el prefijo *ba-*[6]; y b) la (macro)clase de lo 'no-humano', que incluiría

---

5   El acento sobre esta *u*, que notamos *ú*, sirve para advertir de su glotalización: así, en mancañá la *ú* es una vocal glotalizada y, por ello, distinta a la *u* (*cf.* al respecto Dioussé 2012).

6   Ejemplos: *na*-pot / *ba*-poṭ ('niño'/'niños'); *na*-jukan 'docente [sin especificar sexo]'; *a*-bab María 'nieto o nieta de María'; etc.

todas las demás entidades, insertas en varias subclases (algunas con un prefijo diferenciado en singular), cuyo deslinde resulta más difícil.

Hay dos trabajos fundamentales sobre las clases nominales en mancañá: pionero fue el de Trifkovic (1969), autora que distingue diez clases nominales[7]; el más reciente es el de Gaved (2013), quien también establece diez clases nominales. A continuación reproducimos estas diez clases[8]:

Clase	Singular	Ejemplo	Plural	Ejemplo	Traducción española	Valor semántico-referencial
1	*a-*	*a*-hin *a*-buk	*ba-*	*ba*-hin *ba*-buk	marido(s) hij@(s)	FAMILIA
2	*na-*	*na*-poṭ *na*-lët	*ba-*	*ba*-poṭ *ba*-lët	niñ@(s) sastre(s)	HUMANO
3	*u-*	*u*-buuṣ *u*-jah	*ŋ-*	*ŋ*-buuṣ *ŋ*-jah	perr@(s) estrella(s)	ANIMALES; PARTES DEL CUERPO; ASTROS; NOCIONES ABSTRACTAS
4	*ka-*	*ka*-ñen *ka*-tok	*i-*	*i*-ñen *i*-tok	mano(s) casa(s)	MIEMBROS DEL CUERPO; OBJETOS
5	*p(a)-*	*p*-dunk *pa*-tenda	*i-*	*i*-dunk *i*-tenda	cántaro(s) tejido(s)	
6	*b(a)-*	*b*-laañ *ba*-tani	*i-*	*i*-laañ *i*-tani	sábana(s) rebaño(s)	
7	*p-*	*p*-maŋa *p*-laak	*m-*	*m*-maŋa *m*-laak	manga(s) piedra(s)	FRUTOS Y NOCIONES DIVERSAS
8	*b-*	*b*-maŋa *b*-ko	*m-*	*m*-maŋa *m*-ko	mango(s) árbol(es)	ÁRBOLES

---

7   El trabajo de esta autora nos parece de suma importancia, pues se basa en aspectos formales para abordar el estudio del sistema de clasificación nominal en mancañá. Así, distingue las clases *na-*, *a-*, *u-*, *ka-*, *p- (pa-)*, *b- (ba-)*, *ŋ-*, *i-* y *m-*.

8   Téngase en cuenta que, como veremos *infra*, como máximo hay diez clases en el singular, algo que resulta discutible si consideramos que *na-* y *ñ-* tienen el mismo origen y que las cuatro clases que suman la quinta y la séptima, por un lado, y la sexta y la octava, por otro, son reducibles a dos: quedarían, así, a lo sumo siete clases en el singular. En cuanto al plural, solo se observan cinco clases diferentes: *ba-*, *ŋ-*, *i-*, *m(ë)-* y *k(ë)-*.

Clase	Singular	Ejemplo	Plural	Ejemplo	Traducción española	Valor semántico-referencial
9	*m(a)-*[9]	*m-nlilan* *m-eel*	Ø	Ø	alegría agua	COSAS NO CONTABLES (abstractos, líquidos, etc.).
10	*d-*	*d-ko*	*i-*	Ø	lugar	LUGARES Y PRÉSTAMOS DE OTRAS LENGUAS

Este cuadro nos ayudará a comprender lo difícil que resulta definir el concepto de *clase nominal* atendiendo exclusivamente a criterios semántico-referenciales, pues, con la única excepción de los seres humanos, el valor semántico-referencial asociado a cada clase no se limita a un solo dominio de la realidad, sino que suele proyectarse a varios.

A medida que los estudios de lingüística africana han ido avanzado, la clase nominal se ve menos como una clase semántico-referencial que como una categoría gramatical (lo mismo que el género de las lenguas indoeuropeas): su significante es el *prefijo de clase*, cuya función principal consiste en hacer concordar el nombre con los verbos y adjetivos que lo acompañan. Tanto es así que algunos estudiosos, como Bonvini (1996), han hablado de «clases d'accord»: literalmente, «clases de concordancia». Y, de hecho, Gaved (2013) sigue esta línea en su clasificación, porque hace hincapié no en la naturaleza semántico-referencial de los nombres, sino en su aspecto formal y, sobre todo, en los prefijos, usados, como el género gramatical de las lenguas indoeuropeas, para establecer la concordancia. Partiendo, pues, del trabajo de Gaved (2013) y convencidos de que género y clase nominal son lo mismo, podríamos decir que, formalmente, en macañá se aprecian siete (como máximo) *géneros* en singular y cinco en plural. Así, en un primer momento, solo se muestran distintos *a-*, *na-*, *u-*, *ka-*, *p-*, *b-*, *m-* y *d-*, en singular, y *ba-*, *ŋ-*, *i,-* *m-* y *k-*, en plural. Por otra parte, el término *clase* quizá pueda seguir siendo útil si lo reservamos para los referentes, los cuales se corresponden con lo que Geved (2013: 4) denomina «valor semántico». En todo caso, lo que sí se puede establecer es una primera oposición entre el género (o, si se quiere, la clase) 'humano' y el género (o clase) de lo 'no-humano'.

---

9 Como este prefijo no tiene plural por aparecer siempre en nombres no contables, representamos su plural por Ø.

Abordar el estudio de la clasificación nominal desde el punto de vista formal tiene la ventaja de facilitar la distinción de los distintos tipos, pues, al basarnos en los prefijos y las concordancias que provocan, estamos partiendo de un hecho objetivo. En este sentido y a nuestro juicio, para establecer los géneros siempre hay que tener en cuenta la función gramatical de concordancia que impone el prefijo y siempre hay que procurar reflejar al menos una de las concordancias que implica. Así se evita que el nombre aparezca solo y, por tanto, sin ejercer rección. Veamos algunas concordancias que puede provocar el género *ka-* (típico de algunos miembros del cuerpo humano y de determinados objetos e instrumentos):

a. concordancia con el posesivo:
   ka-toh *ki* *Ana*
   casa   de   Ana

b. concordancia con el demostrativo:
   ka-toh *ki* / *ka-toh ku-ŋ* o *ka-toh ku-ndii* / *ka-toh k-ŋ*
   casa esta /   casa   esa   / casa aquella

c. concordancia con el pronombre indefinido:
   ka-toh   *ka-lo-ŋ* = alguna casa

d. concordancia con el pronombre relativo:
   ka-tok *ki* *Ana a-nuguŋ*
   casa   que   Ana ella comprado ha

e. concordancia con el pronombre interrogativo:
   ka-toh   *ka-hoŋ?*
   ¿casa?   cuál?

f. concordancia con el numeral :
   1. con el cardinal: *ka-toh ka-loolan*
                        casa   una
   2. con el ordinal: *ka-toh* *ka-teek*
                        casa   primera

g. concordancia con el sujeto pronominal:
   ka-toh   *ka-joti*
   la-casa   ella-derrumbado se ha

h. concordancia con el objeto pronominal:
   Ana a-núg ka-tok   / *Ana*   *a-núg*   *ka*
   Ana ella-ha-comprado casa / Ana   ella-ha-comprado   la [casa]

i. concordancia con el adjetivo-verbo de estado[10]:
   ka-*toh*   **ka**-*nuura*
   la-casa   ella-bonita.

En la tabla que sigue presentamos las distintas concordancias que imponen los distintos géneros[11]:

GÉNERO (Singular)	+ posesivo	+ demostrativo	+ indefinido	+ interrogativo	+ numeral	+ adjetivo-verbo de estado	+ pronombre de 3ª per. sing.	+ relativo
a-	i-	i-	a-	a-	a-	a-[12]	a-	a-
b(ë)-	bi-	bi-	b(ë)-	b(ë)-	b(ë)-	b(ë)-	ba-	bi-/ba-
ba-	bi-	bi-	b(ë)-	b(ë)-	b(ë)-	b(ë)-		bi-/ba-
d(ë)-	di-	di-	d(ë)-	d(ë)	d(ë)-	d(ë)-	da-	di-/da-
da-	di-	di-	d(ë)-	d(ë)-	d(ë)-	d(ë)-	da-	di-/da-
ka-	ki-	ki-	ka-	ka-	ka-	ka-	ka-	ki-/ka-
m(ë)-	mi-	mi-	m(ë)-	m(ë)-	ø[13]	m(ë)-	ma-	mi-/ma-
na-	i-	i-	a-	a-	a-	na-	a-	i-/a-
ñ-	i-	i-	a-	a-	a-	na-	a-	i-/a-

---

10 En mancañá, como en algunas lenguas semíticas, se usan una suerte de verbos de estado en lugar de adjetivos, de manera que, por ejemplo, *la casa bonita* se dice **katoh kanuura** (literalmente: *la-casa ella-es-bonita*).

11 A continuación ofrecemos, siguiendo un orden alfabético, el singular de las distintas variantes genéricas que se documentan en mancañá. Contrariamente a lo habitual, preferimos, por motivos de claridad y precisión, hablar de clases de prefijos concretos (*a-*, *u-*, *ka-*, etc.), y no asignarles arbitrariamente un número, llamándolas *clase 1, clase 2*, etc.

12 Aquí puede aparecer *a-* o *na-*, según el adjetivo sea calificativo o predicativo, cosa que solo ocurre con los humanos. Así, por ejemplo, *na-poṭ na-nuura* equivale a *niñ@ bonit@*; pero, si decimos *na-poṭ a-nuuraa*, entonces sería *el/la niñ@ es bonit@*.

13 Aquí puede aparecer el prefijo *m(ë)-*, pero no con significado de 'plural', sino con un sentido de comparación, del tipo de español 'el mismo que', porque el mancañá utiliza el numeral 'uno' con el sentido de 'el/la/lo mismo'; por ejemplo, *m(ë)-ntow mi na muŋ mawo m(ë)nloolan,* que, literalmente, sería: l*eche (m(ë)-ntow) esta (mi) y (na) esa (muŋ) ellas-son (ma-wo) una (m(ë)nloolan)* = 'esta leche y esa son iguales'.

GÉNERO (Singular)	+ pose- sivo	+ demos- trativo	+ indefi- nido	+ interro- gativo	+ nume- ral	+ adjetivo- verbo de estado	+ pronom- bre de 3ª per. sing.	+ relativo
p(ë)-	pi-	pi-	p(ë)-	p(ë)-	p(ë)	p(ë)-	pa-	pi-/pa-
u-	ui-[14]	ui-	u-	u-	u-	u-	u-	ui-/ua-

En esta clasificación, como contiene variantes, aparecen en singular once géneros en vez de los diez que proponía Gaved (2013). Pero, si tenemos en cuenta que, en el plural, coinciden algunos de los géneros que se diferenciaban en singular, la variación se reduce a nueve géneros.

A continuación, intentaremos ofrecer una descripción detallada del sistema de géneros en mancañá, la nuestra, valiéndonos precisamente de los prefijos nominales, de los que ya hemos tratado en un trabajo anterior (Dioussé 2012), precisando que los nombres comunes del mancañá presentan, en general, una estructura bimembre: prefijo + lexema[15]. Insistimos ahora en cómo se comporta este prefijo.

3. El prefijo de género

El prefijo de género mancañá tiene relevancia para la morfología flexiva y para la morfología derivativa. Dentro de la morfología flexiva, permite expresar la oposición singular/plural, adoptando formas diferentes. He aquí un ejemplo: *ka-toh* 'casa' frente a *i-toh* 'casas'[16]. Como se observa, en singular el prefijo es *ka*- y el lexema es -*toh*: este último es invariable. En cambio, el prefijo cambia al pasar del singular al plural, de manera que la forma *ka*- es la marca del singular y la forma

---

14 Preferimos esta forma a *wi*-, que suele aparecer en los manuales del mancañá, porque nos parece más regular desde el punto de vista morfofonológico.

15 Los nombres propios no presentan tal estructura, en la medida en que aparecen como un conjunto no susceptible de segmentarse en «prefijo + lexema». He aquí algunos ejemplos de nombres de pila: *Paaju, Naala, Kamala, Kwaadi*. La cosa es que los nombres propios no admiten la oposición 'singular/plural' que los nombres comunes expresan por medio del prefijo, el cual adopta una forma diferente, varía, según el nombre aparezca en singular o en plural.

16 Separamos artificialmente mediante un guión el prefijo *ka* del lexema que le sigue para reflejar la estructura bimembre de los sustantivos del mancañá de la manera más clara posible, aunque, en la ortografía normativa del mancañá, ambos elementos se escriben juntos formando una palabra única.

i-, la del plural. Dentro de la morfología derivativa, se emplean los prefijos para crear distintos derivados (Trifkovic 1969, Kihm 2002, Maggie y Gaved 2013), de manera que, por ejemplo, el prefijo *b-* en *b-naana* sirve para designar 'el árbol de la platanera', mientras que el prefijo *p-*, en *p-naana*, designa la fruta: 'el plátano', expresando una oposición genérica semejante a la de *manzano / manzana* en español. Por otra parte, anteponiéndole el prefijo *ka-* a esta misma raíz léxica *-naana*, obtenemos *ka-naana*, que tiene el significado *colectivo* de 'platanal', 'terreno plantado de plataneras'; pero, si le anteponemos el prefijo *u-*, creamos el sustantivo *u-naana*, que tiene un valor aumentativo, con lo que obtenemos el significado de 'platanazo, plátano grande'; y, si le anteponemos el prefijo *m-*, que también sirve para expresar una pluralidad difusa, a modo de los llamados «sustantivos incontables»[17], se obtiene el sustantivo *m-naana* con el significado de 'montón [sin precisar la cantidad] de plátanos'; si le anteponemos el prefijo de pluralidad concreta *ŋ-*, parecido al de los sustantivos contables[18], obtenemos *ŋ-naana* con el significado de 'un número concreto (x, el número que sea) de plataneras'; y, por último, con el prefijo *k(ë)-*, que acompaña al plural de los numerales, obtenemos el sustantivo *k(ë)-naana*, que significa un 'número reducido de plátanos', 'una mano de plátanos'.

Otro ejemplo de formación de palabras mediante prefijos nos lo ofrece el lexema (inexistente por sí solo) *-yeh* (algo así como el español *cant-*, que tampoco existe solo, sino unido a sufijos), con el que, anteponiéndole prefijos, obtenemos *p-yeh* 'cant-**ar**', que es verbo, y los siguientes sustantivos: *u-yeh* '[arte del] cant-**o**', *na-yeh* 'cant-**ante**, músico' y *ka-yeh* 'can-c-**ión**'.

Y, por último, el prefijo rige la concordancia entre el sustantivo y los elementos que lo acompañan y lo determinan, a saber: verbos, adjetivos y pronombres, los cuales adoptan por fuerza el prefijo del sustantivo. Así, se dice, por ejemplo: *ka-toh ki-naan* (lit. la casa de mí = 'mi casa'), *ka-toh ki* (lit. casa esta = 'esta casa'), *i-toh i-tëb* (lit. casas dos = 'dos casas'), *ka-toh ka-hoŋ?* (lit. ¿casa cuál? = '¿cuál casa?'), *ka-toh ka-week* (lit. casa es-grande = 'casa grande').

---

17 En este caso el prefijo expresa un plural colectivo, esto es, un conjunto que no distingue individualidades.

18 Esta forma denota el plural no como un colectivo o una masa, sino como un grupo en el que los elementos destacan como unidades individuales. Esta forma es la que responde al pronombre de cantidad *hum?* '¿cuánto?', para expresar un número, una cantidad determinada: *ŋ(ë) -naana hum?* significa literalmente *¿plataneras cuántas?*, es decir, '¿cuántas plataneras?'. Y a ello se responde con un número determinado, el que corresponda.

Esta situación lingüística es común a otras lenguas de Senegal, por lo que, en su estudio sobre el yola banyal, Bassène (2006: 12) escribe:

> La plupart des catégories des mots (adjectifs, pronoms, démonstratifs, interrogatifs et verbes) sont soumis à l'accord imposé par le substantif. Cet accord se manifeste par la répétition du préfixe de classe devant chaque élément en état de dépendance syntaxique avec ce dernier.

Pero el prefijo no solo entra en la formación de los verbos y los distintos determinantes del nombre, sino que también aparece con los pronombres personales tanto en función de sujeto como de complemento, circunstancia que resalta Kihm (2002: 69):

> The assumption that we are dealing with pro-nominal roots is strongly supported by the fact that in Manjaku and most noun class languages of the Niger-Congo family, noun class exponents also appear in the function of subject or object clitic pronouns. The evidence is especially clear in Mankanya.

Pongamos unos cuantos ejemplos que sirvan para ilustrar lo dicho: *ba-poṭ ba-daan* (niños ellos-beben = 'los niños beben'); *ka-toh ka-joot-i* (casa ella-derrumbado se-ha = 'la casa se ha derrumbado'); *dë nug ka-koopa / dë nug ka* (yo comprado un vaso = 'he comprado un vaso'/ yo comprado lo = 'lo he comprado'); etc.

Por otra parte, desde el punto de vista puramente fonético, podemos distinguir, tanto en singular como en plural, dos tipos de prefijo: a) los constituidos por una vocal, como la *u-* de *u-wit* 'la vaca', *u-guk* 'el pollo' o *u-kaaru* 'el coche'; y b) los constituidos por una consonante, como la *ka-* de *ka-toh* 'la casa', *ka-hoṭ* 'la pierna / el pie', *ka-yoori* 'la garganta', lit. 'con lo que se traga'; etc. o la *b(ë)-* de *b(ë)-lemani* 'naranjo', *b(ë)-laañ* 'pieza grande de tela', *b(ë)-ko* 'el árbol / la medicina', etc.

Y, al describir estos prefijos, nos encontramos con que constituyen clases cerradas (Maggie y Gaved 2013), pues, por ejemplo, hay solo *dos prefijos vocálicos en singular*: el prefijo *a-*, que aparece en nombres referidos a humanos, como *a-bab*[19] *Pedro* 'el nieto de Pedro', *a-buk Ana* 'el hijo de Ana', *a-hin María* 'el marido de María'; y el prefijo *u-*, que aparece en nombres referidos a animales, como *u-pi* 'la cabra', *u-kaṭ* 'el pájaro', astros, como *u-jah* 'la estrella', órganos corporales, como *u-deeb* 'el hígado', objetos o fuerzas móviles, como *u-kaaru* 'el coche' o *u-yook* 'el viento', etc. Y, *en singular, no pasan de siete los prefijos formados por una consonante*

---

19 Estos nombres suelen aparecer solo como núcleos de un sintagma nominal, al que se añade un complemento del nombre o un pronombre posesivo. Así, cuando se dice *abab* 'nieto', por ejemplo, se espera que este nombre sea complementado por otro nombre o por un posesivo de la siguiente manera: *abab Mario* 'el nieto de Mario' o *abab naan* 'mi nieto'.

seguida de una vocal, a los que hay que restar los que son meras variantes y los préstamos, como veremos enseguida. Las consonantes que se unen a una vocal para formar un prefijo en singular son, por orden alfabético, las siguientes: *b, d, k, m, n, ñ* y *p*. De aquí resultan, en principio, nueve clases nominales en el singular, que son por orden alfabético: las clases 1) *a-* y 2) *u-*, como prefijos vocálicos; y las clases 3) *b-*[20], 4) *d-*[21], 5) *k-*, 6) *m-*, 7) *n-*, 8) *ñ-* y 9) *p-* como prefijos consonánticos.

Así pues, como las vocales no presentan problemas por constituir sílaba por sí mismas, a continuación expondremos las posibilidades combinatorias de las siete consonantes citadas:

1) la consonante *b-* puede aparecer combinada con la vocal /a/ o con la vocal /ë/ (que suena como la llamada *e muda* del francés), como en *ba-luk* 'pago, reembolso', *ba-lúgúm* 'alma (de los muertos)', *ba-daaj* 'plato típico cuyo ingrediente principal es el arroz', *ba-ṭi* 'cielo', *b(ë)-ko* 'árbol, medicamento', *b(ë)-ṭeem* 'canoa', *bë-koow* 'cabeza'. Téngase en cuenta que en la categoría del prefijo *b(ë)-* entran todos los nombres referidos a vegetales, lo cual parece obedecer al hecho de que el hiperónimo para 'vegetal' es *b(ë)-ko* 'árbol, planta', caracterizado precisamente por el prefijo *b(ë)-*. Según el *Manual de la Nueva gramática de la RAE* (2010: 33), algo parecido sucede en español, donde algunos nombres referidos a marcas llevan el género del archilexema correspondiente: así, por ejemplo, *Mercedes, Toyota, Peugeot, Renault, Seat, Honda*, etc., son masculinos cuando se refieren a 'coches', ya que *coche* es de género masculino, mientras que *Yamaha, Kawasaki*, etc., son femeninos porque se refieren a motocicletas, siendo que la palabra *moto* es de género femenino. Así, el género de *Honda*, por ejemplo, será masculino o femenino dependiendo de si nos referimos a un coche o a una moto, respectivamente.

La regularidad que manifiestan los nombres referidos a los vegetales es parecida a la que reflejan los que sirven para designar los animales que, como dijimos, *supra*, contienen todos el prefijo vocálico *u-*, lo cual podría deberse lógicamente también a que el archilexema para 'animal' lleva el prefijo *u-*: *u-limaaria*.

2) La consonante *d-* ofrece también dos posibilidades combinatorias, pues puede unirse a la vocal *a*, como en *da-aṣa* 'impuesto' (fonética y

---

20 Este prefijo ofrece dos posibilidades combinatorias: se une directamente al lexema que le sigue o se une a él mediante la vocal *a*.

21 Como el anterior, este prefijo presenta también dos posibilidades combinatorias: se une directamente al lexema que le sigue o se une a él mediante la vocal *a*.

semánticamente muy cercana al portugués *taxa* [esp. *tasa*], o a la vocal *ë*, como en *d(ë)-ko* 'lugar, porción'. Subrayemos, sin embargo, que son tan escasas las palabras que contienen este prefijo que no conocemos otras que las citadas clasificador.

3) La consonante *k*- suele combinarse con la vocal *a*, formando el prefijo *ka*-, que aparece en las palabras siguientes: *ka-ñiiri* 'uña' (literalmente, 'con lo que se rasca'), *ka-toh* 'casa', *ka-mişa* 'camisa' (portuguesismo), *ka-taam* 'cuchara', etc. Es uno de los prefijos más productivos y se refiere a los entes más variados.

4) La consonante *m*- aparece solo en singular y en algunos pocos nombres, entre los que destacamos: *meel* 'agua', *m-boş* 'tierra/suelo', *m(ë)niir* 'sebo, grasa animal', *m(ë)nob* 'miel', *m(ë)ntow* 'leche', *m(ë)nkow* 'vergüenza'. Según Trifkovic (1969: 84), estos nombres parecen haber asimilado el prefijo *m*-, por lo que no admiten la clara división entre prefijo y lexema que apreciamos, por ejemplo, en *ka-toh* 'casa'. Pensamos que esto se explica porque se trata de nombres no contables[22], con lo que el prefijo, una de cuyas funciones es distinguir el singular del plural, es menos operativo que en otros casos y, por tanto, está menos marcado.

5) La consonante *n*- suele aparecer combinada con la vocal *a*, dando *na*-, combinación que siempre se refiere a seres humanos en número singular: *na-jukan* 'el/la docente', *na-júla* 'el/la comerciante', *na-lët* 'el sastre/la costurera', *na-yeh* 'el/la cantante', etc.

6) La consonante *ñ*- aparece solo en los nombres del 'varón', *ñiint*, y la 'mujer', *ñaat*, para distinguir los sexos masculino y femenino de los seres humanos. Este prefijo *ñ*-, aunque etimológicamente ligado al prefijo *na*-, se comporta morfológicamente como el prefijo *m*-, ya que es imposible segmentarlo del lexema que sigue.

7) Y, por último, la consonante *p*- suele combinarse con las vocales *a*- (normalmente con préstamos) y *ë*-, como vemos en el portuguesismo *p-aneel* 'anillo'[23], *p(ë)-laak* 'piedra', *p(ë)-neem* 'huevo', *p(ë)-lemani* 'naranja', *p(ë)-koñ* 'dedo', etc.

---

22 Sin embargo, en algunos nombres contables muy concretos como *ñiint* 'varón' y *ñaat* 'mujer' (así como también en *neegani* 'chica joven' y algunos otros) también se da esa fusión de prefijo (en este caso, el *na*- de los seres humanos) y lexema, que hace imposible una separación gráfica entre ambos, empleando el guión, como hemos venido haciendo normalmente.

23 Se trata de un préstamo a partir del portugués *anel*: se observa que, en este caso, el prefijo de la voz mancañá es la consonante *p*- sin más, a la que sigue la vocal

En plural este sistema se simplifica considerablemente, ya que las nueve clases del singular (las dos vocálicas y las siete consonánticas) se reducen a cinco:

1) Los prefijos de singular *a-, na-, ña-*, que siempre se refieren a humanos, hacen su plural en *b(a)-*, como vemos, por ejemplo, en *a-bab Pedro* 'el nieto de Pedro' / *ba-bab Pedro* 'los nietos de Pedro' ; *na-jukan* 'el/la docente' / *ba-jukan* 'los docentes' ; *ñiinṭ* 'el varón' / *biinṭ* 'los varones'; etc.

2) Los prefijos de singular *u-*, referido a animales, y el *b(ë)-* de los árboles tienen como plural contable[24] el prefijo *ŋ(ë)-*, como vemos, por ejemplo, en *u-daalu* 'el gato [sin precisión de sexo]'/ *ŋ(ë)-daalu* 'los gatos' ; *u-buuş* 'el perro [sin precisión de sexo]' / *ŋ(ë)-buuş* 'los perros'; *b(ë)-lemani* 'naranjo'/ *ŋ(ë)-lemani* 'naranjos'; *b(ë)-maŋa* 'mango [árbol]' – *ŋ(ë)-maŋa* 'mangos [árboles]'; etc. Tengamos en cuenta que este plural contable, cuando se refiere a frutos (y otras cosas), no se construye con *ŋ(ë)-*, sino con *k(ë)-*, de manera que 'cuatro naranjos' se dice *ŋ(ë)-lemani ŋ(ë)-baakër* (literalmente, 'naranjos cuatro'[25]), pero 'cuatro naranjas' sería *k(ë)-lemani k(ë)-baakër*.

3) Los prefijos de singular *ka-* y el *b(ë)-* no referido a vegetales hacen su plural en *i-*, como vemos, por ejemplo, en *ka-toh* 'la casa' / *i-toh* 'las casas'; *ka-ñiiri* 'la uña' / *i-ñiiri* 'las uñas'; *ka-ñen* 'la mano' / *i-ñen* 'las manos';

---

a- de *anel*. Casos curiosos resultan otros portuguesismos claros como, por ejemplo, *pa-daaş* 'pedazo', *pa-şaaja* 'pasaje'y *pa-taka* 'moneda de cinco francos CFA', que corresponden, respectivamente, a *pedaço, passagem* y *pataca*, sustantivos portugueses, que, si bien en mancañá, se segmentarían tal y como lo hemos hecho, no cabe duda que presentan una primera sílaba que pertenece a la raíz del préstamo y nada tiene que ver, por tanto, del prefijo mancañá *p(ë)-*. En cuanto al franco CFA (siglas que se suelen pronunciar /sefa/), se trata de la moneda en curso de 14 países, la mayoría de las antiguas colonias del África occidental francesa (de ahí las siglas originales: *Colonias Francesas de África*, luego entendidas como *Comunidad Francesa de África* y, actualmente, como *Comunidad Financiera de África*), como Senegal, Costa de Marfil, Mali, Burkina Faso, Gabón, etc. En la actualidad también se emplea esta moneda en otros dos países que no pertenecieron a Francia: Guinea-Bissau, antigua colonia portuguesa, y Guinea Ecuatorial, antigua colonia española.

24 En concreto, se usa para nombres contables, pues es el prefijo que aparece con los numerales, pero también sirve para expresar cantidades reducidas de esos mismos nombres contables. Diferenciamos este *plural contable* o *concreto* del que llamamos *plural colectivo*, que aparecerá más tarde.

25 El numeral se pone detrás del sustantivo porque necesita repetir su prefijo: por la misma razón se ponen también detrás del sustantivo otros determinantes suyos, como son los adjetivos, pronombres y verbos.

b(ë)-laañ 'el retal grande de tela, la sábana' / *i-laañ* 'las sábanas'; *b(ë)-heej* 'el machete' / *i-heej* 'los machetes'; etc.

4) Los prefijos de singular *b(ë)-* y *p(ë)-*, referidos respectivamente a plantas y frutos, así como a algunos otros objetos, construyen su plural colectivo en *m(ë)-*: por ejemplo, *b(ë)-lemani* 'naranjo' y *p(ë)-lemani* 'naranja' hacen su plural en *m(ë)-nlemani*[26], que significa tanto 'naranjos' como 'naranjas'.

5) Como dijimos más arriba, los frutos y algunos otros sustantivos, que forman parte de la clase o el género *p(ë)-*, construyen su plural contable en *k(ë)-*: por ejemplo, *p(ë)-laak* 'piedra' frente a *k(ë)-laak k(ë)-baakër*, literalmente 'piedras cuatro' = 'cuatro piedras'.

En la siguiente tabla se reflejan las correspondencias entre las formas singulares y plurales de los prefijos de género[27]:

1) Primera clase de plural, plural en *ba-*, que abarca tres clases de singular, todas ellas referidas a seres humanos:

Singular		Plural	
Género	Ejemplos	Género	Ejemplos
a-	*a-bab Pedro* (niet@ de Pedro)		*ba-bab Pedro* (nietos de Pedro)
na-	*na-jukan* (el/la docente)	*ba-*	*ba-jukan* (l@s docentes)
ñ-	*ñaat* (la mujer)		*baat̰* (las mujeres)

2) Segunda clase de plural, plural en *i-*, que abarca tres clases de singular referida a objetos o partes del cuerpo:

Singular		Plural	
Género	Ejemplos	Género	Ejemplos
b(ë)-	*b(ë)-t̰eem* (canoa)		*i-t̰eem* (canoas)
Ka-	*ka-tok* (casa)	*i-*	*i-toh* (casas)
p(ë)	*p(ë)-koñ* (dedo)		*i-koñ* (dedos)

---

26 El contacto del prefijo *m(ë)-* con la *l-* inicial del lexema *-lemani* provoca esta epéntesis de *-n-*.

27 No se incluyen las formas que no disponen de plural.

3) Tercera clase de plural, plural en **N-**, que es un plural contable y referido, sobre todo, a animales y vegetales:

Singular		Plural	
Género	**Ejemplos**	**Género**	**Ejemplos**
u-	*u-daalu* (el gato/ la gata)		*ŋ(ë)-daalu* (los gatos)
b(ë)-	*b(ë)-lemani*	*ŋ-*	*ŋ(ë)-lemani* (los naranjos [desde 2])

4) Cuarta clase de plural, plural en **m(ë)-**, que es un plural colectivo referido a plantas, frutos y otros sustantivos:

Singular		Plural	
Género	**Ejemplos**	**Género**	**Ejemplos**
b(ë)-	*b(ë)-lemani* (naranjo)		*m(ë)-nlemani* (naranjos y naranjas en número indeterminado)
p(ë)-	*p(ë)-lemani* (naranja)	*m(ë)-*	

5) Quinta clase de plural, plural en **k(ë)-**, plural contable referido frutos y algunos otros objetos.

Singular		Plural	
Género	**Ejemplos**	**Género**	**Ejemplos**
p(ë)-	*p(ë)-lemani* (naranja) *p(ë)-laak* (piedra)	*k(ë)-*	*k(ë)-lemani* (naranjas [desde 2]) *k(ë)-laak* (piedras [desde 2])

4. Algunas hipótesis sobre la relación entre el género y la sustancia semántica en la lengua mancañá

Como dijimos anteriormente, no siempre es evidente la relación entre género y sustancia semántica[28] en mancañá. En este sentido, nombres de entes inanimados seres que comparten un mismo prefijo pueden referirse a objetos muy diferentes:

---

28 Siguiendo la terminología de la llamada Escuela Semántica de La Laguna, en cuyo seno hemos llevado a cabo nuestra Memoria de Investigación del Máster y nuestra Tesis Doctoral, entendemos por *sustancia semántica* la referencia externa al lenguaje, la designación y, en suma, la realidad: *cf.*, por ejemplo, al respecto García Padrón 1997: 112-113.

así, sustantivos que designan objetos mecánicos, como *u-kaaru* 'coche', astros, como *u-jah* 'estrella', partes del cuerpo, como *u-deeb* 'hígado', llevan el mismo prefijo *u-*. Y, además, se da la curiosa circunstancia de que este prefijo *u-* es, además, el prefijo característico de los nombres que se refieren a animales (recordemos, por ejemplo, *u-pi* 'cabra', *u-daalu* 'gato', etc.). Sin embargo, en virtud de lo que se ha expuesto más arriba, formularemos a continuación varias hipótesis acerca de la relación entre género y sustancia semántica en mancañá, hipótesis que, a nuestro juicio, presentan un elevado grado de verosimilitud:

a) Los nombres referidos a los seres humanos son los únicos que presentan prefijos estables y exclusivos de esta clase, mostrando, en singular, tres variantes de expresión del mismo prefijo (*a-*, *na-* y *ña-*) y, en plural, siempre la misma forma (*b[a]-*).

b) Los nombres referidos a objetos más o menos esféricos o redondeados suelen tomar el prefijo *p(ë)-* en singular y *k(ë)-* o *m(ë)-* en plural, como vemos, por ejemplo, en *p(ë)-li* 'luna', *p(ë)-laak* 'piedra', *p(ë)-kës* 'ojo', *p(ë)-júk* 'frente', *p(ë)-toy* 'panza', *p(ë)-lemani* 'naranja', *p(ë)-saboola* 'cebolla'[29].

c) Los nombres referidos a entes que son partes de un todo, así como los de muchos instrumentos o utensilios y algunos tubérculos tienden a llevar el prefijo *ka-*: *ka-ñen* 'mano', *ka-hoţ* 'pie', *ka-ñiiri* uña', *ka-nigşaani* 'llave', *ka-taata* 'batata', *ka-pomteer* 'papa', etc.

d) Los nombres referidos a entidades de cierta extensión suelen llevar el prefijo *b(ë)-*: *b(ë)-dëk* 'río', *b(ë)-laañ* 'pieza grande de tela', *b(ë)-lay* 'patio', *ba-ţi* 'cielo', etc.

e) En mancañá, como en todas las lenguas, suelen darse las llamadas *extensiones genéricas* (Deutscher 2011: 205): así, el prefijo *u-*, que aparece con los nombres referidos a animales, aparece también con nombres referidos a entes dotados de cierta movilidad, como los citados al principio de este apartado (*u-kaaru* 'el coche', *u-jah* 'la estrella' y *u-deeb* 'el hígado') y muchos otros, de los que nos limitaremos a citar como ejemplos a *u-yook* 'el viento', *u-maron* 'la ola' y *u-hofëñ* 'el pulmón'.

Conclusiones

Muy rápidamente podemos concluir que:

1. El morfema de género en español y el prefijo de las clases nominales del mancañá coinciden desde el punto de vista de su función morfosintáctica.

---

29 Por eso presentan este prefijo casi todas las frutas y algunos bulbos.

2. El género y las llamadas clases nominales tienen la misma función: ambos sirven para establecer concordancias entre el nombre y otros elementos de la oración (como, por ejemplo, determinantes, adjetivos y verbos).

3. Tanto el estudio del género en las lenguas indoeuropeas como el de las clases nominales de las lenguas africanas deben centrarse en el significado morfose-mántico, o sea, en aspectos formales con reflejo en el significado, dejando la designación y la referencia en un segundo plano, ya que la sustancia semántica no obedece a ningún sistema.

4. Más allá de las coincidencias morfosintácticas y semánticas entre el género y la clase nominal (las diferencias son muy secundarias), ambos procedimientos lingüísticos reflejan una necesidad fundamental propia del ser humano: la necesidad de clasificar, esto es, de establecer un orden dentro de la multiformidad y variedad del mundo que lo rodea.

5. Y, en este sentido, aunque reciben denominaciones diferentes por obedecer a tradiciones lingüísticas distintas (indoeuropea *versus* africana), tanto el género como las clases nominales son meros clasificadores de los nombres.

Referencias bibliográficas

BASSÈNE, Alian Christian (2006): *Description du jóola banjal (Senégal)*, Tesis doctoral inédita.

BERND, Heine y Darek NURSE (2004): *Les langues africaines*, Paris: Éditions L'Harmattan.

BOLE, Richard (1983): «La classification nominale en éga», en *Journal of West African Languages* 13 (1): 51–62.

BONVINI, Emilio (1996): «"Classes d'accord" dans les langues négro-africaines. Un trait typologique du Niger-Congo. Exemples du kasim et du kimbundu», en *Faits de langues*, 4 (8): 77–88.

BRINDLE, Jonathan Allen (2009): «On to identification of noun Class and Gender Systems in Chakali», en Masangu Matondo, Fiona McLaughlin y Eric Potsdam (eds.) (2009): *Selected proceedings of the 38th Annual Conference on African Linguistics, Somerville, Cascadilla Proceedings Project*, pp. 84–94.

CORBETT, Greville (1991): *Gender*, Cambridge: Cambridge University Press.

CORBETT, Greville y Norman M. FRASER, (2000): «Gender assignment: a typology and a model», en *Systems of nominal classification* 4: 293–325.

CREISSELS, Denis (1999): «Genre indo-européen et clases nominales Niger-Congo», en *Faits de Langues* 14: 177–184.

CREISSELS, Denis (2001): «Les systèmes de classes nominales des langues Niger-Congo: prototype et variations», en *Linx. Revue des linguistes de l'université Paris X Nanterre* 45: 157–166.

DEUTSCHER, Guy (2011): *El prisma del lenguaje*, Barcelona: Ariel.

DIOUF, Jean Léopold (2009): *Grammaire du wolof contemporain*, Paris: Éditions L'Harmattan.

DIOUSSÉ, Gustave Voltaire (2012): «Aspectos lingüísticos del mancañá», en Dolores García Padrón y María del Carmen Fumero Pérez (eds.): *Estudios sobre lengua, cultura y cognición*, Frankfurt am Main: Peter Lang, pp. 61–68.

GARCÍA PADRÓN, Dolores (1997): *El estudio semántico del lenguaje*, Tenerife: Gobierno de Canarias.

GAVED, Maggie y Tim GAVED (2007): *Le nom en mancagne*, en SIL (Le Sénégal, La Gambie et La Guinée-Bissau), en http://www-01.sil.org/acpub/repository/Le%20nom%20en%20 mancagne%20v1.0.pdf.

HOCKETT, Charles Francis (1958): *A Course in Modern Linguistics*, New York: MacMillan (aunque hay traducción española, hemos manejado la edición original inglesa).

KIHM, Alain (2002): *What's in a noun: Noun classes, gender, and nounness*, trabajo inédito presentado al Laboratoire de Linguistique Formelle de la Université Paris 7, online en http://www.llf.cnrs.fr/Gens/Kihm/p8talk.pdf.

KIHM, Alain (2005): «Noun class, gender, and the lexicon-syntax-morphology interfaces: A comparative study of Niger-Congo and Romance languages», en Guglielmo Cinque y Richard Kayne (eds.): *The Oxford Handbook of Comparative Syntax*, Oxford: O.U.P., pp. 459–512.

MORERA, Marcial (2011): *El género gramatical en español desde el punto de vista semántico*, Frankfurt am Main: Peter Lang.

QUILIS, Antonio (1991): *Lengua española*, Madrid: Ramón Areces.

ROBERT, Stéphane (2011): «Le wolof», en Emilio Bonvini, Joëlle Busuttil y Alain Peyraube (eds.): *Dictionnaire des langues*, Paris: Quadrige/P.U.F., pp. 23–30.

SENGHOR, Léopold Sédar (1943): «Les classes nominales en Wolof et les substantifs à initiale nasale», en el *Journal de la Societé des Africanistes* 13 (1): 109–122.

TRIFKOVIC, Mirjana (1969): *Le mancagne: étude phonologique et morphologique*, Dakar: IFAN.

Xavier Lee Lee
(Universidad de Las Palmas de Gran Canaria)

Sobre la naturaleza y el uso de los clasificadores en la lengua china

1. Introducción

Categorización lingüística

El estudio del fenómeno de los clasificadores chinos y de los clasificadores en general está estrechamente ligado a las teorías relativas a la categorización. Este término hace referencia a la capacidad y necesidad inherente a los seres humanos de ordenar en su mente la información relativa a las realidades que conforman el mundo que los rodea. Es este un proceso de reconocimiento, también denominado *aprehensión*, que permite abstraer un ente concreto de la realidad para asignarle una correspondencia mental de acuerdo a determinados rasgos propios del objeto que lo hacen similar o diferente a otras representaciones que puedan existir en el conocimiento enciclopédico compartido de una comunidad hablante. Este proceso cognitivo es, evidentemente, también una cuestión lingüística en tanto que la lengua es la vía de concretización de dicha operación mental. La pregunta sobre cómo tiene lugar exactamente dicha operación sigue siendo objeto de debate entre los lingüistas, pero todo indica que se han superado los modelos clásicos que entendían la ordenación del lexicón mental como una operación puramente lógica basada en taxonomías semánticas constituidas por compartimentos delimitados de forma nítida. La lingüística cognitiva ha aportado un conjunto de argumentos que contradicen este enfoque objetivista[1].

Así, cognitivistas como Langacker (1991:1) entienden que la asimilación mental del mundo es el resultado de la experiencia, entendida como vivencia humana, en que intervienen factores físicos, psicológicos, sociales, culturales y comunicativos, cuya interacción –si bien se trata de circunstancias universales, en tanto que compartidos o semejantes a todos los colectivos humanos– da lugar a diferentes maneras de conceptualizar la realidad. Pero aunque puedan

---

1   No es el objeto de este artículo profundizar en este aspecto, pero mencionamos que, entre otros, fueron los postulados surgidos desde la teoría de los prototipos así como los estudios sobre el funcionamiento de metáforas y metonimias en el lenguaje los que han contribuido a dicho cambio de enfoque.

existir diferentes criterios o técnicas de conceptualización, el procedimiento mental que subyace a estas operaciones responde a una estrategia reduccionista consistente en la fijación de una serie de arquetipos léxicos para un número extenso de realidades que, siendo diferentes, comparten rasgos comunes. Los criterios aplicados para el establecimiento de esos arquetipos tienen en cuenta ciertas características de una realidad determinada y el uso repetido y extensivo de esas características hace que ellas mismas se conviertan en «quintaesencias» (Luque Durán 2004: 349) compartidas por todos los elementos que surgen de esta aprehensión, convirtiéndose en lo que llamamos categorías gramaticales, entendido este concepto en el sentido más amplio que le confiere la lingüística moderna, la cual incluye dentro de este término rasgos como el género, el número, el tiempo, etc.

2. Relevancia relativa de las categorías gramaticales

Las técnicas de clasificación aplicadas para el proceso referido anteriormente varían según las lenguas. Tomemos como ejemplo la categoría gramatical del género: la clasificación de los sustantivos en muchas lenguas indoeuropeas obedece a este criterio, si bien es frecuente que el proceso de gramaticalización de muchas lenguas ya no permita reconocer, sin más, el porqué de una asignación de un sustantivo dado a un género determinado; por otro lado, también varían las estrategias para realizar esa asignación. Como explica Luque Durán (2004: 361), las causas de la adjudicación del género son más perceptibles en lenguas con «un sistema semánticamente vivo», es decir, donde la categorización gramatical refleja una particular visión del mundo de una manera más evidente: así, suele citarse el ejemplo del dyirba, lengua en que la palabra que designa 'ave' se incluye en la categoría de los 'seres animados femeninos' porque se entendía que las aves eran espíritus de mujeres difuntas.

También el propio peso del género como categoría gramatical puede variar: como es sabido, existen lenguas que no recurren al género como rasgo clasificador de sus sustantivos: es el caso del inglés, pero también el de muchas lenguas asiáticas. Centrándonos ya en la lengua china[2], podemos afirmar que ciertas categorías gramaticales elementales en muchas lenguas europeas, tales como el género y el número, no son rasgos gramaticales relevantes de sus sustantivos. Y, asimismo, esta menor relevancia del género gramatical en chino

---

2   Cuando hablemos aquí de la lengua china, nos referiremos principalmente a la variedad estándar conocida por el nombre de *putonghua*.

se refleja en la ausencia de artículo definido, como se observa en el siguiente ejemplo:

老师今天不来。 (lǎo shī jīntiān bù lái) profesor hoy no venir
> El / la profesor/a no viene hoy.

Como adelantábamos, tampoco la expresión del número gramatical es obligatoria en chino: habitualmente se infiere del contexto sin necesidad de recurrir –igual que con el género– a mecanismos morfológicos, como muestra la siguiente oración, en que la idea de pluralidad semántica viene aportada por el adverbio chino 都 (dōu) mientras el sustantivo conserva la misma forma que vimos en el ejemplo anterior: 老师 (lǎo shī), que carece de cualquier tipo de marca de pluralidad:

老师都来了。 (lǎo shī dōu lái le[3]) profesor todos venir ya [partícula perfectiva]
> Todos los profesores han venido ya.

3. Sintaxis y función de los clasificadores chinos

Nos ocuparemos a continuación de los clasificadores, que son los mecanismos de que se sirve el chino cuando necesita complementar, señalar o contar algún referente. El núcleo del sintagma nominal chino puede complementarse de diferentes maneras; así, por ejemplo, mediante una relación posesiva:

我的老师来了。 (wǒ de[4] lǎo shī lái le) de [part. posesiva] yo profesor venir ya
> Mi profesor ya ha venido.

Algo análogo sucede cuando un adjetivo complementa a un sustantivo:

好玩的老师来了。 (hǎo wán de[5] lǎo shī lái le) gracioso [part. adjetiva] profesor venir ya
> El profesor gracioso ha venido ya.

En ambos casos –exceptuando quizás la incorporación de la partícula 的 (de)– la construcción es relativamente fácil de asimilar en tanto que el pronombre

---

3 Esta partícula indica que una acción ha sido llevada a cabo: en este sentido, hablamos de partícula perfectiva y la traducimos por el adverbio español ya.

4 La partícula 的 cumple diversas funciones sintácticas, entre las que destacamos dos que veremos a continuación, a saber: la de indicar una relación de posesión entre dos sustantivos o entre un pronombre y un sustantivo, como ocurre precisamente en este caso, y la de vincular un adjetivo descriptivo a un sustantivo, como veremos en el ejemplo siguiente. Además, en estructuras sintácticas más complejas es la partícula que se emplea para formar oraciones de relativo.

5 Es la misma partícula 的 del ejemplo anterior, pero ahora con la función de marcar la dependencia del adjetivo 'gracioso' con respecto al sustantivo 'profesor'.

personal o el adjetivo modifican al sustantivo de manera similar a como sucede en las lenguas occidentales.

Pasemos ahora a los casos en los que es prescriptivo emplear un clasificador. De una manera muy resumida y refiriéndonos a su función, podríamos definir los clasificadores chinos como aquellos elementos que expresan unidades de un objeto (Guo 2005: 31) y que, además, pueden informar del «aspecto por el que se diferencian entre sí las porciones de la misma cosa o los conjuntos de la misma clase de cosas» (Xu y Zhou 1997: 51). En cuanto a su posición sintáctica, si bien existen excepciones, las gramáticas didácticas hacen hincapié en que son «aquellas palabras que deben aparecer obligatoriamente en las construcciones en las que hay un determinante (principalmente un numeral o demostrativo) y un nombre» (Rovira Esteva 2009: 205). Dependiendo de los manuales y los investigadores, la terminología para designar los diferentes tipos de clasificadores puede variar, así como sus subdivisiones en categorías más específicas[6]. Aquí, por razones de espacio, nos limitaremos a comentar las categorías más generales de los *clasificadores nominales*, esto es, aquellos que acompañan a los sustantivos, pero hemos siquiera de mencionar que la lengua china posee, además, otro grupo de clasificadores –si bien en un número menor–, que son los llamados *clasificadores verbales* y sirven para enumerar acciones.

3.1 Clasificadores «prestados» o vicarios y clasificadores de colectivos

Por ser su empleo más parecido a lo que ocurre en las lenguas europeas comenzaremos aquí con los clasificadores que algunas gramáticas chinas denominan *prestados*, en el sentido de vicarios o subrogados (para no llamarlos espurios o pseudoclasificadores), pues actúan a modo de clasificadores. Como ejemplo nos sirve el sustantivo 'botella' (*píng*), que, como 'vaso', 'copa' o 'jarra', sirve para *clasificar* al sustantivo agua (*shuǐ*):

我买一瓶水。 (wǒ mǎi yī **píng** shuǐ) yo comprar uno botella agua
> Yo compro una botella de agua.

我买这瓶水。 (wǒ mǎi zhè **píng** shuǐ) yo comprar este botella agua
> Yo compro esta botella de agua.

Ambos ejemplos nos muestran como el clasificador 瓶 (*píng*) se emplaza entre el numeral o el demostrativo, respectivamente, y el sustantivo. Y en este caso

---

6   Una exposición detallada con referencias a numerosas gramáticas se encuentra en Rovira Esteva (2002: 373–397), quien, además, propone una tipificación de los clasificadores en un total de trece subcategorías.

coincide con construcciones similares existentes en las lenguas europeas, en concreto con aquellas construcciones en que se trata de cuantificar una porción determinada de un referente designado por un sustantivo no contable. Las gramáticas chinas suelen agrupar estos clasificadores bajo denominación común de *clasificadores prestados* o *clasificadores-contenedores*, puesto que se trata de palabras con valor léxico propio, pero que, en ciertos momentos, pueden ejercer de clasificadores por denotar referentes que pueden 'contener' o incluir a otros referentes: así, en el ejemplo citado, una *botella* puede contener *agua*.

Junto a este primer grupo de clasificadores, existe un segundo grupo cuyo uso también es similar al de las estructuras lingüísticas correspondientes en las lenguas europeas: son los llamados *clasificadores de conjuntos* o *clasificadores de colectivos*, cuya función consiste en agrupar un número determinado o indeterminado de referentes bajo un clasificador común porque su característica más destacada (o, al menos, la que se quiere destacar) es el hecho de que estos referentes forman un conjunto. Como ejemplos de estos clasificadores de colectivos sirven los siguientes, que equivalen al español *par/pareja* (*un **par** de pendientes*) o *rebaño* (*un **rebaño** de ovejas*):

一双耳环。 (yī **shuāng** ěr huán) uno [clasificador *shuāng*] pendiente
> Un *par* de pendientes.

一群羊。 (yī **qún** yáng) uno [clasificador (a continuación abreviado *clas.*) *qún*] oveja
> Un *rebaño* de ovejas.

3.2 Clasificadores individuales

Frente a estos dos tipos de clasificadores más generales (y con paralelos en las lenguas europeas) se encuentra el grupo de los llamados *clasificadores nominales de individuos* (Xu y Zhou 1997: 53) o *clasificadores nominales individuales*, a los que las gramáticas menos específicas consideran los clasificadores nominales propiamente dichos (Guo 2005: 31–32). Su empleo suele resultarle particularmente llamativo a los hablantes de lenguas europeas: en primer lugar, por constituir una estructura sintáctica que les es desconocida; y, en segundo lugar, por la heterogeneidad de los referentes que pueden incluirse en la misma categoría de clasificadores, lo cual suele resultarles aún más sorprendente (Rovira Esteva 2002: 373).

Veamos, primero, el comportamiento sintáctico de estos elementos. Por regla general, aquellas lenguas que contemplan el *número* como una categoría gramatical suelen hacer coincidir los sustantivos poseedores de una forma plural con los sustantivos contables, de tal manera que, en el momento de cuantificarlos, se indica el numeral y el sustantivo –con la marca de plural cuando el numeral es

mayor que *uno*– sin necesidad de que medie ningún otro elemento: *un hombre* >
dos hombres; una casa > *dos casas*. Ahora bien, en chino, como ya vimos, no se
expresa el rasgo de 'pluralidad' de forma morfológica, de manera que, cuando
se enumera, se siente la necesidad de individualizar un referente dado, es decir,
segregar una parte del concepto abstracto y convertirlo en una porción concreta,
en una unidad individual, que permite ser cuantificada:

我有一个朋友。 (wǒ yǒu yī **ge** péng yǒu) yo tener uno [clas. *ge*] amigo
> Yo tengo un amigo.

我有两个朋友。(wǒ yǒu liǎng **ge** péng yǒu) yo tener dos [clas. *ge*] amigo
> Yo tengo dos amigos.

Ambos ejemplos nos muestran cómo, sintácticamente, la presencia de un
numeral exige, para evitar construcciones agramaticales, la aparición de un clasificador: en este caso *ge*. Y lo mismo sucede cuando concurre un pronombre
demostrativo, como vemos en el siguiente ejemplo:

这个朋友是美国人。
(zhè **ge** péng yǒu shì měi guó rén)

este [clas. *ge*] amigo ser Estados Unidos persona
> Este amigo es estadounidense.

El clasificador puede, además, desempeñar una especie de función anafórica, ac-
tuando como un clítico pronominal, pues su aparición evita la repetición de un
nombre ya mencionado en el cotexto y acompañado por el mismo clasificador,
como vemos en el siguiente ejemplo:

我有两个弟弟，他只有一个。
(wǒ yǒu liǎng **gè** dì di, tā zhǐ yǒu yī **gè**)

yo tener dos [clas. *ge*] hermano menor, él solo tener uno [clas. *ge*]
> Yo tengo dos hermanos más pequeños, él solo tiene uno.

Esto sería, de manera muy sucinta, lo que nos dice la gramática normativa sobre la sintaxis del clasificador[7]. Ahora bien, si en los ejemplos considerados el

---

7   Sin entrar a comentarlas con mayor detalle, sí hemos de añadir, no obstante, que exis-
    ten algunas circunstancias en las que puede variar la secuencia fija de 'demostrativo
    o numeral + clasificador + nombre': en efecto, hay unidades fraseológicas en las que,
    por ejemplo, se omite el clasificador (Wild 2009: 42) o se incluyen otros elementos
    sintácticos entre el numeral y el clasificador; además, también puede invertirse la se-
    cuencia 'numeral + clasificador + nombre', resultando la secuencia 'nombre + numeral
    + clasificador' (Tang 2005: 438).

clasificador actúa como elemento individualizador, ¿en qué consiste su función clasificadora, de la que recibe el nombre? Ante todo hay que decir que el chino dispone de un inventario relativamente numeroso de clasificadores: algunos diccionarios exhaustivos llegan a recopilar más de 900, si bien otros, más centrados en el chino actual, recogen en torno a los 175. Además de que los clasificadores ocupan la posición sintáctica que hemos visto, cada sustantivo debe ser *contado* o *señalado* por el clasificador que le corresponde[8]. Y, a diferencia de los clasificadores prestados o vicarios, cuya principal característica consiste en posibilitar la cuantificación de un referente no contable (pero sin guardar, más allá de esto, una relación semántica con él), la adjudicación de un clasificador individual a un sustantivo determinado obedece a diferentes criterios como pueden ser la forma, la función, el hecho de ser una persona o un animal, el que algo sea flexible o rígido, etc. Así, el clasificador 个 (ge) puede usarse con personas y, por ende, también es válido para el referente 朋友 (*péng you* 'amigo'), como mostraba el ejemplo anterior.

Recurrir a los rasgos fenomenológicos de las cosas para clasificarlas es algo que tienen en común muchos clasificadores chinos y, desde la perspectiva del hablante occidental, puede resultar particularmente llamativo. Para una mejor ilustración de cómo funciona esto, nos serviremos a continuación del clasificador 条 (*tiáo*), que en el chino actual es usado para acompañar a sustantivos que designan realidades alargadas, estrechas y flexibles:

一条绳子 (yī **tiáo** shéng zi)   uno [clas. *tiáo*] cuerda > Una cuerda
一条皮带 (yī **tiáo** pí dài)   uno [clas. *tiáo*] cinturón > Un cinturón
一条围巾 (yī **tiáo** wéi jīn)   uno [*clas.* tiáo] bufanda > Una bufanda

El modo de adjudicar un grupo de referentes a un clasificador, sin embargo, no ha de entenderse como una organización sistemática de conceptos semánticamente relacionados en términos de taxonomía científica, sino más bien como el resultado de un proceso guiado por las convenciones de un colectivo de hablantes, quienes a través del uso han plasmado lingüísticamente su forma de percibir el mundo, optando precisamente por unos rasgos en vez de otros para referirse a la realidad. De ahí que un mismo clasificador pueda englobar referentes que, para un miembro de otra comunidad lingüística que desconozca el común denominador de ese clasificador, pueden parecer faltos de cualquier vínculo semántico. De ello dan fe los siguientes ejemplos, también pertenecientes a la categoría definida por el citado clasificador 条 (*tiáo*):

---

8   A pesar de esta verdad general, hay ocasiones en que, como explicaremos más adelante, un sustantivo puede ir acompañado por más de un clasificador.

一条蛇　(yī **tiáo** shé) uno [clas. *tiáo*] serpiente > Una serpiente
一条河　(yī **tiáo** hé) uno [clas. *tiáo*] río > Un río
一条路　(yī **tiáo** lù) uno [clas. *tiáo*] camino > Un camino

Ahora bien, la correspondencia de los rasgos formales de un referente con los criterios de su clasificador no siempre tiene que reflejar el mismo grado de coincidencia: así, junto a los representantes prototípicos o centrales de la categoría (en este caso, 条 /*tiáo*/, que, como hemos visto designa realidades alargadas, estrechas y flexibles, como muestran los ejemplos anteriores), existen otros cuya correspondencia formal resulta más periférica. Tal sucede cuando 条 (*tiáo*) es el clasificador de nombres como los siguientes:

一条法律　(yī **tiáo** fǎ lǜ)　　uno [clas. *tiáo*] ley >　　Una ley
一条新闻　(yī **tiáo** xīn wén)　uno [clas. *tiáo*] noticia >　Una noticia

Sin embargo, la asignación de estos sustantivos al clasificador 条 (*tiáo*) se vuelve comprensible para el que sepa que, antiguamente, los textos chinos se escribían en tablillas de bambú o madera, que eran de forma alargada y contenían siempre una columna de caracteres que se leían de arriba abajo: tales tablillas y la imagen de la columna de caracteres se ajustan a los rasgos formales de 'objeto largo y estrecho' que caracterizan al clasificador 条 (*tiáo*), si bien, en este caso, carecen del tercer rasgo, el ser 'flexibles', que sí comparten los referentes anteriores[9], por lo que, en estos dos últimos casos (las 'leyes' y 'noticias' escritas en tablillas), tendríamos que hablar de elementos periféricos de la categoría. Y, precisamente en estos dos últimos casos, observamos que la asignación del clasificador se ha debido a un procedimiento de metonimia, y más en concreto a una sinécdoque por cuanto el formato o la apariencia física del referente –en este caso, la tablilla o la columna de caracteres de un texto– sirve para representar, en términos de categoría, el contenido mismo del texto –una ley o una noticia–, que, por supuesto, es físicamente menos tangible.

Los mecanismos que rigen la asignación de un nombre a un clasificador o categoría determinados son, por tanto, diversos: así, además de los que se deben a una compatibilidad, más o menos clara a primera vista, de los rasgos formales, los hay de otra naturaleza. El postulado de Lakoff (1993: 205), según el cual la asociación metafórica es un procedimiento indispensable para hablar sobre conceptos abstractos, se evidencia también en algunos procesos de adjudicación

---

9　Con la precisión de que, en los casos del 'río' y del 'camino', su 'flexibilidad' vendría dada por sus meandros y curvas, respectivamente.

de nombres a determinados clasificadores[10]. Así, siguiendo con el clasificador 条 (*tiáo*), tenemos el siguiente ejemplo:

一条命 (yī **tiáo** mìng) uno [clas. *tiáo*] vida > Una vida

Muchas culturas, para hablar de la 'vida humana', de la 'trayectoria vital de una persona', que no es un concepto tangible, recurren a la metáfora de un trayecto relativamente dilatado a lo largo de un camino que no siempre es recto, sino que puede ser sinuoso por sus rodeos y recovecos. Y esto ocurre también en el acervo metafórico del colectivo chino, lo que hace posible la asignación de 'vida humana' al clasificador 条 (*tiáo*) que, como vimos, es también el de 'camino'. Lingüísticamente no deja de ser interesante que toda la extrapolación metafórica se active, precisamente, mediante los clasificadores.

En lo referente a la asignación del clasificador nos parece destacable señalar otro procedimiento que, a nuestro juicio, es de carácter gramatical. Recurramos otra vez al clasificador 条 (*tiáo*), que, en el siguiente ejemplo hace de clasificador de la palabra 裤子 (kù zi 'pantalón'), cuyo referente tiene, sin duda, una forma estrecha, alargada y flexible:

一**条**裤子 (yī **tiáo** kù zi) uno [clas. *tiáo*] pantalón > Un pantalón

Todo parece indicar que aquí la adjudicación de clase se ajusta a los rasgos definitorios del clasificador. Consideremos, sin embargo, ahora los dos casos siguientes:

一条内裤 yī **tiáo** nèi kù uno [clas. *tiáo*] calzoncillo > Un calzoncillo
一条短裤 yī **tiáo** duǎn kù uno [clas. *tiáo*] short > Un short

A diferencia de los ejemplos anteriores, observamos aquí que los rasgos formales de los referentes de 'calzoncillos' y 'short' no cumplen el requisito de 'alargado', rasgo prototípico en el clasificador 条 (*tiáo*). Sin embargo, según las normas de uso del chino, ambas estructuras son correctas. Para Zhang (2007: 47), esto se explica porque algunas palabras o morfemas chinos pueden convertirse en «términos de clase», de tal manera que encabezarían una taxonomía lexicológica (una suerte de hiperónimos formales) y todas las palabras compuestas a partir de ese morfema (hipónimos, en este sentido) se verían obligadas a llevar el clasificador del término de clase, en este caso 条 (*tiáo*), por ser el clasificador del término léxico primigenio o lexema primitivo, en este caso 裤子 (kù zi 'pantalón'). Se podría

---

10 Estas asociaciones metáforicas coinciden con las *extensiones genéricas* (Deutscher 2011: 205) de que se hablaba en el artículo anterior de G. V. Dioussé, publicado en este mismo volumen.

argumentar que estamos ante una gramaticalización del uso del clasificador, pues su empleo parece obedecer a una necesidad de concordancia, de índole netamente gramatical, entre el morfema 裤 (*kù*, presente tanto en *kù zi* como en *nèi kù* y *duǎn kù*) y el clasificador 条 (*tiáo*), toda vez que las características físicas de los referentes 'calzoncillos' y 'short' no solo carecen de compatibilidad con el rasgo de 'alargado', prototípico de su clasificador, sino que incluso lo contradicen.

4. Valor semántico de los clasificadores

En los apartados previos se han definido los clasificadores del chino como elementos estructurales que, por un lado, permiten segmentar una realidad o unos referentes percibidos como un todo en unidades individuales y, por otro, funcionan como indicadores de rasgos que deciden la pertenencia de un sustantivo a una clase nominal determinada, y no a otras. Ante este hecho surge la cuestión de cuál es exactamente el valor semántico de los clasificadores en el discurso. O, dicho de otra manera: ¿son los clasificadores simples morfemas, elementos puramente gramaticales, o son lexemas y, por tanto, poseen también una carga léxica?

El corpus de textos chinos antiguos demuestra que los clasificadores tuvieron casi siempre una carga semántica propia –como sustantivos que fueron muchos en origen–, pero que, en el curso de la evolución del idioma, perdieron esa calidad y se convirtieron en unidades de índole más bien gramatical[11]. Así, la mayoría de los actuales clasificadores son antiguos nombres que perdieron su capacidad referencial propia para convertirse en una suerte de marcas o indicadores de clases de nombres. Ahora bien, si admitimos que el clasificador es una marca abstracta de ciertos rasgos compartidos por un conjunto de referentes, de eso cabría concluir que resulta semánticamente redundante por no añadir al nombre información alguna. De hecho, en los ejemplos que hemos visto todo indica que sucede así:

一条绳子 (yī **tiáo** shéng zi) uno [clas. *tiáo*] cuerda > Una cuerda

La información semántica de que se trata de un objeto alargado y flexible ya está presente en el propio sustantivo *shéng zi* 'cuerda', de manera que el clasificador *tiáo* no aporta, efectivamente, ningún dato nuevo: a lo sumo se podría percibir como una palabra que subraya y pone de relieve un rasgo que, por lo demás, ya se conocía.

---

11 Por supuesto, hay numerosos casos en los que el clasificador aún conserva su antigua calidad de sustantivo: tal ocurre, sin duda, cuando es susceptible de ser usado como tal.

Sin embargo, existen casos en los que el clasificador sí es portador de valor semántico propio porque su aparición origina un significado determinado en el discurso. Sin ánimo de tratar detalladamente sobre los matices relacionados con la carga semántica del clasificador, aportamos a continuación algunos ejemplos en los que, de diferentes maneras, se hace evidente el valor léxico del clasificador. En este sentido, en chino hay nombres cuyo significado se concretiza o desambigua mediante el uso de clasificadores. La concretización léxica de los nombres mediante el empleo de determinados clasificadores la observamos, por ejemplo, en la palabra 房子 (*fáng zǐ*), cuyo significado más general es 'casa', pero que también puede referirse a otras realidades concretas dependiendo del clasificador que lo acompañe, según vemos en tres ejemplos tomados de Xu y Zhou (1997: 51):

a) 三间房子 (sān **jiān** fáng zǐ) tres [clas. *jiān*] casa > tres habitaciones
b) 三座房子 (sān **zuò** fáng zǐ) tres [clas. *zuò*] casa > tres bloques de casas
c) 三套房子 (sān **tào** fáng zǐ) tres [clas. *tào*] casa > tres pisos

En el primer ejemplo aparece la palabra 间 (*jiàn*)[12], cuyo significado como lexema pleno es similar a la preposición española *entre*, mientras que como clasificador designa las partes de que se compone una edificación (ya sea una vivienda privada o un edificio público): habitaciones, aulas, etc. Así, el clasificador *jiàn* no forma parte, lexicológicamente, de la palabra 房子 (*fáng zǐ* 'casa'), pero le proporciona un significado diferente. En el segundo caso nos encontramos con el clasificador 座 (*zuò*), que, normalmente, acompaña a objetos percibidos como de gran tamaño e inmóviles, como montañas, islas, edificaciones de cierta envergadura, estatuas, etc.), pero que, en este caso, aporta a la palabra 房子 (*fáng zǐ* 'casa') un matiz semántico nuevo, pues indica que se trata de un 'bloque de viviendas'. En el tercer ejemplo la diferenciación semántica se debe a la elección del clasificador 套 (*tào*), el cual, normalmente, acompaña a nombres que designan objetos que conforman un conjunto, un equipo o una serie, como son un mobiliario, un traje, un equipamiento, una colección, etc. La aparición de este clasificador activa, por tanto, en la mente de los hablantes chinos la imagen de una vivienda, esto es, de un piso o apartamento, que se encuentra dentro de un edificio mayor y cuyas dependencias están listas para ser habitado como morada, de manera que este clasificador también concretiza semánticamente la noción más general que expresa la palabra *casa*.

---

12 Cuando no funciona como clasificador, 间 se pronuncia en el cuarto tono.

La desambiguación es el segundo fenómeno en que se materializa la carga semántica del clasificador: se diferencia claramente de la concretización semántica de los ejemplos anteriores porque la aparición del clasificador no supone un enriquecimiento semántico del nombre mediante la aclaración, diferenciación o matización de su referencia, sino que la interpretación de un enunciado en un sentido o en otro depende, precisamente, de la aparición del clasificador, como vemos en el siguiente ejemplo, donde aparece el clasificador *zhī*:

你给我一支枪。 (nǐ gěi wǒ yī **zhī** qiāng) tú dar yo un [clas. *zhī*] arma
> Dame un arma / rifle.

Este clasificador 支 (*zhī*) puede enumerar diferentes clases de nombres, en los que están aquellos que se refieren a 'objetos largos y rígidos': de esta manera, el nombre 枪 (*qiāng*) acompañado del clasificador 支 (*zhī*) designa armas largas y rígidas, que pueden ser punzantes, como una lanza, o de fuego, como un rifle. Sin embargo, si en esta oración suprimimos el clasificador nominal, obtenemos la siguiente construcción:

你给我一枪。 (nǐ gěi wǒ yī **qiāng**) tú dar yo uno [clasificador verbal *qiāng*] tiro
> Dame un tiro.

Sin querer incidir en una cuestión que puede resultar difícil para los que desconozcan totalmente la lengua china y no sepan que una palabra aislada puede servir tanto de sustantivo como de verbo (lo mismo que, en cierto modo, ocurre en inglés, donde *phone* funciona como sustantivo en *the phone* y como verbo en *to phone*), en este último ejemplo se observa que la ausencia del clasificador nominal y el mantenimiento del numeral cardinal hacen que la voz 枪 (*qiāng*), que actuaba como sustantivo en función de objeto directo en la oración anterior, funcione ahora como un clasificador verbal, el cual –dicho muy sucintamente– sirve para enumerar las veces que se produce la acción designada por el verbo. Pero lo que más nos importa es que, en este caso, la ausencia del clasificador nominal origina un significado completamente distinto.

Concluiremos este apartado sobre el valor semántico del clasificador con un breve comentario sobre su papel como recurso estilístico, ilustrado con un ejemplo, que nos muestra cómo un mismo sustantivo puede venir acompañado por diferentes clasificadores sin que de ello resulte modificación alguna de su significado léxico, aunque sí de sus valores estilísticos, como son el grado de formalidad del mensaje o el nivel de respeto que el hablante manifiesta hacia el referente. Así, el chino dispone de diversos clasificadores para aludir a las personas, siendo de uso frecuente 个 (*gè*), 名 (*míng*) y 位 (*wèi*), cada uno de los cuales cuenta con matices pragmáticos propios, que resultan difíciles de traducir:

a) 他是一个老师。 tā shì yī **gè** lǎo shī   él ser uno [clas. *gè*] profesor
   > Él es un profesor

b) 他是一名老师。 tā shì yī **míng** lǎo shī   él ser uno [clas. *míng*] profesor
   > Él es un profesor

c) 他是一位老师。 tā shì yī **wèi** lǎo shī   él ser uno [clas. *wèi*] profesor
   > Él es un profesor

La traducción al español de estas tres frases sería, en principio, la misma: «Él es un profesor»[13]. Ahora bien, el hablante chino percibe en cada una de ellas un matiz diferente, siendo el matiz del primer ejemplo seguramente el más opaco, pues el clasificador 个 (*gè*) es el más general de los que permiten la catalogación de personas, como veremos en el último apartado: aparece en situaciones comunicativas informales (como la comunicación verbal coloquial), aunque también pueda hacerlo en textos escritos, especialmente cuando no se refiere a una persona en particular. Por su parte, el uso del segundo clasificador, 名 (*míng*), pertenece al registro lingüístico propio de los textos escritos formales y también se le encuentra en todas las situaciones de comunicación verbal que requieren un grado de mayor formalidad, como pueden ser las presentaciones o entrevistas en los medios públicos. Como es bien sabido, las normas sociales tienen un peso significativo en las sociedades confucianas: el respeto a la posición social, la manera correcta de dirigirse a alguien o de hablar sobre alguien también pueden incidir en el uso del clasificador. Y, en este sentido, la diferencia entre el segundo y el tercer ejemplo refleja este fenómeno: en el tercer ejemplo, el hablante chino no solo trata de ajustarse al mayor grado de formalidad exigido por una situación comunicativa determinada, sino que, además, el uso del clasificador 位 (*wèi*) responde a un deseo de mostrar cortesía, respeto e, incluso, admiración hacia la persona a la que acompaña, algo que no ocurre en el caso de 名 (*míng*), el cual, aun cumpliendo con el grado de formalidad que exige el registro lingüístico, es neutro por lo que respecta a la actitud del hablante.

---

13 Dependiendo de la situación concreta, naturalmente el traductor al español podría intentar reproducir los matices presentes en los enunciados chinos con otros medios lingüísticos.

5. Proceso de generalización de los clasificadores

Los ejemplos citados en el apartado anterior, además de ilustrar el grado de semanticidad de los clasificadores, indican que, en ocasiones, un nombre es susceptible de ser acompañado por diferentes clasificadores: así, si bien son numerosos los nombres que tienen asignado un clasificador específico y no admiten ningún otro, también son frecuentes aquellos que, además de un clasificador de carácter más específico, se pueden combinar con otro(s) clasificador(es) de carácter más general; y asimismo, por último, existen nombres que carecen de clasificador específico y vienen siempre acompañados por un clasificador general: el caso de 个 (*gè*) muestra cómo el clasificador de naturaleza más general es también aquel que menos aportación semántica añade al discurso. En este sentido, se puede decir que cuanta menor sea la carga semántica del clasificador mayor será su grado de gramaticalización, pues, como ocurre en el caso de 个 (*gè*), la aparición del clasificador responde más a la necesidad de cumplir con las exigencias sintácticas de la lengua que a cualquier otra necesidad de carácter léxico-semántico.

La tendencia a la gramaticalización de los clasificadores chinos es un fenómeno ampliamente debatido: hay opiniones que predicen e incluso abogan por una simplificación drástica del inventario de clasificadores, mientras que otras propugnan una postura más conservadora en el uso y la interpretación evolutiva de la lengua china (Wang 2000: 49). Lo cierto es que los análisis de *corpora* del chino actual constatan una tendencia hacía el uso generalizado de ciertos clasificadores (Tian 2013: 38), de los que, a continuación, vamos a comentar el caso de 个 (*gè*), llamado también de manera coloquial «el clasificador omnipotente» (万能量词 [wàn néng liàng cí], Tian 2013: 39), por ser el más extendido, y que bien puede servir de ejemplo de las susodichas «extensiones genéricas».

El significado primigenio de 个 (*gè*) era el de 'tallo de bambú' y también se utilizaba para referirse a la planta en sí, al 'bambú'. La ampliación de su campo de uso se constata ya en el llamado «Periodo de Primaveras y Otoños» (722–481 a. C.), cuando se emplea como clasificador de algunos otros referentes concretos como las 'flechas', por ser el bambú o la madera el material de que se hacían. También para esa época está ya recogido su uso como clasificador de la 'piel de ciervo', objeto concreto sin relación evidente con su significado inicial. En el «Periodo de las Seis Dinastías» (220–589 d.C.) se produce una mayor generalización, pues 个 (*gè*) aparece ya clasificando a otros animales y plantas, y comienza, además, a acompañar a nombres que designan 'personas'. Luego, en siglos posteriores, se extendió su empleo a sustantivos que denotan 'espacio' y conceptos abstractos como 'tiempo' o 'sentimientos'. A partir de la dinastía Song (960–1279 .C.)

y conservando las propiedades anteriores, experimentó una modificación cualitativa al poder funcionar también como partícula auxiliar en determinadas estructuras verbales con complemento, lo que significaba un paso más hacia su gramaticalización. Así pues, la evolución de 个 (*gè*) ejemplariza la trayectoria de otros clasificadores, que se han gramaticalizado por su propensión a ser usados de manera general: en efecto, 个 (*gè*) pasó de ser un nombre concreto a convertirse en un clasificador, primero de referentes relacionados semánticamente y, después, de otros objetos concretos sin relación semántica con su significado originario; y, por último, llegó a usarse como clasificador de referentes abstractos.

En el chino actual, la comentada tendencia de 个 (*gè*) se observa especialmente en el lenguaje hablado, donde, con independencia del nivel de educación del hablante, se opta por el clasificador general en perjuicio de otros posibles clasificadores más específicos (Erbaugh 1986). Es evidente que a los estudiantes de chino como lengua extranjera la existencia de clasificadores generales como 个 (*gè*) les supone una gran ayuda en el proceso de aprendizaje. Sin embargo, los gramáticos insisten en que el uso de un clasificador general en lugar de otros más específicos supone una merma del estilo y que no todos los clasificadores permiten ser sustituidos por 个 (*gè*), por ejemplo. Así, aunque es difícil concretar las normas de uso que sancionan dicha sustitución, esta no es posible, por regla general, cuando los referentes en cuestión son de tipo gaseoso como 'aire' o ciertos hiperónimos como 'verdura' (Tian 2013: 39). Por otra parte, también se advierte de casos en que la sustitución altera el significado del enunciado: en este sentido, Wang (2002: 51) señala que esto ocurre cuando se trata de clasificadores que pueden ejercer tanto de clasificador individual como colectivo o de conjunto, según se aprecia en el siguiente ejemplo:

一把钥匙 / 一个钥匙
yī **bà** yào shi uno [clas. *bà*] llave / yī **gè** yào shi uno [clas. gè] llave
> Un manojo de llaves / > Una llave

El clasificador 把 (*bà*) se emplea con referentes susceptibles de ser 'asidos, cogidos o agarrados con la mano', 'apuñados', 'empuñados', pero también puede indicar 'cuantía aproximada', del tipo de 'puñado', 'manojo', cosa que no denota 个 (*gè*), de manera que, en el ejemplo anterior, si sustituimos 把 (*bà*) por 个 (*gè*), cambia el sentido del enunciado de 'un manojo de llaves' a 'una llave', lo cual no es lo mismo. Aquí la diferencia es pertinente y depende de lo que quiera comunicar el hablante.

Conclusiones

El breve esbozo que hemos trazado sobre las características formales y semánticas de los clasificadores nominales refleja algunos aspectos básicos de la estructura interna de la lengua china: en particular, que la organización de su repertorio nominal no se articula a través de las categorías gramaticales más habituales en las lenguas occidentales, como pueden ser el género o el número, sino mediante otro tipo de rasgos, que, lingüísticamente, se concretizan en los llamados clasificadores nominales. Como elementos sintácticos, su presencia es prescriptiva cuando un nombre está determinado por pronombres numerales o demostrativos. Pero, al margen de esta propiedad más gramatical, frecuentemente conservan una importante carga semántica. Y, por otra parte, en el chino hablado se puede constatar una tendencia hacia el uso de clasificadores de carácter general –especialmente, del clasificador 个 (gè)– en detrimento de otros clasificadores más específicos.

Referencias bibliográficas

DEUTSCHER, G. (2011): *El prisma del lenguaje*, Barcelona: Ariel.

ERBAUGH, M. (1986): «Taking Stock: the Development of Chinese Noun Classifiers Historically and in Young Children», en C. Craig (ed.): *Noun Classes and Categorization*, Amsterdam: John Benjamins, pp. 399–436.

LANGACKER, R.W. (1991): *Foundations of Cognitive Grammar. Vol. II. Descriptive Application*, Stanford: Standford University Press.

LAKOFF, G. (1993): «The contemporary Theory of Metaphor», en A. Ortony (ed.): *Metaphor and Thought*, Cambridge: Cambridge University Press, pp. 202–251.

LUQUE DURÁN, J. (2004): *Aspectos universales y particulares del léxico de las lenguas del mundo*, volumen monográfico publicado en el nº 21 de *EliEs* (*Estudios de Lingüística del Español*, online en http://elies.rediris.es/elies21/).

ROVIRA ESTEVA, S. (2002): *El paper dels mesuradors xinesos en la pragmàtica del text*, Tesis doctoral, Barcelona: Universitat Autónoma de Barcelona (online en TDR [Tesis doctorales en red] http://www.tdx.cat/handle/10803/5257).

ROVIRA ESTEVA, S. (2008): «El club de las metáforas muertas. Análisis descriptivo de las técnicas de traducción de los medidores chinos al español y catalán», en *Babel* 55, 3: 205–227.

TANG, J. C.-C. (2005): «Nouns or Classifiers: A non movement Analysis of Classifiers in Chinese. A Non-movement Analysis of Classifiers in Chinese», en *Language and Linguistics* 6, 3: 431–472.

Tian, X. (2013): «You 'ge' 'tiao' 'wei' tan geti liangci fanhua [Sobre la generalización del empleo de clasificadores individuales en los casos de *ge, ti* y *wei*]», en *Journal of Ningxia University* 35, 4: 38–42.

Wang, Z. (2002): «Liangci *ge* de shiyong fanhua guanjian [Algunas observaciones sobre la generalización del empleo del clasificador *ge*]», en *Journal of Hainan Radio and TV University*, nº 2, General serial nº 7, pp. 49–51.

Wiese, H. (2011): «Numeral-Klassifikatoren und die Distribution von Nomen: Konzeptuelle, semantische und syntaktische Aspekte», en W. Kürschner (ed.): *Miscellanea Linguistica. Arbeiten zur Sprachwissenschaft*, Frankfurt am Main: Peter Lang, pp. 73–105.

Wild. I. (2009): *Variation beim Numeralklassifikatoreinsatz im Chinesischen*, Magisterarbeit publicado en *ASSidUE* (*Arbeitspapiere des Seminars für Sprachwissenschaft der Universität Erfurt*), Nr. 24 (online en http://www.db-thueringen.de/servlets/Derivate Servlet/Derivate-16399/ASSidUE24.pdf.).

Xu, Z. / M. Zhou (1997): *Hanyu yufa. Gramática china*. Barcelona: Bellaterra.

Zhenhua, Guo (2005): *Jian ming hanyu yufa. A Concise Chinese Grammar*, Beijing: Sinolingua.

Zhang, H. (2007): «Numeral classifiers in Mandarin Chinese», en *Journal of East Asian Linguistics* 16, 1: 43–59.

Marcial Morera
(Universidad de La Laguna)

Nota semántica sobre las llamadas *partículas negativas* *no, in-, a- (an-), des-, dis-, anti-* y *contra-*

Aunque el asunto de las llamadas *partículas de negación no* (de *no feo*, por ejemplo), *in-* (de *ingrato*), *a-* (*an-*) (de *anormal, analfabeto*), *des-* (de *desleal*), *dis-* (de *disconforme*), *anti-* (de *antinatural*) y *contra-* (de *contrarrevolucionario*) ha sido ampliamente analizado en la bibliografía lingüística española[1], existe un aspecto de este importantísimo grupo de signos de nuestra lengua que consideramos fundamental para la comprensión cabal de su funcionamiento y que, según creemos, no ha recibido hasta ahora la atención que merece: el hecho de que dichas partículas no significan de la misma manera el mencionado contenido de negación, que se suele definir de forma universal como «lo contrario del correspondiente positivo» o «inversión existencial del correspondiente positivo»[2].

---

1   Desde el punto de vista histórico, el problema ha sido analizado por Brea (1976, 1980 y 1994); desde el punto de vista lógico-conceptual, se han ocupado del asunto Montero Curiel (1997 y 1999), Serrano-Dolader (2002 y 2003) y la Academia de la Lengua Española (2010); desde el punto de vista distribucional, destaca el trabajo de Varela (1983), donde se llega a la conclusión de que el prefijo negativo *in-* enmascara en realidad dos signos distintos: *in-1*, que solo se agregaría a palabras plenas de naturaleza adjetiva, e *in-2*, que puede agregarse tanto a palabras plenas como a temas o raíces; desde el punto de vista didáctico, hay que mencionar otros dos trabajos del mencionado Serrano-Dolader (2006 y 2012); y desde el punto de vista lexicográfico, debe citarse el trabajo de Torres Martínez (2010). Mucho más generosa ha sido la atención que se ha prestado a la partícula *no* cuando actúa como negador oracional, tanto en su vertiente sincrónica como en su vertienda diacrónica: así, desde el punto de vista histórico, son de mencionar el temprano trabajo de Llorens (1929) y el de Camus (2006); desde el punto de vista sincrónico, resultan imprescindibles el estudio de Bosque (1980) y el de Sánchez López (1999). En todas estas obras se cita de forma más extensa la amplia bibliografía existente sobre el tema.

2   En Bosque (1980: 12) leemos lo siguiente: «La oración negativa se construye, pues, *sobre* la oración afirmativa; la supone de alguna manera como preexistente a ella (…). Si decimos que "la silla es blanca", al mismo tiempo que afirmamos una propiedad de la silla, estamos reflejando un estado de cosas que puede ser percibido por el sujeto. Si decimos en cambio que "la silla no es blanca", no estamos operando igual que en el

Aunque de forma muy somera, ya había advertido María Luisa Montero Curiel (1999: 101), una de las investigadoras que con mayor detenimiento han examinado el asunto, que «el concepto de negación engloba valores diversos, que van desde la 'negación' propiamente dicha, a la 'privación', pasando por la 'oposición', 'contrariedad' o 'separación'»[3]. A profundizar en la naturaleza semántica de estos valores idiomáticos invariantes dedicaremos la nota semántica que sigue.

Para empezar, se ha de decir que las partículas *no-, in-, a-, des-, dis-, anti-* y *contra-* significan el mencionado contenido lógico-referencial de 'lo contrario del correspondiente afirmativo' de dos maneras radicalmente distintas.

De un lado, la formas *no, in-* y *a-*, variantes etimológicas de una misma partícula de negación indoeuropea, significan el mencionado contenido de 'inversión del correspondientes afirmativo' **de forma mostrativa**, como 'conjunto vacío', como negación propiamente dicha, sin más, porque se trata de cuantificadores existenciales negativos, como *nada, nadie* y *nunca*, con los que se encuentran íntimamente relacionados desde el punto de vista de la significación primaria o básica. Lo que significan *no feo, ingrato* y *anormal*, por seguir con nuestros ejemplos, es la inexistencia de las cualidades 'feo', 'grato' y 'normal', respectivamente, en la persona, animal o cosa designado por el sustantivo que rige al adjetivo. Digamos que la inversión existencial se hace aquí de forma cuantitativa.

De otro lado, las partículas *des-, dis-, anti-* y *contra-* significan el contenido que nos ocupa **de forma descriptiva**, ubicando el elemento de que se trata en una relación de movimiento de alejamiento o enfrentamiento respecto de la

---

caso anterior. El "no ser blanca la silla" no es una propiedad que predicamos de ella, no solo porque las infinitas carencias o ausencias no representan infinitas propiedades sino porque la "no blancura" no es algo perceptible físicamente en la forma que la blancura lo es. Como inmediata consecuencia, podemos decir que las proposiciones negativas tienen existencia no a partir de un objeto, sino de una proposición afirmativa. La proposición afirmativa representa, de acuerdo con Bergson, un juicio realizado sobre un objeto, mientras que la proposición negativa representaría un juicio realizado sobre un juicio». No es necesario aclarar que se habla aquí de una inversión gramatical, de una inversión que afecta a la sustancia, cualidad o acción en su forma de existir, no de un rasgo léxico que modifique su significación primaria o de raíz. De ahí que no sea lo mismo *no feo* que *guapo*; o *desleal* que *fiel*. En *no feo* y *desleal* tenemos sendas modificaciones gramaticales de los conceptos léxicos 'feo' y 'leal'; en *guapo* y *fiel*, dos conceptos léxicos totalmente distintos de aquellos, que solo designativamente se relacionan con ellos. El contrario existencial de *no feo* no es *guapo*, sino *feo*; como el contrario existencial de *desleal* no es *fiel*, sino *leal*. El *no feo* no tiene por qué ser guapo; puede ser simplemente normal.

3   En el mismo sentido se pronuncia David Serrano-Dolader (2012: 189).

persona, animal o cosa designado por el sustantivo que lo rige. Lo que implican las formas *des-, dis-, anti-* y *contra-* de *desleal, disconforme, antinatural* y *contrarrevolucionario*, por ejemplo, no es un valor mostrativo de cuantificación, sino un valor relacional de movimiento de alejamiento o enfrentamiento, respectivamente. De ahí que no sea lo mismo *desleal* que *no leal*; *difícil* que *no fácil*; *antinatural* que *no natural*; *contrarrevolucionario* que *no revolucionario*. En *no leal, no fácil, no natural* y *no revolucionario*, los conceptos de base 'leal', 'fácil', 'natural' y 'revolucionario' aparecen presentados cuantitativamente como 'conjunto vacío', según vimos: hablamos de personas, animales o cosas que carecen de las mencionadas cualidades; por el contrario, en *desleal, difícil, antinatural* y *contrarrevolucionario*, dichos conceptos aparecen presentados como constituyentes de una relación de alejamiento u oposición, como se verá más detalladamente después. La inversión no es aquí cuantitativa, sino descriptivo-espacial.

Por otra parte, tampoco se puede decir que los elementos que presentan el contenido lógico-referencial de 'inversión de la existencia' como 'conjunto vacío' signifiquen exactamente lo mismo. Todo lo contrario: *no, in-* y *a-* se diferencian en la posición que ocupa el término de base respecto del sustantivo que complementa antes de ser negado.

La forma *no* invierte el valor existencial de un elemento absoluto, de un elemento que no ha contraído función atributiva o predicativa antes de ser negado. Digamos que invierte la existencia de forma externa o absoluta[4]. Así, en la combinación *no feo*, por ejemplo, el *no* se limita a indicar que el concepto cualitativo 'feo' carece de existencia, sin presuponer a ese concepto cualitativo vínculo nominal previo alguno. Lo que oponemos aquí es la inexistencia de una cualidad independiente a su existencia, sin más. Precisamente por ello, se trata de la partícula negativa más general de la lengua española, limitada en su combinatoria solamente por las restricciones sintácticas generales que han señalado los autores que han planteado el problema de su estatus gramatical.

¿Por qué niega *no* de manera externa el elemento de base? Tal vez porque se relaciona con él de forma sintáctica, es decir, de forma independiente. En efecto, en las combinaciones del tipo *no leal, no fácil, no natural* y *no revolucionario*, la forma *no* (que posee significación categorial nominal, como pone de manifiesto el hecho de que pueda aparecer sola en el enunciado) actúa como elemento

---

4   Montero Curiel (1999: 177) afirma: «El valor de este prefijo es de 'negación total de la base' a la que precede, negación que al ir expresada con la partícula *no* resulta incluso más tajante y radical que la expresada por los demás prefijos negativo-privativos».

nuclear, y el constituyente que viene a continuación, como término complementario, como complemento sintáctico.

Al contrario que la partícula cuantitativa *no*, las partículas cuantitativas *in-* y *a-* invierten el valor existencial de una noción relativa, de una noción que el hablante presupone presente de una u otra forma en la persona, animal o cosa designado por el sustantivo que lo rige. Digamos que nos encontramos ante una negación interna o relativa. Así, en las combinaciones *inmoral* y *amoral*, por ejemplo, las partículas *in-* y *a-* niegan, sí, pero no una cualidad independiente, sino una cualidad que se supone debería estar presente en la persona designada por el sustantivo que las rige. No se trata, por tanto, de una negación externa, sino de una negación interna, la negación de una cualidad, una sustancia o una acción que tiene actualización o función previa a aquella. De ahí las diferencias tan profundas que existen entre combinaciones como *juez incompetente* y *juez no competente*, *hombre infiel* y *hombre no fiel*, *poema incantable* y *poema no cantable*, *persona anormal* y *persona no normal*, *gente impía* y *gente no pía*, por ejemplo. Los prefijos *in-* y *a-* de *incompetente, incantable, anormal* e *impío* niegan cualidades relativas, cualidades que se consideran existentes de una u otra manera en la persona, animal o cosa designados por el sustantivo que rige al adjetivo. Por el contrario, el *no* de *no competente, no cantable, no normal* y *no pío* niegan cualidades absolutas, cualidades que simplemente no tienen por qué estar en la persona, animal o cosa aludido. *Juez no competente* es el que carece de jurisdicción para actuar en tales o cuales causas, porque la cualidad se niega externamente; *juez incompetente*, el que carece de la competencia que debería tener para juzgar, porque la cualidad se niega internamente. Por tanto, lo que parece diferenciar la partícula *no* de las partículas *in-* y *a-* no es que aquella niegue objetivamente y estas subjetivamente, como se ha dicho a veces[5], sino más bien que *no* niega desde fuera, en tanto que *in-* y *a-* niegan desde dentro. En realidad, la negación expresada por las partículas *in-* y *a-* se siente como subjetiva porque afectan a una cualidad que el hablante considera que debería existir en el referente del sustantivo aludido; la expresada por *no* se siente como objetiva porque actúa sobre una cualidad, una sustancia o una acción independiente del sustantivo aludido.

---

5   Así, para David Gaatone (1971), el francés *in-* implica una negación más subjetiva, frente a *non*, que tiene una significación más neutra. El parecer de este estudioso es seguido más tarde por Lorenza Berlanga de Jesús (2000: 202), quien afirma que «la función de *in-* en este tipo de formaciones no es negar "estrictamente", sino la de permitir que la subjetividad del locutor se refleje en el juicio que emite sobre la situación; es algo que no se puede llevar a cabo por razones que el locutor estima pertinentes».

¿Por qué niegan *in-* y *a-* de forma interna, frente al carácter externo de la negación del *no*? Tal vez porque se relacionan con el elemento que acompañan de manera morfológica, no de manera sintáctica. En efecto, en las combinaciones *incompetente, infiel, incantable, anormal* e *impío*, las formas *in-* y *a-* actúan como complementos morfológicos de los elementos que siguen, porque carecen de significación categorial, como pone de manifiesto el hecho de que no puedan aparecer solas en el enunciado.

Pero que los prefijos *in-* y *a-* se opongan de la misma forma a *no* ('negación posterior a la atribución'/ negación anterior a la atribución') no implica, ni mucho menos, que nieguen la cualidad, la sustancia o la acción de la misma forma. Antes al contrario: entre una y otra existen diferencias semánticas muy sutiles, relacionadas con la naturaleza categorial del elemento afectado. Por su parte, la forma *in-* invierte la existencia de un elemento cualitativo del nombre. Así, el *in-* de *inmoral, incompetente, impío* e *incivil* niegan cualidades ('moral', 'competente', 'pío' y 'civil') que deberían encontrarse efectivamente en la persona de que se trata. De ahí la carga de censura, de subjetividad, que suelen llevar aparejadas estas palabras. Por eso no se pueden definir simplemente como 'no moral', 'no competente', 'no pío' y 'no civil'. *Inmoral, incompetente, impío* e *incivil* no significan simplemente 'no moral', 'no competente', 'no pío' y 'no civil', sino más bien 'que, debiendo ser moral, no lo es', 'que, debiendo tener competencia, no la tiene', 'que, debiendo ser piadoso, no lo es' y 'que, debiendo tener civilidad, no la tiene'; o, como quiere algunos lexicógrafos, 'falto de moral', 'falto de competencia', 'falto de piedad' y 'falto de cilividad o cultura'. Se trata, por tanto, de una inversión gramatical del valor existencial de una cualidad actuante, que pasa de un polo de la existencia al otro, superlativizando así su ausencia.

Desde el punto de vista semántico-lingüístico, que es el que aplicamos aquí, es claro que no existe más que un *in-* negativo, y que lo que Soledad Varela (1983: 637–648) denomina *in-1* e *in-2* no son otra cosa que distribuciones distintas de la misma forma de contenido morfológica[6].

---

6 Más recientemente ha dicho la Academia (2010: 187): «Una serie de adjetivos formados con los mismos constituyentes (*in-V-ble*) admiten dos segmentaciones, correspondientes a dos significados distintos. Así, el adjetivo *incomunicable* puede segmentarse en la forma anterior, es decir, (*in-(comunica-ble)*), que corresponde al significado 'que no puede ser comunicado, inefable'; pero también es posible ((*in-comunica)-ble*), que da lugar al significado 'que puede ser incomunicado' (hablando, por ejemplo, de presos o de cuartos de una vivienda)». Y efectivamente así es: el texto en cuestión admite ambas segmentaciones, pero de ello no se puede extraer la conclusión de que el prefijo *in-* presente dos significados distintos. No hay dos *in-*, sino dos

Hasta tal punto se integra el complemento morfológico *in-* en el cuerpo del elemento que complementa, que en no pocas ocasiones toda la combinación pasa a entenderse como unidad léxica, por lo menos en lo que a la denotación se refiere. Es lo que se aprecia en los casos de las formas *impío, inconsciente, indolente, inexorable, infalible, infeliz, infiel, insulso, intrépido, increíble* e *indecente*, por ejemplo, que, de sus sentidos relativos 'falto de piedad', 'que no se da cuenta del alcance de sus actos', 'que no siente dolor', 'que no se puede vencer con ruegos', 'que no puede fallar', 'no feliz', 'falto de fidelidad', 'falto de sabor', 'que no teme en los peligros', 'que no puede creerse' y 'que no tiene decencia', respectivamente, han pasado a entenderse también en los sentidos absolutos 'contrario, hostil a la religión', 'que está privado de sentido', 'que no se afecta o conmueve', 'que no se puede evitar', 'seguro, cierto', 'bondadoso, apocado', 'que no profesa la fe considerada como verdadera', 'falto de gracia o viveza', 'que obra o habla sin reflexión', 'muy difícil de creer' y 'escrupuloso (en Canarias)'. La integración semántica es todavía más clara en el caso de las antiguas combinaciones complejas *in-imicus* ('no amigo'), *in-firmus* ('no firme'), *in-ertis* (de *in-ars* 'carente de arte') e *in-vidia* ('no visión'), que, andando el tiempo, terminaron convirtiéndose en las formas simples *enemigo, enfermo, inerte* y *envidia*, y en el caso de las formas *in-sulsus* (de *in-salsus*), que dio, por vía popular, la variante sintética *soso*, además de la variante plena *insulso*, por vía culta, e *inmundicia* 'cosa que ensucia', que se ha convertido en el español popular de Canarias en *mundicia* (*mondicia, mondiza, mondizalla* [Academia Canaria de la Lengua 2010: s. v.]), acaso por influencia del portugués de Madeira *mondiça* (Morera 2006: s. v.).

La forma tan particular que tiene *in-* de invertir el valor existencial del elemento que complementa condiciona de forma drástica sus posibilidades combinatorias. En primer lugar, determina que se combine más frecuentemente con adjetivos, que es la categoría gramatical de la cualidad, que con verbos o sustantivos. Así, de acuerdo con el DRAE, los verbos españoles con *in-* negativo casi se reducen a las formas *improbar* (con el sentido de 'desaprobar', en América), *inaceptar, incomunicar, incumplir, indisponer, infirmar, inhabilitar, inmutar, insubordinar* e *irrespetar*. También son escasos los derivados sustantivos. Si dejamos al margen las formas *infame, imberbe, informe, impar, indemne, impune, incoloro, implume, inmune, inánime, incorpóreo, insonoro, inerme, insomne*, etc., que heredamos del latín como adjetivos propiamente dichos, casi se reducen a

---

sentidos distintos de dicha palabra, determinados por el diferente momento en que actúa el *in-* en su estructura: en el primer caso, actúa sobre el participio de pasado potencial; en el primero, sobre el verbo.

las combinaciones *inexperiencia, indisciplina, improporción, infortuna, impudor, inedia, innúmero, incuria, irrespeto* e *invirtud*. La nómina de adjetivos afectados por *in-* es, por el contrario, abrumadora. En ella destacan sobre todo los adjetivos deverbales en *–nte* (*ignorante, improcedente, impotente, inapetente, incesante, incongruente, imprudente, inconveniente, independiente, insolvente, inexistente, inobediente, insignificante, invariante, invidente, irrelevante, irreverente...*), *-do* (*iletrado, ilimitado, impagado, inacabado, inadaptado, inalterado, inanimado, inapropiado, inadvertido, inarticulado, inatendido, inconquistado, incontaminado, incontrolado, incontrovertido, indebido, indeterminado, inesperado, inidentificado, ininterrumpido, inmerecido, inmoderado, inmotivado, inopinado, insaturado, inválido...*), en *-to* (*-so*) (*impreciso, inconcluso, incorrupto, inculto, infinito, irresoluto, imperfecto...*) y, sobre todo, en *-ble* (*imborrable, impagable, impalpable, impecable, impenetrable, impensable, impepinable, imperdible, imperdonable, imperturbable, imposible, impracticable, imprescindible, improbable, improlongable, impronunciable, improrrogable, inabarcable, inabordable, inacabable, inaceptable, inadmisible, inagotable, inaguantable, inalcanzable, inalienable, inalterable, inamovible, inanalizable, incurable, indisociable, indomable, ingobernable, inigualable, inmejorable, inmodificable, inmutable, innegable, innavegable, innegociable, inolvidable, inoxidable, insaciable, insalvable, inseparable, insoslayable, insufrible, intocable, invencible, irrealizable, insobornable, insustituible, insuperable, irreprochable, irresistible, irrecovable, irrompible...*), que, por indicar cualidad verbal potencial, son los que mejor se adecuan a la semántica de *in-*. Ya había señalado Soledad Varela (1983: 645) que «la explicación de la facilidad de combinación de estos adjetivos en *–ble* reside en el hecho de que lo que se niega no es la base sino la posibilidad, encarnada en el sufijo *–ble* derivativo»[7].

Con todo, hay que tener en cuenta que, también en el ámbito del adjetivo calificativo, la partícula de negación que nos ocupa presenta severas restricciones combinatorias. Como han advertido ya algunos autores, no se suele combinar

---

7   Según la misma Varela (2002: 219), uno de los factores que determinan estas restricciones selectivas es la *telicidad*: «el prefijo negativo *in-* no se prefija a bases adjetivales télicas (**in-harto, *in-lleno, *in-enfermo* (+auxiliar ESTAR)) pero, en cambio, se une productivamente a adjetivos atélicos (*in-fiel, im-puro, irregular* (+auxiliar SER))». Más recientemente ha dicho la Academia (2010: 187) que «los adjetivos que admiten el prefijo *in-* se combinan con *ser* en las oraciones copulativas (*posible>imposible*). Los que se combinan con *estar* suelen rechazarlo (*absorto, borracho, contento, descalzo, estupefacto, seco*, etc.). Tampoco es habitual obtener derivados en *in-* a partir de adjetivos relacionales (**inatómico, *ineconómico*). Las excepciones como *inconstitucional, incivil, irreligioso*, son solo aparentes, ya que se interpretan en su lectura calificativa».

con adjetivos de relación (*verdadero, madrileño, lechero, musical, general, económico, pueblerino*...), salvo que se empleen como calificativos; con adjetivos del tipo *gordo, flaco, grande, pequeño, alto, bajo, tonto, listo, frío, caliente, duro, blando, alegre, triste, bueno, malo, vivo, muerto*, etc., que poseen los dos polos de la existencia actualizados de forma léxica; ni con adjetivos calificativos designativos de rasgos físicos, como *negro, rubio, moreno, cojo, sordo, ciego, limpio*, que son todas cualidades no presuponibles en los sustantivos.

También la forma *a-* niega un atributo que debería existir en la persona, animal o cosa de que se trata, solo que este atributo suele ser de naturaleza sustantiva. Así, *ateo* es la persona que, debiendo tener dios, no lo tiene; *acéfalo*, la persona que, debiendo tener cabeza, que es lo natural, no la tiene. En efecto, la base de los adjetivos prefijados por *a-* es casi siempre sustantiva (*anafrodita* (*Afrodita*), *analfabeto* (*alfabeto*), *anomia* (gr. νόμος 'ley'), *anuro* (gr. οὐρά 'cola'), *apétalo* (*pétalo*), *ápodo* (gr. πούς 'pie'), *acaule* (lat. *caulis* 'tallo'), *acéfalo* (gr. κεφαλή 'cabeza'), *ácrono* (gr. χρόνος 'tiempo'), *áfono* (gr. φωνή 'voz'), *ágrafo* (gr. γραφή 'escritura'), *amoral* (*moral*), *amorfo* (gr. μορφή 'forma'), *anacanto* (gr. ἄκανθος 'espina'), aunque ocasionalmente pueden tener desarrollos morfológicos adjetivos, como ocurre en los casos de *acalórico, aconfesional, acotiledóneo, acrático, acromático, afásico, afebril, afónico, analgésico, anormal*... Y, como lo que se niega ahora es un atributo sustantivo de la persona, animal o cosa aludido, la inversión de la existencia no se entiende como polaridad (con el matiz superlativo que indicábamos arriba), sino simplemente como ausencia, como que la persona, animal o cosa de que se trata es ajeno a la cosa designada por el nombre que se encuentra en la base del derivado. *Anormal*, por ejemplo, es persona que no cumple con la norma, aunque debiera hacerlo, al contrario que *subnormal*, por ejemplo, que indica simplemente que la persona de que se trata se encuentra en un nivel inferior al normal. De ahí la relación semántica tan estrecha que se advierte entre nuestro prefijo y la preposición de relación comitativa negativa *sin*. *Palabra átona* es, en cierta manera, *palabra sin tono*; *persona amoral* es, en cierta manera, *persona sin moral*. Tanto en un caso como en el otro, el elemento afectado por la negación es un sustantivo, aunque con *a-* este sustantivo aparezca simplemente negado y con *sin* aparezca presentado como término de una relación de 'concomitancia negativa'. En el primero, la negación actúa sobre la sustancia; en el segundo, sobre la relación comitativa. Casi está uno por decir que, en el español actual, las partículas negativas *a-* e *in-* se encuentran en distribución complementaria: *a-* niega internamente atributos sustantivos; *in-*, atributos adjetivos. De ahí que, aunque parezca lo contrario, no sea lo mismo *amoral* que *inmoral*; *atemporal* que *intemporal*; *afebril*, que *infebril*: *amoral, atemporal* y *afebril* se refieren a elementos que carecen de la moral, el tiempo y la fiebre que les corresponde; niegan, por tanto, conceptos nominales; por el contrario, *inmoral, intemporal* e *infebril* se refieren a elementos que tienen invertidas las cualidades 'moral', 'temporal' y 'febril' que les corresponden; niegan, por tanto, conceptos adjetivos.

Tampoco las partículas que significan negación como relación descriptiva (*des-, dis-, anti-* y *contra*) presentan la misma significación invariante. La forma *des-*, como preposición que es (aunque sea impropia, como dice la gramática tradicional[8]), significa la mencionada relación de negación como 'movimiento de alejamiento extenso a partir del interior del punto de referencia'[9], que es el valor invariante que presenta esta partícula en todas sus ocurrencias en la realidad concreta del hablar. Así, *desobedecer* no significa 'no obedecer', como quieren los diccionarios, sino más bien 'el concepto 'obedecer' situado en una relación de movimiento de alejamiento extenso a partir del interior del punto de referencia'; *desleal* no significa 'que obra sin lealtad', sino más exactamente 'el concepto 'leal' situado en una relación de movimiento de alejamiento extenso a partir del interior del punto de referencia'; *desgana* no significa 'falta de gana', sino el concepto 'gana' situado en una relación de movimiento de alejamiento extenso a partir del interior del punto de referencia'. La negación de *des-* no es, pues, otra cosa que una orientación de sentido de su significación invariante

---

8   Por *preposición* entendemos aquí, no «partícula que se pone ante el nombre», sino «nombre en caso oblicuo (con complemento morfológico relacional, por tanto) sin significación primaria (o con significación primaria mínima) en el núcleo o punto de referencia nominal» (Morera 2009: 353–358 y 1998: 17–33 y 47–59, respectivamente). Se trata de un esquema semántico de una enorme capacidad combinatoria. De un lado, puede regir nombre (y entonces estamos ante lo que se suele llamar habitualmente *preposición*), o no (y entonces estamos ante los que se suele llamar habitualmente *prefijo*). De otro, puede ser regido por un nombre, adjetivo o verbo (al que presenta situado en la relación de situación o movimiento que implica, que es lo habitual), o no. Desde este punto de vista, tan preposición es el *inter-* de *interponer* como el *entre* de *entre la espada y la pared*; el *hasta* de *hasta los tontos lo saben* como el *hasta* de *trabajar hasta la noche*; el *a* de *empezar a trabajar, mirar al niño* o *dar dinero al mendigo* como el *a* de *mirar al cielo*; el *por* de *estar por la labor, por vago* o *escrito por García Márquez* como el *por* de *pasear por el jardín*; el *de* de *deponer, casa de madera* o *disfrutar de la paga* como el *de* de *venir de París*; el *anti-* de *antieuropeo* como el *ante* de *ponerse ante los enemigos*.
9   Para todo lo relativo al problema de la significación invariante de este prefijo, *vid.* Morera (1998: 167–178 y 2013: 5–50). Para la evolución histórica de este prefijo resultan imprescindibles los citados trabajos de Brea (1976, 1980 y 1994) y los trabajos de Neira Martínez (1968, 1969 y 1976).

'movimiento de alejamiento extenso a partir del interior del punto de referencia', determinado por el contexto, como también son orientaciones de sentido de esta misma significación los matices 'extracción de un lugar', 'extracción de una cosa', 'desgarramiento', 'limpieza', 'desprendimiento', 'atenuación de la intensidad' y 'cesación' que se aprecian en combinaciones como *desembarcar, desarmar, descaderar, desinsectar, despegar, desacelerar* y *desoír*, respectivamente (Morera 2013: 36–41)[10]. De ahí que no sea lo mismo *desobedecer* que *no obedecer; desleal*, que *no leal; desgana*, que *no gana*. En los primeros, la negación se expresa como 'extracción del concepto de base del lugar en que este se encuentra'; en los segundos, como 'cuantificación negativa'. Como tampoco significan lo mismo *desanimado* que *inanimado, desesperado* que *inesperado* (Morera 1998: 178): en *desanimado* y *desesperado*, lo que tenemos es una extracción de los conceptos 'ánimo' y 'espera', respectivamente, mientras que, en *inanimado* e *inesperado*, lo que tenemos es la negación de cualidades internas. Por lo demás, esto es lo que determina que, frente a combinaciones como *desconsiderado, desleal* y *desobediente*, no existan en español **deslegal*, **despuro*, **desameno*, **descierto*, **desfiel*, **desgrato* o **deshábil*, sino *ilegal, impuro, inameno, incierto, infiel, ingrato* e *inhábil*, pues *legal, puro, ameno, cierto, fiel, grato* y *hábil* no son cualidades susceptibles de ser extraídas del lugar en que se encuentran.

La forma *dis-*, como preposición que es, exactamente igual que la anterior, significa la relación de negación como 'movimiento de alejamiento a partir de la aplicación del regente'[11], que es el valor invariante que presenta esta partícula en todas sus ocurrencias en la realidad concreta del hablar. Así, *displacer* no significa, hablando con propiedad, 'no agradar', como dicen algunos diccionarios, sino más exactamente, 'el concepto 'placer' situado en una relación de movimiento de alejamiento a partir de su aplicación'; *discontinuo* no significa 'no continuo', sino más exactamente 'el concepto 'continuo' situado en una relación de movimiento de alejamiento a partir de su aplicación'; *difícil* no significa 'no fácil', sino más exactamente 'el concepto 'fácil' situado en una relación de alejamiento a partir de su aplicación'. La negación de *dis-* no es, pues, otra cosa que una mera orientación de sentido de su significación relacional invariante 'movimiento de alejamiento a partir de la aplicación del regente', determinado por el contexto; como

---

10 Aunque algunos estudiosos, como Montero Curiel (1999: 115–155), por ejemplo, consideran que se trata de una variante de expresión o alomorfo del prefijo *des-*, parece presentar un matiz distinto: es evidente que no es lo mismo *discurrir* que *descorrer*, por ejemplo (Morera 1998: 171–172).

11 Para todo lo relacionado con la significación invariante y el campo de usos de esta partícula *vid.* Morera (2013: 8–14).

también son orientaciones de sentido de esta misma significación los matices de 'separación física o nocional', 'apartamiento dialéctico', 'contraste u oposición' y 'desintegración' que se aprecian en combinaciones como *dislocar, discrepar, discordar* y *disgregar*, respectivamente (Morera 2013: 10–13)[12]. Hasta tal punto son todas ellas variantes de sentido de la misma significación invariante, que en muchos casos resulta prácticamente imposible discernir si se trata de un sentido u otro. Precisamente porque *dis-* significa la relación de forma tan particular es por lo que no es lo mismo *discapaz* que *no capaz*; *discontinuo*, que *no continuo*; *disconvenir*, que *no convenir*. En los primeros, la negación se expresa como 'alejamiento o desvío en la aplicación de la base'; en los segundos, como 'cuantificación negativa', como sabemos ya. Por lo demás, es lo que determina también que solo los signos que implican predicación de una u otra manera, como *continuo, símil, capaz, placer, fácil, conforme, par*, etc., puedan combinarse con *dis-* (*discontinuo, disímil, discapaz, displacer, difícil, disconforme, dispar*, etc.), pero no los que carecen de ella, como *legal, letrado, puro, ameno, culto, fiel* y *sano* (no se dice en español **dislegal*, **disletrado*, **dispuro*, **disameno*, **disculto*, **disfiel*, **disano*), que se suelen construir con *in-*: *ilegal, iletrado, impuro, inameno, inculto, infiel* e *insano*.

La forma *anti-* (variante de expresión de la preposición *ante*[13]) significa la negación como 'situación de ubicación en el polo positivo de un punto de referencia dispuesto de forma horizontal'[14], que es el valor que presenta esta partícula en todas sus ocurrencias en la realidad concreta del hablar, sea como preposición propia o como preposición impropia. Así, *antipapa* no significa *sensu stricto* 'papa no auténtico', o 'falso papa', sino más bien 'situación de ubicación en el polo positivo del concepto 'papa''; *antidemócrata* no significa 'no demócrata', sino más bien 'situación de ubicación en el polo positivo del concepto 'demócrata''.

---

12 Ya había señalado Montero Curiel (1999: 132) que «no resulta acertado hablar de los valores estático o dinámico, temporal o no temporal del prefijo *des-*, sino que *des-* significa en la actualidad 'no', es decir, 'negación' o 'privación' de una raíz; las otras connotaciones pertenecen precisamente a esa raíz o al contexto sintáctico, sin olvidar la historia individual de cada vocablo». En efecto, 'estático', 'dinámico', 'temporal', 'no temporal' no son significados del prefijo *dis-*, sino orientaciones de sentido de su significación invariante determinadas por el contexto; pero es que eso mismo es lo que sucede también con el llamado contenido de 'negación'.

13 Aunque se trata de una variante tomada del griego, su significación invariante coincide enteramente con la de la forma de procedencia latina *ante*.

14 Para todo lo relacionado con la significación invariante de esta partícula y su campo de usos, *vid.* Morera (1988: 17–130 y 341–344, y 1998: 43–46).

Lo que hace, por tanto, *anti-* aquí es presentar el elemento de que se trata como obstáculo del sustantivo que rige la combinación, como algo que bloquea estáticamente su orientación. Como toda preposición, *ante* presenta un campo de usos amplio. De un lado, tenemos usos en los que funciona como prefijo o como preposición impropia, sin determinación sustantiva, por tanto: v. gr., *anteponer, anteceder*. De otro, tenemos usos en que *ante* funciona como núcleo de un sintagma, con régimen preposicional, es decir, como preposición propia: v. gr., *ante el juez, antesala, antediluviano, antipapa*. Desde el punto de vista de la naturaleza léxica o conceptual del régimen, se distinguen en este caso tres variantes distintas de *ante*: a) Cuando el régimen se intepreta como lugar, se entiende como 'localización espacial': v. gr., *ante la casa*; b) Cuando se interpreta como tiempo, se entiende como 'localización temporal': v. gr., *antediluviano*; c) Cuando se interpreta como noción, persona, cualidad, etc., se entiende bien como presencia (v. gr., *comparecer ante el juez*) o como 'oposición': v. gr., *antigás, anticatólico*. ¿Por qué denota el *anti-* de *antigás* y *anticatólico* 'oposición' o 'negación'? Pues simplemente porque entendemos que el elemento designado por el sustantivo que rige estos compuestos no se sitúa delante de los conceptos 'gas' y 'católico' de forma estática, sino de forma dinámica, con la voluntad de obstaculizar su orientación. El valor negativo de *anti-* no es, pues, otra cosa que un efecto de sentido de la significación relacional invariante 'situación de ubicación en el polo positivo de un punto de referencia dispuesto de forma horizontal' de la preposición *ante*, determinada por el contexto y la situación real del hablar. De ahí que no signifique lo mismo *antidemócrata* que *no demócrata; anticonstitucional,* que *no constitucional*. En el primer caso, la negación se expresa como 'elemento que bloquea u obstaculiza'; en el segundo, como 'cuantificación negativa'. Es lo que explica que se diga *antidemócrata, antiliberal, anticomunista, antiacadémico, anticanónico, anticatólico, antiestético* y *antinatural*, por ejemplo, pero no **antimodesto, *antifácil* o **antisano*, también por ejemplo, pues, para que quepa *anti-* el régimen tiene que ser orientado, o poder concebirse como tal[15].

La forma *contra*, por último, significa la negación como 'movimiento de aproximación por el polo positivo de un punto de referencia orientado'[16], que es el valor que presenta esta partícula en todas sus ocurrencias en la realidad concreta del hablar, sea como preposición propia o como preposición impropia. Así, *contracultura* no significa propiamente 'no cultura', sino más bien 'movimiento

---

15 Una refutación de esta interpretación preposicional de *anti-* e hipótesis alternativas pueden verse en los citados trabajos de Serrano-Dolader (2002 y 2003).

16 Para todo lo relacionado con la significación invariante de la partícula *contra* y su campo de usos, *vid*. Morera (1988: 103–107 y 2013 [en prensa]).

de aproximación por el polo positivo del concepto 'cultura', que se ve así como elemento atacado; *contrarrevolución* no significa 'no revolución', sino más bien 'movimiento de aproximación por el polo positivo del concepto 'revolución', que se ve así como elemento atacado. Lo que hace, por tanto, *contra* aquí es presentar al elemento de que se trata como atacando al sustantivo que rige la preposición, como algo que bloquea dinámicamente su orientación, frente al bloqueo estático que implica *ante*. Como en el apartado anterior, nos encontramos ante una partícula que presenta un campo de usos más amplio que el propiamente negativo. De un lado, tenemos usos en los que *contra* funciona como prefijo o preposición impropia, sin determinación sustantiva, por tanto: v. gr., *contraponer, contrastar*. De otro lado, tenemos usos en que *contra* funciona como núcleo de sintagma preposicional o preposición propia: v. gr., *contra la pared, contraventana, contrarrevolución*. Desde el punto de vista de la naturaleza léxica de este sustantivo, hay que hablar en este caso de dos variantes distintas: a) Cuando el régimen se entiende como lugar, la preposición adquiere un sentido de 'orientación espacial': v. gr., *contra el norte, contra la ventana*; b) Cuando se inteprета como persona o cosa abstracta, adquiere un sentido de 'ataque': *contra el enemigo, contracultura*. El llamado valor negativo de *contra* no es, pues, otra cosa que un efecto de sentido de su significación relacional invariante 'movimiento de aproximación por el polo positivo de un punto de referencia orientado' de la preposición *contra*, determinado por el contexto. De ahí que no sea lo mismo *contrarrevolucionario* que *no revolucionario*. En el primer caso, la negación (si de negación quiere hablarse) se expresa como 'ataque'; en el segundo, como 'cuantificación negativa'. Es lo que explica que se diga *contracultura, contraconstitucional*, etc., pero no *contramodesto, contrafácil* o *contrafiel*. Para que quepa *contra* es impresçindible que el régimen tenga orientación, o pueda entederse como orientado.

Referencias bibliográficas

ACADEMIA CANARIA DE LA LENGUA (2010): *Diccionario básico de canarismos*, Islas Canarias.

BERLANGA DE JESÚS, L. (2000): «Propuesta acerca del prefijo *in-* negativo del francés contemporáneo», en *Thélème. Revista Complutense de Estudios Franceses* 15: 193–204.

BOSQUE, I. (1980): *Sobre la negación*, Madrid: Cátedra.

BREA, M. (1976): «Prefijos formadores de antónimos negativos en español medieval», en *Verba* 3: 319–341.

Brea, M. (1980): *Antónimos latinos y españoles. Estudio del prefijo in-*, Santiago de Compostela: Verba.

Brea, M. (1994): «A propósito del prefijo *des-*», en B. Pallares, P. Peira y J. Sánchez Lobato (eds.): *Sin fronteras. Homenaje a M.ª Josefa Canellada*, Madrid: Editorial Complutense, pp. 111–124.

Camus, B. (2006): «La expresión de la negación», en C. Company Company (dir.): *Sintaxis histórica de la lengua española. Primera parte. La frase verbal*, México: Universidad Nacional Autónoma de México-Fondo de Cultura Económica, Vol. II, pp. 1165–1249.

Gaatone, D. (1971): Étude descriptive du Système de la négation en français contemporaine, , Ginebra: Droz.

Llorens, E. L. (1929): *La negación en español antiguo con referencia a otros idiomas*, Madrid: Anejo XI de la *Revista de Filología Española*.

Montero Curiel, M. L. (1997): «La evolución del prefijo *anti-*», en C. García Turza, F. González Bachiller y J. J. Mangado Martínez (coord.): *Actas del IV Congreso Internacional de Historia de la Lengua Española*, Logroño: Universidad de La Rioja, Tomo II, pp. 321–327.

Montero Curiel, M. L. (1999): *La prefijación negativa en español*, Cáceres: Universidad de Extremadura.

Morera, M. (1988): *Estructura semántica del sistema preposicional español moderno y sus campos de usos*, Cabildo de Fuerteventura, Puerto del Rosario.

Morera, M. (1998): «La filiación categorial de la preposición», en M. Morera: *Teoría preposicional y origen y evolución del sistema preposicional español*, Puerto del Rosario: Cabildo de Fuerteventura, Tomo I, pp. 17–33.

Morera, M. (1998): «La función sintáctica 'régimen preposicional'», en M. Morera: *Teoría preposicional y origen y evolución del sistema preposicional español*, Puerto del Rosario: Cabildo de Fuerteventura, Tomo I, pp. 47–59.

Morera, M. (1998): «Origen y evolución de las preposiciones españolas *des* y *desde*», en M. Morera: *Teoría preposicional y origen y evolución del sistema preposicional español*, Puerto del Rosario: Cabildo de Fuerteventura, Tomo I, pp. 167–178.

Morera, M. (1998): «El caso particular de las preposiciones *ante, tras, sobre y bajo*», en M. Morera: *Teoría preposicional y origen y evolución del sistema preposicional español*, Puerto del Rosario: Cabildo de Fuerteventura, Tomo I, pp. 43–46.

MORERA, M. (2006): *Diccionario histórico-etimológico del habla canaria*, Puerto del Rosario: Cabildo de Fuerteventura.

MORERA, M. (2009): «Las preposiciones», en C. Hernández (ed.): *Estudios lingüísticos del español hablado en América*, Vol. III. 2, *El sintagma nominal*, Parte II, Madrid: Visor Libros, pp. 353–531.

MORERA, M. (2013): «Las partículas de alejamiento españolas *de, abs-, ex, dis-, des-* y *desde*: estructura semántica y campos de uso», en *Lingüística española actual XXXV/* 1: 5–50.

MORERA, M. (2014): «Las preposiciones *contra, hacia* y *hasta*», en C. Company Company (dir.): *Sintaxis histórica de la lengua española*, México: Universidad Nacional Autónoma de México-Fondo de Cultura Económica (en prensa).

NEIRA MARTÍNEZ, J. (1968): «Los prefijos *dis-, ex* en las hablas leonesas», en *Actas del XI Congreso Internacional de Lingüística y Filología Románica*, Madrid, Tomo IV, pp. 2023–2032.

NEIRA MARTÍNEZ, J. (1969): «Los prefijos *es-, des-* en aragonés», en *Archivum* XIX: 331–341.

NEIRA MARTÍNEZ, J. (1976); «El prefijo /des/- en la lengua gallego-portuguesa», en *Verba* 3: 309–318.

REAL ACADEMIA ESPAÑOLA (2010): *Nueva gramática de la lengua española. Manual*, Madrid: Espasa-Calpe.

SÁNCHEZ LÓPEZ, C. (1999): «La negación», en I. Bosque y V. Demonte (dir.): *Gramática descriptiva de la lengua española*, Madrid: Espasa Calpe, Tomo 2, pp. 2561–2634.

SERRANO-DOLADER, D. (2002): «Hacia una concepción no-discreta de algunas formaciones con *anti-* en español», en *Revista Española de Lingüística (RSEL)* 32/2: 387–411.

SERRANO-DOLADER, D. (2003): «El prefijo *anti-* en español o la oposición a las soluciones discretas en el análisis de la prefijación», en F. Sánchez Miret (ed.) *Actas del XXIII Congreso Internacional de Lingüística y Filología Románicas (CILFR)*, Salamanca, pp. 445–458.

SERRANO-DOLADER, D. (2006): «La prefijación en la clase de ELE: los prefijos de valores negativos», en *Frecuencia L (Revista de Didáctica Española de Lengua Extranjera)* 32: 11–15.

SERRANO-DOLADER, D. (2012): «Sobre la didáctica de la formación de palabras: el caso de la prefijación negativa», en E. T. Montoro del Arco (ed.) *Neología y creatividad lingüística*, Anejo nº 77 de la Revista *Quaderns de Filologia*, pp. 183–215.

TORRES MARTÍNEZ, M. (2010): «Revisión histórica del tratamiento del prefijo *in-* negativo en la lexicografía académica español», en M. T. Encinas et *alii* (eds.): *Ars longa. Diez años de AJIHLE* (*Asociación de Jóvenes Investigadores de Historiografía e Historia de la Lengua Española*), Buenos Aires: Voces del Sur, Tomo I, pp. 461–479.

VARELA, S. (1983): «Lindes entre morfemas: el prefijo negativo *–in*», en *Serta Philologica F. Lázaro Carreter*, Madrid: Cátedra, Vol. I, pp. 637–648.

VARELA, S. (2002): «Sobre las conexiones entre estructura y significado en el dominio de la palabra», en *Revista Portuguesa de Filología* XXIV: 209–232.

Dolores García Padrón
(*Universidad de La Laguna*)

La apropiación de la identidad: el caso de *sudaca*[1]

0. Los gentilicios, y de manera particular los seudogentilicios (Morera 2012), son primariamente palabras exónimas, es decir, denominaciones externas que damos a un grupo asociado a un espacio determinado; este hecho, no siempre inocente, comporta la asignación de una determinada identidad a los individuos que integran dicho colectivo, los cuales, mediante ese acto discursivo, son identificados de manera neutra, positiva o negativa. Estos valores, que son creados en comunidad, pueden ser revertidos; y ello es lo que ha pasado en el caso del seudogentilicio español *sudaca*: los valores negativos que llevaba asociados inicialmente como exogentilicio han cedido terreno a los positivos, al ser reivindicado como endogentilicio por los individuos aludidos por él. Este trabajo tratará de explicar cómo se ha formado léxico-gramaticalmente esta voz, de qué modo se han construido los valores socio-pragmáticos que lleva asociados, qué procesos de acomodación ha desarrollado para convertirse en endogentilicio positivo y, finalmente, cómo este gentilicio ha pasado a ser la expresión de la atribución de una nueva identidad a través de la cual se proyecta una nueva imagen pública del individuo y del grupo.

1. El gentilicio implica siempre un espacio, un territorio al que los individuos, los animales y las cosas se adscriben por guardar un vínculo con otros, la *gens*. Este hecho, diríamos semántico-genético, interactúa con otro gramatical, cual es la circunstancia de que a veces el gentilicio es un derivado morfológico del topónimo y otras veces es el topónimo el que deriva morfológicamente del gentilicio. En ello intervienen factores sociohistóricos, psicosociales, culturales, económico-jurídicos, etc., en los que no nos vamos a detener, pero es claro que a veces la etnia o el conjunto de la ciudadanía existe antes que el territorio que le es o le ha de ser propio, y otras veces es a la inversa (*ruso*>Rusia, pero América> *americano*) (Benveniste 1970 y Morera 2011). No obstante esto, tal es la fuerza de la espacialidad que implica el gentilicio que, cuando los hablantes creamos uno,

---

1   Este trabajo se enmarca en el Proyecto de Investigación *Estudio global de los gentilicios de la lengua española: materiales americanos, nuevas consideraciones y gestión informática de los datos* (Ministerio de Economía y Competitividad, FFI2011–26256).

lo hacemos en el entendido semántico de que la base preexiste como topónimo; se podría decir que un gentilicio, aunque no siempre es un derivado morfológico de un topónimo, siempre se asocia a un nombre de lugar, de modo que, cuando este no existe como tal, se produce una «toponimización» de un territorio real o imaginario, recreado, al cual quedan adscritas las personas, los animales y las cosas aludidas por dicha unidad. Esto es, si *americano* implica un territorio real que es América, *sudaca* es un seudogentilicio que implica la existencia «recreada» de un espacio, cuyo topónimo podría denominarse (y, de hecho, se llama, como veremos) *Sudaquia*.

Al construir y usar un gentilicio, pues, le otorgamos una identidad a los individuos del grupo, y ese acto discursivo permite expresar toda una gama de valores y normas comunitarias (Almeida 2003: 181–194). El difícil equilibrio entre *nosotros* y *los otros* hace que, en algunos casos, ciertas formas resulten más ponderadas, más neutras, más "positivas", en el entendido de que el grupo aludido por el gentilicio no percibe una amenaza a su imagen pública (Brown y Levinson 1987). Un gentilicio formal como, por ejemplo, *mexicano* sería un buen ejemplo de ello, y por esta razón es usado como endogentilicio y exogentilicio. En otras ocasiones, la imagen pública proyectada es manifiestamente negativa, aunque en diversos grados. Un gentilicio como *gringo* es casi siempre un exogentilicio que conlleva una serie de valores negativos. Podría pensarse, a primera vista, que los gentilicios formales son siempre positivos y los seudogentilicios son siempre negativos, pero el uso de estas voces refleja que ni siquiera los formales o propiamente dichos escapan a que su valor semántico-denotativo cargue con un conjunto de creencias y actitudes, formulados como estereotipos sociopragmáticos, sobre las personas aludidas por él. Prueba de ello es que, en el imaginario colectivo de buena parte de los españoles, los *chinos* son pacientes, los *alemanes* cabezones, los *cubanos* indolentes, los *rusos* sentimentales, etc. Por supuesto, la balanza se desequilibra de manera especial en el caso de los seudogentilicios, pues el grupo ve afectada su imagen pública con el exogentilicio otorgado fundamentalmente porque interpreta adecuadamente la intención con que ha sido formulado: pongamos por caso, un natural de Argentina que viva en España acepta ser llamado *sudamericano* o *latinoamericano* y rechaza ser llamado *sudaca*, porque reconoce que la identidad que proyecta esta voz es manifiestamente negativa.

Cuando distinguimos los gentilicios de los seudogentilicios, estamos haciendo referencia a la procedencia de la base a partir de la cual se han formado, pero cuando hacemos la distinción entre endogentilicios y exogentilicios nos referimos, en el primer caso, al reconocimiento y el uso por parte del grupo, *nosotros*, de una determinada forma gentilicia, sea esta una forma detoponímica o no; y en el segundo caso, paralelamente, al empleo que hacen *los otros* de una forma gentilicia canónica o no canónica. Y, junto a esto, funcionan de manera gradual los valores positivos y negativos que connotan estas formas en cada caso. Así pues, considerar que los gentilicios formales son siempre endogentilicios positivos y que los seudogentilicios son siempre exogentilicios negativos no sirve para dar cuenta de cómo funciona esta clase de adjetivos, ni para explicar las sutiles estrategias que usamos los hablantes para construir identidades colectivas a través de ellos, en especial de los seudogentilicios. La autodenominación y la denominación externa interactúan con los valores positivo y negativo, y el paso de una categoría a otra siempre es una constante, en aras de arrogarnos a través de los gentilicios (formales y no formales) la facultad de nombrar, de calificar y de denostar o salvaguardar nuestra identidad (Herrera Santana 2012). La noción de «imagen de grupo» (Bravo 2004: 31) es muy útil para el análisis del uso social de las unidades léxicas y, como se verá, para los seudogentilicios es esencial. La imagen de «afiliación» del grupo denominado por el gentilicio se ve enormemente afectada y sus miembros pueden sentirse identificados con ella o no (Bravo 2004: 30), lo cual los puede conducir a comportamientos bien distintos.

En el momento primero de su creación, los seudogentilicios son siempre fórmulas descorteses que, en nuestra cultura, no solo marcan una distancia social, sino que a menudo forman parte del llamado "racismo cotidiano" (van Dijk 2003: 51–54), que va asociado siempre a algún tipo de ideología (Azurmendi Ayerbe 2000: 294–295; van Dijk 2006 y 2008)[2]. Son una forma comunicativa que frena la interacción, y para su generación se echa mano, junto a los mecanismos lingüísticos generales del idioma, de elementos discursivos muy elaborados y refinados (Brown y Levinson 1987: 129) que suelen estar presentes en menor medida en la lexicogénesis de los gentilicios formales o propiamente dichos. En las ocasiones en que los seudogentilicios pierden los valores referidos, pasan al imaginario colectivo como una representación identitaria similar a la de los gentilicios morfológicos, es decir, más positiva.

2. Centrándonos en el seudogentilicio que nos ocupa, hay que señalar, en primer lugar, que *sudaca* no es el único exogentilicio que se usa en España para identificar a los 'naturales de países de Centroamérica y América del Sur que han emigrado a nuestro país y se han establecido en él' (lo cual no es más que una definición aproximada de los mismos). *Sudaca* es, en los tiempos recientes,

---

2   Haverkate (2004: 55–65) ha señalado que la cultura española habría de ser encuadrada dentro de las culturas tendentes a la cortesía positiva.

el más antiguo de un conjunto de formas gentilicias de valor negativo, entre las que se encuentran *machupichu* ~ *machupín, na, guachupín, na* ~ *guachupino, na* (García Padrón, en consideración) u otras que han ido ganando uso en los últimos años, como *panchito, payoponi*[3], etc.; todas estas formas alternan entre sí[4], aunque con restricciones semánticas y pragmáticas de identidad particulares que representan estereotipos grupales distintos (Van Dijk 2012, especialmente); y, al mismo tiempo, todos estos seudogentilicios conviven con sus equivalentes más neutros, más corteses, menos distantes, más políticamente correctos, etc., que serían las mencionadas formas *sudamericano* o *latinoamericano*.

Pero no todos los latinoamericanos son percibidos por los españoles de la misma manera. Entre las creencias generalizadas, probablemente los argentinos, uruguayos o chilenos, que empezaron a llegar a España como colectivo de inmigración en el último tercio del siglo pasado, son percibidos más cercanos cultural y étnicamente (Del-Teso-Craviotto 2008: 694 y ss.); y además, dado que en su gran mayoría fueron exiliados políticos, España (los españoles) los acogió fraternalmente, con deseo positivo de integración. Los primeros empleos de *sudaca* (y su variante menos frecuente *sudoca*) se documentan en los años ochenta. El término se pone en circulación durante la transición española y, sobre todo, al calor de la llamada «movida madrileña», y se usaba para denominar, de manera jergal, al colectivo de intelectuales y artistas, en su mayoría exiliados políticos, que pululaban por el Madrid más reivindicativo. Al parecer, pronto empezó a usarse peyorativamente, hecho que trataron de frenar algunos intelectuales españoles como, por ejemplo, el escritor Francisco Umbral, quien intentó «positivar» el término en sus columnas periodísticas e intervenciones orales públicas[5]; pero el mecanismo ya estaba en marcha y el valor negativo de este seudogentilicio híbrido se fue consolidando.

A diferencia de *machupichu, guachupino*, etc., que han surgido en los últimos años, y en condiciones sociopolíticas y económicas españolas distintas, *sudaca* es, cuarenta años después de su creación y puesta en circulación, una forma ya socializada y asentada en nuestro idioma. Prueba de ello es que la práctica totalidad de los diccionarios de español actual la anotan, indicando siempre marcas de su uso despectivo, coloquial o familiar, según los casos. Y asimismo se recoge

---

3   *Panchito* es fundamentalmente el mexicano, pero por extensión el latinoamericano de aspecto indio; y *payoponi* es, entre la etnia gitana, el latinoamericano.

4   Para el asunto de la sinonimia comunicativa, en el que no nos detendremos, véase van Dijk 2012, especialmente de la página 252 en adelante.

5   Sobre la construcción de la imagen del inmigrante en la prensa española, véase Alonso Belmonte, McCabe y Chornet Roses (2011: 559 y ss.).

en en los corpus académicos: el CORDE no recoge ningún caso, el CREA anota 34 ejemplos referidos a los años 1991–2004 y el CORPES XXI incluye 102 casos entre los años 2001–2012, todos ellos relativos a textos orales y escritos (prensa, ensayo, novela, teatro, etc.).

Desde el punto de vista lingüístico, *sudaca* viene a ser una formación gentilicia híbrida no canónica (García Padrón 2012): es un derivado del gentilicio morfológico *sudamericano*, mediante la síncopa y la aféresis de sendos segmentos del mismo suda[meri]ca[no] y el apoyo, por analogía, en la terminación del propio topónimo *Sudamérica* del que deriva. Bien es verdad que la resonancia fonética del final de la palabra puede llevarnos a pensar que se trata del sufijo *–aco, a*, usado a veces con valor coloquial y sobre todo despectivo en español, explicación que suelen suscribir los que han comentado esta voz, pero, en todo caso, lo que este gentilicio parece tomar de ciertas unidades que sí lo contienen -*piltraca* 'mujer despreciable' (DRAE-01, s.v.) o *pantaca* 'pantalones'- es el carácter expresivo y a menudo peyorativo asociado en algunos casos a estas[6]. Y sumado a ello, el hecho de que se percibe como sufijo frecuente en palabras usadas en América, como *chamaco* (en Cuba, El Salvador, Honduras y México, 'muchacho, niño' o 'novio', según el DRAE-01) o *guayaco* (gentilicio informal de los naturales de Guayaquil, Ecuador). Así, con el acortamiento de *sudamericano*, la atracción léxica con el topónimo América y la remotivación peyorativa de la sílaba final parece generarse este particular seudogentilicio. La generalización de su empleo va diluyendo los valores no-negativos (más que positivos) primeros de esta forma, situación forzada tanto por el aumento en nuestro país de la inmigración de origen latinoamericano, especialmente de Centroamérica y de la América andina, como por el hecho de que este nuevo colectivo que se establece se encuentra en una situación económica y política diferente en los países de origen y de destino. Se decía antes que los procedimientos lingüísticos están dispuestos al servicio de la expresión de una nueva identidad; con ello queríamos decir que quizá no sea baladí que *sud* sea la base léxica que queda, convertida en la responsable de cargar con la significación simbólica, en este caso, asociada connotativamente al subdesarrollo, a la pobreza, a lo negativo, por oposición al norte rico, poderoso, positivo[7]. Y quizá tampoco sea ajeno a ello que se recurra a terminaciones que son frecuentes entre gente de ese sur estigmatizado negativamente y que entre nosotros (los que los nombramos) sirven a menudo para

---

6 Usos no expresivos o peyorativos de *–aco, a* hay en *cardiaco, maniaco*, etc.
7 Véase la explicación que da Vigara Tauste (2000) sobre las variantes *sud/suramericano*. Para esta estudiosa, *suramericano* surge como atenuación eufemística debido a las connotaciones de *sudaca*.

mostrar desprecio. Se va construyendo de ese modo en la práctica discursiva una nueva identidad vinculada a un territorio, que ya no es del todo real, sino ese imaginado al que adscribimos a todo aquel que emigra desde esas latitudes (del centro al sur de América) a nuestro país, la de un individuo que representamos generalmente como de estrato social bajo, que tiene escasa formación, con prácticas culturales poco elaboradas, que no sigue la norma lingüística española de prestigio, etc.; en suma, que es distinto y que encarna valores que reprobamos, que nos definen «a nosotros mismos», y esto es fundamental, por oposición a todo ello. Son ejemplos ilustrativos de esas prácticas los siguientes textos de los años ochenta y noventa (Carbonell Basset 2000, s.v.):

(1) *Según Aurelio, ahora los albergues están llenos de atorrantes, parados, yonquis, **suda**-* ***cas**, negratas...* (Juan Madrid, *Crónicas del Madrid oscuro*.)

(2) *Hay un asqueroso culebrón **sudaca** y voy a cambiar el canal...* (José Ángel Mañas, *Mensaka*.)

(3) *...en las que sobrevivían **sudacas**, moros senegaleses y viejos...* (Manuel Vázquez Montalbán, *El delantero centro fue asesinado al atardecer*.)

(4) *Se me había olvidado que los **sudacas** no entienden el castellano...* (Carmen Rico Godoy, *Cómo ser infeliz y disfrutarlo*.)

A ello se une la circunstancia de que las nuevas oleadas de inmigrantes de la América de habla hispana que empiezan a llegar a España hacia finales de siglo proceden fundamentalmente de los países andinos, especialmente de Ecuador. Estos nuevos *sudacas* son sobre todo «exiliados económicos» y, además de pobres, son, a menudo, ilegales, desempeñan trabajos precarios y de escasa remuneración, poseen prácticamente nula formación académica, lo que dificulta desarrollar una profesión en el país de acogida, y son tenidos por individuos con prácticas culturales obsoletas y primarias, no europeas, etc.; y, por si fuera poco, con una fisonomía aindiada y una dicción meridional, alejada de la norma estándar. No parece que uruguayos, argentinos, o chilenos estén incluidos en estas representación.

No es de extrañar, pues, que algunos *sudacas* establecidos en España no se perciban en ese estereotipo identitario, pues muchos de ellos no son de estrato social bajo, tienen formación académica, siguen prácticas culturales europeas valoradas positivamente, tienen cierto poder adquisitivo, etc., y han logrado sentirse iguales a los otros (a los naturales de España), triunfando en la literatura, la música, el deporte, el periodismo...en el país de acogida, llegando en algunos casos a nacionalizarse como españoles: sin ir más lejos, todos tenemos en mente el caso del escritor peruano Mario Vargas Llosa.

En 1994, la escritora uruguaya Carmen Posadas [esposa de Mariano Rubio, entonces Gobernador del Banco de España, hija de diplomático, etc.] funda, junto a varias mujeres latinoamericanas residentes en España, *Sudacas Reunidas*,

S.A., una asociación de derechos humanos para tratar, en sus propias palabras, de "eliminar la connotación peyorativa y relajar y distender el ambiente", a través de acciones positivas como encuentros culturales, premios literarios, etc. Esto, junto a la conciencia colectiva que se va configurando acerca de la necesidad de la corrección política en las prácticas sociales -entre las cuales la lingüística ocupa un lugar destacado por ser una de las más elaboradas- va haciendo que, entre los individuos residentes en territorio español, convivan dos identidades distintas bajo una única forma lingüística: *sudaca* comienza a ser entonces tanto el seudoexogentilicio negativo como el seudoendogentilicio positivo. Como ha señalado van Dijk (2005), los aspectos ideológicos que entrañan estos constructos mentales son dinámicos y se expanden desde el ámbito subjetivo hacia el social[8]. Así, el uso de esta nueva forma identitaria positiva va calando entre los latinoamericanos aludidos por ella, hasta el punto de que muchos de ellos, no residentes en territorio español (fundamentalmente los del cono sur, pero no solo ellos), se la van apropiando como identificativo, más que como un calificativo, que es en realidad su valor de origen, llegando incluso a usarlo también como nombre propio[9]. Así tenemos que *Supersudaca* es el nombre de un centro de pensamiento (*think tank*) de arquitectos latinoamericanos alternativos, *Sudaca Power* es el de una banda de rock sudamericana radicada en Berlín, *Sudakaya* es el de una banda ecuatoriana de *reggae*, etc.

Decíamos antes que un gentilicio implica siempre la existencia de un espacio al que se vincula el individuo en el seno de un grupo. Ello explica que, de modo natural, se hayan derivado de *sudaca* los topónimos *Sudaquia* y *Sudacalandia* o *Sudaquilandia* y, continuando la cadena derivativa, el gentilicio *sudaquiano*, recreando una identidad latinoamericana positiva asociada a un amplio territorio que sobrepasa las fronteras nacionales: «Al sur de América, entre el Atlántico y el Pacífico. Desde Cuba a Las Malvinas, esto es Sudaquia»[10].

Las prácticas performativas son las que afianzan estas creaciones lingüístico-discursivas, por lo que hechos como la existencia de una editorial latinoamericana llamada Sudaquia Editores, establecida en Nueva York desde 2011, cuyo objetivo es publicar obras de escritores centroamericanos y sudamericanos o el que científicos argentinos realicen análisis del estado de la ciencia en su país titulándolos *Ciencia sudaca* (en positivo), o el que la periodista colombiana Margarita García, establecida en Argentina, llame *Sudaquia. Historias de América Latina* al blog que publica

---

8   Para profundizar especialmente en los aspectos ideológicos-discursivos, véase van Dijk (2005).

9   Sobre la autodefinición étnica, véase Merino y Tileagă (2011).

10   http://patriasur.blogspot.com.es/

en el diario *Clarín* reafirman positivamente estas voces y permiten establecer lazos identitarios muy fuertes, que se erigen como contrapeso positivo al polo negativo que sigue representando *sudaca*. En palabras de esta bloguera:

> *Ahora la idea le sigue pareciendo cursi y acartonada, pero ya no le da para reírse –más bien para atorarse con un chori– porque de repente resulta que el canta conmigo canta, hermano* **sudaquiano** *[(sic) americano en la versión de la famosa cantante argentina Mercedes Sosa], ya no es más un verso mamertoide, ahora hay evidencias –banco, merco, petro, tele... insiste– y cantan voces más pudientes, aunque no necesariamente afinadas.*[11]

Una vez establecida la identidad gentilicia, cabe otra vuelta de tuerca, cual es el que se desarrollen variantes terciarias de estos nuevos adjetivos, como, por ejemplo, el empleo de *sudaquiano* como 'lengua hablada por los sudaquianos', en boca de los que usan *sudaca* como seudoexogentilicio negativo.

Ahora que en estos últimos años las políticas económicas neoliberales han hecho que un segmento de la población juvenil española con una alta formación académica haya tenido que emigrar a países latinoamericanos en busca de empleo, no deja de ser relevante que algunos hayan recordado el peyorativo *nordaca* del que ya se hacía eco en los años noventa el periodista español Eduardo Haro Tecglen (Regás 2012). En Chile, y por extensión en buena parte de América latina, el *nordaca* es el joven profesional bien formado que viene del norte, de un sistema económico desarrollado que se ha colapsado, para ocupar, desde su punto de vista, los mejores puestos de trabajo de esos países.

3. Para concluir, tal como señalábamos al comienzo, los gentilicios -y de manera particular los seudogentilicios- son formas comunicativas que los hablantes creamos mediante mecanismos lingüísticos y pragmático-discursivos para construir la identidad colectiva del otro por su vinculación a un territorio. No hay, en ese sentido, diferencias apreciables entre los gentilicios propiamente dichos o morfológicos, generalmente detoponímicos, y los seudogentilicios, más allá de la mayor sutileza y elaboración de aquellos que son verdaderos actos de amenaza de imagen, y que resultan ser tanto una minusvaloración del nombrado como un afianzamiento de la personificación del emisor.

Por otra parte, formas gentilicias como esta de la que nos hemos ocupado aquí permiten observar que no hay una correlación entre los tres pares opositivos siguientes: gentilicio formal / no formal o seudogentilicio, endogentilicio / exogentilicio y positivo / negativo, pues la naturaleza semántico-denotativa de este tipo de unidades es especialmente permeable a la expresión de la opinión que los grupos humanos tienen de sus congéneres. Por ello, creemos que cualquier

---

11 http://weblogs.clarin.com/sudaquia/

acercamiento a la descripción de su funcionamiento ha de considerar la interacción entre estos aspectos, pues como se ha visto se trata de una clase de palabras muy dinámica que, en la interacción cotidiana, tienen un significado sociopragmático representativo de la ideología y buena parte de ellos resultan ser una evidencia del llamado «racismo cotidiano».

Referencias bibliográficas

ALMEIDA, Manuel (2003): *Sociolingüística*, La Laguna: Servicio de Publicaciones de la Universidad de La Laguna.

ALONSO BELMONTE, Isabel, Anne MCCABE y Daniel CHORNET ROSES (2011): «En sus propias palabras: la construcción de la imagen del inmigrante en la prensa española», *Discurso y sociedad* 5 (3): 547–568.

AZURMENDI-AYERBE, María-José (2000): *Psicosociolingüística*, Bilbao: Universidad del País Vasco.

BENVENISTE, Émile (1979): «Dos modelos lingüísticos de la ciudad», en E. Benveniste: *Problemas de lingüística general*, Madrid: Siglo XXI Editores, Tomo II, pp. 274–282.

BRAVO, Diana (2004): «Tensión entre universalidad y relatividad en las teorías de la cortesía», en Diana Bravo y Antonio Briz (eds.): *Pragmática sociocultural: estudios sobre el discurso de cortesía en español*, Barcelona: Ariel Lingüística, 15–37.

BROWN, Penelope y Stephen LEVINSON (1978): *Politeness: Some Uuniversals in Language Usage*, Cambridge: Cambridge University Press.

CARBONELL BASSET, Delfín (2000): *Gran diccionario de argot: el sohez*, Barcelona: Larousse.

DEL-TESO-CRAVIOTTO, Marisol (2008): «Inmigrantes argentinos en España: Discurso identitario en foros de Internet», en *Discurso y sociedad* 2 (4): 689–715.

GARCÍA PADRÓN, Dolores (2012): «La derivación no canónica en los gentilicios españoles», en Gerd Wotjak, Dolores García Padrón y M.ª del Carmen Fumero Pérez (eds.): *Estudios sobre lengua, cultura y cognición*, Frankfurt am Main: Peter Lang, pp. 79–87.

HAVERKATE, Henk (2004): «El análisis de la cortesía comunicativa: categorización pragmalingüística de la cultura española», en Diana Bravo y Antonio Briz (eds.): *Pragmática sociocultural: estudios sobre el discurso de cortesía en español*, Barcelona: Ariel Lingüística, 55–65.

HERRERA SANTANA, Juana (2012): «Las marcas sociolingüísticas en los gentilicios y su tratamiento lexicográfico», en Gerd Wotjak, Dolores García Padrón y M.ª del Carmen Fumero Pérez (eds.): *Estudios sobre lengua, cultura y cognición*, Frankfurt am Main: Peter Lang, pp. 111–119.

MERINO, María Eugenia y Cristian TILEAGǍ (2011): «La construcción de identidad de minorías étnicas: un enfoque discursivo psicológico a la autodefinición étnica en acción», en *Discurso y sociedad* 5 (3): 569–594.

MORERA, Marcial (2011): «La norma morfológica de los gentilicios españoles: del topónimo al gentilicio y del gentilicio al topónimo», en Edeta Waluch-de la Torre (ed.): *La norma lingüística del español*, Varsovia: Instituto de Estudios Ibéricos e Iberoamericanos de la Universidad de Varsovia, pp. 71–79.

MORERA, Marcial (2012): «Gentilicios y seudogentilicios: mostración vs. descripción», *Revista de Lexicografía* XVIII: 103–140.

REAL ACADEMIA ESPAÑOLA (2001): *Diccionario de la lengua española*. <http://www.rae.es/rae.html>.

REAL ACADEMIA ESPAÑOLA. Banco de datos (CREA) [en línea]. *Corpus de referencia del español actual*. <http://www.rae.es> [marzo de 2014].

REAL ACADEMIA ESPAÑOLA. Banco de datos (CORDE) [en línea]. *Corpus diacrónico del español*. <http://www.rae.es> [marzo de 2014].

REAL ACADEMIA ESPAÑOLA: Banco de datos (CORPES XXI) [en línea]. *Corpus del español del siglo XXI*. <http://www.rae.es> [marzo de 2014].

REGÁS, Rosa (2012): «Nordacas», *El Correo de Bilbao* de 5/8/2012. <http://www.rosaregas.net/articulos/articulo.php?id_articulo=588>.

VAN DIJK, Teun Adrianus (2003): *Ideología y discurso*, Barcelona: Ariel.

VAN DIJK, Teun Adrianus (2005): «Política, ideología y discurso», *Quórum Académico* 2 (2): 15–47.

VAN DIJK, Teun Adrianus (2006): «Ideology and discourse analysis», *Journal of Political Ideologies* 11 (2): 115–140.

VAN DIJK, Teun Adrianus (2008): «Semántica del discurso e ideología», *Discurso y Sociedad* 2 (2): 201–261.

VAN DIJK, Teun Adrianus (2012): *Discurso y contexto. Un enfoque sociocognitivo*, Barcelona: Gedisa.

VIGARA TAUSTE, Ana María (2000): «Sudamérica, o sea» <http://www.ucm.es/info/especulo/cajetin/sudameri.html>.

Juana Herrera Santana
(Universidad de La Laguna)

Análisis del uso de *gitano* como exogentilicio en los medios de comunicación[1]

1. Introducción

El modo más habitual de expresar en español la relación de pertenencia de una persona a un lugar determinado, o sea, la designación de la procedencia territorial del individuo, es mediante un adjetivo de relación derivado del nombre propio del lugar: *tinerfeño, madrileño, español, europeo*, etc.[2] Es lo que tradicionalmente suele denominarse *adjetivos gentilicios*, cuyo fin es, como se recoge en el diccionario académico, denotar «la procedencia geográfica de las personas o su nacionalidad»[3]. Es la del gentilicio morfológico, pues, una designación *mostrativa* o *identificadora* (Morera 2012: 103), que no solo sirve para expresar la noción de pertenencia a un lugar más o menos extenso y, por lo general, bien delimitado, sino que también sirve para expresar la vinculación de un individuo a un grupo, el cual abarca un número mayor de individuos que los que integran la familia o el clan, ámbitos más reducidos en los que se evidencian las relaciones de parentesco. Se trasciende así al ámbito de las relaciones de pertenencia de la gente a un territorio, lo cual lleva aparejado toda una serie de lazos establecidos en función de la convivencia con otros individuos durante largo tiempo y que, como colectividad, los singulariza, los «identifica», frente a otros grupos.

---

1 Este trabajo se enmarca en el proyecto *Estudio global de los gentilicios de la lengua española: materiales americanos, nuevas consideraciones teóricas y gestión informática de los datos* (Ministerio de Economía y Competitividad, FFI2011-26256).

2 Existen otras maneras de designar esta relación de pertenencia: mediante la preposición *de* seguida del nombre geográfico correspondiente (*Es de La Laguna, de Tenerife, de Canarias, de España…*) y también mediante una forma léxica que no tenga relación semántica con el nombre del lugar (*chicharrero* al natural de Tenerife, *gato* al de Madrid o *cachupín~gachupín* y *gallego* al español establecido en América, por ejemplo). Una exhaustiva descripción de los procedimientos expresivos de los gentilicios puede hallarse en Morera (2011 y 2012) y García Padrón y Morera (en prensa).

3 Todas las consultas al *Diccionario de la lengua española* de la RAE son de la versión en línea de la 22.ª edición: URL http://www.rae.es/recursos/diccionarios/drae.

Es el gentilicio, entonces, una palabra depositaria también de todo ese entramado de relaciones socio-históricas, socio-económicas, socio-culturales, etc., que se han ido conformando a lo largo de la historia del grupo. Tal es así que el adjetivo gentilicio es empleado por el hablante de una lengua para expresar la idea de «inclusión», en tanto que se siente miembro de un grupo: «nosotros» los *laguneros*, los *tinerfeños*, los *canarios*, los *españoles*, los *europeos*, etc., cuyos integrantes mantienen entre sí relaciones de solidaridad, y, al mismo tiempo, el gentilicio conlleva la noción de «exclusión», esto es, establece los límites frente a «los otros», identifica a los que no forman parte de ese «nosotros»: por ejemplo, en oposición a los *santacruceros*, los *grancanarios*, los *franceses*, los *sudamericanos*, respectivamente, en los ejemplos anteriores. Es evidente que la noción de exclusión es más acusada, por lo general, si se opta por hablar de «los otros» mediante las formas seudogentilicias, pues en las formas léxicas se hace más evidente el hecho de que son portadoras de ciertas connotaciones negativas que están en su génesis y que son producto de las creencias vigentes entre los miembros del grupo: los *chicharreros*, los *canariones*, los *gabachos* o los *sudacas*, otra manera de designar a los naturales de Santa Cruz de Tenerife, de Gran Canaria, de Francia y de Sudamérica, respectivamente. No obstante, hay que tener en cuenta que incluso los seudogentilicios, que son exogentilicios en su origen, pueden ser empleados como endogentilicios positivos, llegando a sustituir en ocasiones al gentilicio regular: es el caso de *conejero* en lugar de *lanzaroteño*, de *chicharrero* en lugar de *santacrucero*, o, incluso, de *sudaca*, por ejemplo[4].

Ya sean gentilicios regulares o gentilicios léxicos, estas unidades lingüísticas contienen significación social en el sentido de que, cuando son empleadas en un contexto de situación comunicativa concreta, concurren en ellas determinados valores socio-históricos, socio-pragmáticos y expresivos generados a partir de las *creencias* que, motivadas empíricamente o no, han ido desarrollando los individuos en el seno del grupo[5]. En este sentido, es interesante la noción de «cognición social» en Van Dijk (1994): una especie de interfaz por la que pasa la relación, según él indirecta, entre estructura social y estructura discursiva.

---

4   Véase Herrera Santana (2012a) y García Padrón (en prensa).
5   En la Psicología social se ha distinguido tradicionalmente tres componentes en relación con la naturaleza de la actitud: el *cognitivo*, el *afectivo* y el *conativo*. Coincido con quienes consideran que la actitud está dominada por el rasgo *conativo*, mientras que en las creencias están integrados los componentes *cognitivo*, que se refiere a «las ideas y creencias que los individuos se forman sobre cualquier aspecto de la vida», y *afectivo*, que hace referencia a «los sentimientos de atracción o rechazo que los individuos despliegan hacia el objeto de la actitud» (Almeida 2003: 182).

Así, «las representaciones que la gente hace acerca de otras personas, acerca de los grupos a los que pertenecen [...] son ejemplos característicos de tales cogniciones sociales»; estas representaciones subyacentes –como, por ejemplo, las que pueden tener los miembros de los grupos dominantes respecto de las minorías– estarían condicionando fuertemente las estructuras y estrategias discursivas (Van Dijk 1998: 167–173).

Asimismo, si aceptamos la premisa de la antropología lingüística de entender el lenguaje como una práctica cultural, también tenemos que estar de acuerdo con la necesaria revisión del propio concepto de *cultura*, objeto de crítica entre los científicos sociales por simplificar las complejidades socio-históricas y esconder «las contradicciones morales y sociales que existen en y entre las distintas comunidades» (Duranti 2000: 47). Según Duranti, la noción de cultura actual, empleada para explicar por qué las minorías y los grupos marginados no se integran ni se mezclan con las principales corrientes sociales, no dista mucho del concepto decimonónico de cultura, cuando se usaba para referirse a las costumbres de los pueblos colonizados por los europeos: la «supremacía intelectual, militar y política por parte de los poderes occidentales sobre el resto del mundo [...]. La "cultura" es lo que "otros" tienen, lo que los hace y los mantiene diferentes, separados de nosotros»[6].

2. La imagen social de la comunidad gitana en los medios de comunicación

El pueblo gitano es uno de los nueve grupos en riesgo de sufrir procesos de exclusión social severa y pobreza en la Unión Europea (European Commission 2010: 5). La identificación de estos grupos por parte de las instituciones pretende implementar políticas de actuación que corrijan las desigualdades que les afectan, resultado de un proceso histórico de segregación, racismo y estereotipación en el caso concreto de los gitanos, al asociarse sistemáticamente a esta comunidad con «prejuicios generalizados que no se corresponden con la realidad (engañan, roban, no quieren trabajar, etc.)» (p. 15). Se trata de estereotipos que son resultado de las creencias que perviven en nuestra subconsciencia colectiva y que generan actitudes negativas hacia los gitanos, hasta el punto que el Comisario Europeo de Derechos Humanos del Consejo de Europa reclamaba en octubre de 2013 responsabilidad a los medios tras la insistente mención de la etnia gitana en

---

6 Esta consideración lleva aparejado asumir ciertas dicotomías, según Duranti (2000: 47), como son «nosotros» y «ellos», «civilizado» y «primitivo», «racional» e «irracional», etc.

las noticias relacionadas con el hallazgo de niños en familias de Grecia e Irlanda, pues ello no hace sino reforzar «el mito de que las personas gitanas son criminales por naturaleza» (Fundación Secretariado Gitano 2014: 15), contribuyendo así a empeorar las de por sí ya tensas relaciones entre la población gitana y no gitana en toda Europa y perjudicando seriamente los esfuerzos de integración.

En el IX Informe Anual de la Fundación Secretariado Gitano (2014) sobre *Discriminación y Comunidad Gitana* en España se insiste, como en informes anteriores, en que la imagen social negativa del gitano es la principal causa de la discriminación que sufre este colectivo. De los 129 casos de discriminación registrados por la Fundación durante el año 2012 en distintos ámbitos (acceso al empleo, al alquiler de una vivienda, a un establecimiento de ocio, etc.), prácticamente la mitad corresponde a casos en los que el comportamiento discriminatorio sucede en los medios de comunicación e internet. Las causas que motivan su inclusión en el informe son la reiterada mención de la etnia, los temas tratados y el léxico utilizado, cargado de fuertes connotaciones negativas que son concomitantes a las informaciones sobre «sucesos» y que acaban, inevitablemente, siendo asociadas a la comunidad gitana y, por tanto, al gentilicio *gitano*. Esta imagen social negativa que se crea a través de los medios de comunicación traspasa las fronteras de lo individual –los protagonistas concretos del suceso en cuestión– y se extiende al conjunto del grupo, de manera que se continúa creyendo hoy día que determinados comportamientos y formas de vida vinculados a la pobreza y a la marginalidad son consustanciales a la pertenencia étnica.

2.1 *Gitano* como exogentilicio

Veamos a continuación el tratamiento que se le ha dado a algunos asuntos en los que se ven implicados individuos de etnia gitana en un medio de comunicación de difusión nacional: el periódico *El País*, en su edición en papel (noticia del año 1984) y en su edición digital (http://elpais.com/, noticia de octubre de 2013):

1. **Noticia del 1 de agosto de 1984**[7]

   Denuncias vecinales

   Los vecinos del barrio de Vicálvaro han protestado en numerosas ocasiones por el crecimiento incontrolado del poblado de chabolas y por la venta junto a la carretera de toda

---

7 Noticia seleccionada del total de 185 casos encontrados en 129 documentos del *Corpus de referencia del español actual*, acotando la búsqueda de *gitano* a los criterios «periódicos» y «España». Banco de datos (CREA) [en línea], http://www.rae.es [Fecha de la consulta: enero-febrero de 2014].

clase de objetos, que en muchos casos, según las denuncias vecinales, son robados. El conflicto entre las dos comunidades y los poderes públicos comenzó hace más de un año, cuando el ayuntamiento y el gobierno civil prometieron a los habitantes del poblado y a los vecinos que el asentamiento tendría carácter provisional y que se trasladaría a los gitanos a viviendas dignas. Francisco Garrido, presidente de la junta de Moratalaz, afirmó ayer que «se ha llevado a cabo el desalojo porque los vendedores no han podido justificar en muchos casos la procedencia de las mercancías, según comprobó la policía». El presidente de la junta aseguró también que la policía vigilará en el futuro el asentamiento gitano para impedir la venta ilegal. «Las familias que vivan de la venta ambulante», afirmó el concejal, «tendrán que ofrecer sus productos en el mercadillo de distrito que se instala los jueves en Vicálvaro». Las familias asentadas en el poblado de chabolas recibieron en días pasados una fotocopia de una orden de los tres presidentes de juntas municipales citados. La orden requería la retirada de los puestos en un plazo de ocho días hábiles.

Documento «antijurídico»

Manuel Martín Ramírez, secretario general de la asociación Presencia Gitana, aseguró ayer que «el documento, que fue repartido entre la población por policías municipales, es antijurídico y no tiene ninguna eficacia administrativa, porque carece de fecha y de sellos legales». Una fotocopia de este documento ha sido remitida por la asociación a la fiscalía del Estado a fin de que…

AÑO:	1984
AUTOR:	PRENSA
TÍTULO:	El País, 01/08/1984: «Mañana tendremos que robar para comer», dicen los gitanos del poblado chaboli …
PAÍS:	ESPAÑA
TEMA:	03.Comercio
PUBLICACIÓN:	Diario El País, S.A. (Madrid), 1984

2. **Noticias de 22, 24 y 25 de octubre de 2013[8]**

Grecia investigará los certificados de nacimiento de los últimos seis años

Atenas actúa tras la aparición de una niña de aspecto escandinavo en un campamento gitano

El Tribunal Supremo de Grecia ha ordenado este martes una investigación urgente sobre los certificados de nacimiento expedidos en todo el país en los últimos seis años

---

8 Noticias publicadas en la segunda quincena del mes de octubre del año 2013 acerca de la aparición de una niña de tez «blanca» y pelo «rubio» en un campamento gitano, hecho que tuvo gran repercusión mediática durante días en la prensa escrita, radio y televisión.

a raíz del descubrimiento de una niña de aspecto escandinavo de unos cuatro años en un campamento de gitanos en el centro del país. «El caso de María podría no ser un incidente aislado y esto ha podido suceder en otras partes del país», ha indicado el Tribunal Supremo. El matrimonio de gitanos con el que residía la pequeña María usó documentos de identidad falsos para registrarla como su hija y aseguraron que había nacido en casa.

La orden del tribunal insta a los fiscales del país a investigar los certificados de nacimientos emitidos a partir de 2008 que se basen en una declaración firmada por los padres en lugar de aquellos certificados emitidos por nacimientos en hospitales. Cualquier caso de certificado de nacimiento falso que se encuentre deberá ser investigado a fondo para encontrar pruebas de secuestro ilegal o tráfico de seres humanos.

El caso de María ha puesto de relieve la cuestión sobre el tráfico de niños en Grecia y sobre si la pareja con la que vivía la niña –que actualmente está detenida pendiente de juicio por secuestro de una menor– forma parte de una mafia más amplia de tráfico de personas. Las muestras de ADN confirmaron que el matrimonio gitano no son los progenitores de la niña, de la que se ocupan los servicios sociales hasta que las autoridades localicen a los padres biológicos. Su descubrimiento ha provocado miles de llamadas telefónicas con información desde todo el mundo.

http://internacional.elpais.com/internacional/2013/10/22/actualidad/1382461078_405099.html, 22 de octubre de 2013.

La policía búlgara interroga a los presuntos padres del «ángel rubio»

La niña fue hallada hace una semana en un campamento gitano del centro de Grecia

La madre biológica habría entregado a María tras parirla al no poder afrontar su crianza

La policía búlgara ha encontrado a los presuntos padres biológicos de María, la niña también conocida como el «ángel rubio», que fue hallada hace una semana en un campamento de gitanos en la localidad griega de Fársala (centro), ha informado la cadena privada griega Skai. Según estas informaciones, no confirmadas oficialmente, la pareja está siendo interrogada por la policía local en Gurkovo (centro del país).

De confirmarse la relación biológica, la versión que en su momento dio la mujer con la que la niña vivía en el campamento –a saber, que la menor le había sido entregada por una mujer búlgara poco después de parirla, en 2009, al no poder hacerse cargo de su crianza– sería la única verdad del rosario de contradicciones desgranadas ante el juez de instrucción por la gitana y su marido cuando fueron detenidos. La fiscalía decretó este lunes prisión provisional para la pareja por secuestro de un menor y posesión de documentación falsa. La aparición de María suscitó todo tipo de informaciones relativas a la presunta existencia de redes que trafican con niños robados, e incluso con casos de desaparición de menores en Europa y Estados Unidos.

Según informa la agencia France Presse, los padres biológicos de María son una pareja de gitanos búlgaros, Sacha y Atanas Roussev, uno de cuyos hijos declaró que su madre había reconocido a María al verla por televisión, según informó la radiotelevisión pública búlgara. «[Sacha, la mujer] abandonó un bebé en Grecia porque no tenía ni dinero ni papeles», confirmó un hermano de Atanas Roussev a la televisión Nova. Otros vecinos del gueto gitano de Nikolaevo, donde vive la familia Roussev, afirmaron al contrario que Sacha había vendido al bebé por 500 levas (250 euros).

Investigación por la venta de la menor

Mientras, la fiscalía de la ciudad búlgara de Kazanlak, en cuya región viven los posibles padres biológicos de María, ha abierto una investigación contra S. Zh. R. (iniciales que corresponden a Sasha Zheleva Rousseva) por la presunta venta de la niña. Según el auto, la mujer «en una fecha no determinada en 2009 ha dado su conformidad para vender a su hija en Grecia», indicó la fiscalía en un comunicado.

«La investigación se ha abierto después de una verificación relacionada con el descubrimiento en Grecia de un niño de de sexo femenino de nombre María», indicó a la agencia Efe un portavoz de la fiscalía, que señaló a la ciudadana búlgara como supuesta madre y autora de la venta de María. La fiscalía también ha ordenado un análisis de ADN, ha interrogado a testigos y ha pedido información a las autoridades fronterizas de ambos países sobre el tránsito de los supuestos padres biológicos de la menor. http://internacional.elpais.com/internacional/2013/10/24/actualidad/1382616871_9851 48.html?rel=rosEP, 24 de octubre de 2013.

El ADN confirma que los padres del «ángel rubio» son un matrimonio búlgaro

La pareja con la que vivía está en prisión preventiva por presunto secuestro de un menor

El Ministerio del Interior de Bulgaria ha confirmado este viernes que los padres de María, la niña rubia hallada en un campamento gitano en Grecia, son un matrimonio búlgaro de etnia gitana.

El secretario general del Ministerio del Interior búlgaro, Svetlozar Lazarov, indicó que las pruebas de ADN confirman la identidad de los padres, que han asegurado que entregaron a la niña a una familia para la que trabajaron mientras vivían en Grecia.

La revelación tiene lugar un día después de que la policía búlgara interrogase a una pareja gitana, que había reconocido a la pequeña, a la que la prensa se refiere también como el «ángel rubio», tras verla en televisión. La esposa repitió la versión que en su día dio la mujer con la que vivía María, en el campamento gitano de Fársala (centro de Grecia): que la menor les había sido confiada, recién nacida, por una mujer búlgara ante su incapacidad material de sacarla adelante. Los falsos padres se encuentran en prisión preventiva a la espera de juicio por presunto secuestro de menores. http://internacional.elpais.com/internacional/2013/10/25/actualidad/1382714004_989810. html, 25 de octubre de 2013.

A pesar de haber transcurrido casi 30 años entre una noticia y otra, observamos que el tratamiento de los hechos es similar, trasladando a la redacción de las mismas los estereotipos y prejuicios que la sociedad no gitana tiene respecto de este grupo étnico: que son ladrones, mentirosos, no civilizados, que viven fuera de la ley, que son fuente de conflictos y problemas, etc. En definitiva, no forman parte de «nosotros», de «nuestro grupo» y, en consecuencia, el empleo del adjetivo gentilicio *gitano* es como exogentilicio, es decir, es utilizado para nombrar a «los otros», a pesar de habitar, ser naturales y pertenecer al mismo territorio que «nosotros»: los *gitanos* de los que se habla en estas noticias son también *españoles, griegos* y *búlgaros,* o sea, *europeos.* Comprobamos, efectivamente, que en el tratamiento de estas noticias abundan términos usados con una fuerte connotación negativa. Así, en la de agosto de 1984 encontramos: *poblado de chabolas, venta ambulante, venta ilegal, objetos robados, desalojo, denuncias, policía, conflicto, asentamiento* y *asentamiento gitano;* asimismo, se explicita la separación entre las dos comunidades: *los habitantes del poblado de chabolas* (los *gitanos*) y *los vecinos* del barrio de Vicálvaro. Esta noticia es una de las registradas en el CREA y no es una excepción en el *Corpus,* ya que las 185 ocurrencias encontradas al buscar los empleos de *gitano* pertenecen en muchas ocasiones a noticias de contenido similar y tratamiento semejante; o sea, no es una excepción la que ha sido analizada aquí. Frente a este conjunto de noticias que podríamos clasificar como pertenecientes a la sección de «sucesos», nos encontramos con otro grupo de noticias en las que el gentilicio *gitano* figura asociado, fundamentalmente, a dos temas: la tauromaquia y, sobre todo, al cante y baile flamenco. Y es en estos casos cuando la imagen que se crea del individuo de etnia gitana protagonista de la noticia, mediante la elaboración de un discurso en el que predominan los términos con connotaciones positivas, pasa a ser otra totalmente distinta: la de la «inclusión», la del individuo que traspasa las fronteras de su grupo para integrarse en nuestra sociedad, identificarse con «nosotros» hasta el punto de representar las esencias de «lo español».

En la noticia del año 2013, las expresiones empleadas con connotaciones negativas son: *campamento gitano, asentamiento gitano, documentos de identidad falsos, certificados de nacimiento falsos, secuestro ilegal* (sic), *secuestro de una menor, tráfico de seres humanos* y *tráfico de niños,* expresiones usadas para hablar de una investigación de las autoridades griegas sobre la aparición de «una niña de aspecto escandinavo», como así es descrita en dos ocasiones en la noticia del 22 de octubre[9]. En el tratamiento de la noticia en los días siguientes, la niña pasa a ser denominada «El ángel rubio» y, aunque se nos informa de que la niña es también de etnia gitana y que se ha comprobado que fue dejada de forma voluntaria por una familia búlgara con otra familia, se

---

9   «Una niña de aspecto escandinavo» porque es *rubia* y *blanca;* sin embargo, no se dice de ella que es «de aspecto eslavo» –también blancos y rubios–, probablemente porque los países escandinavos representan el prototipo de sociedad europea más desarrollada, más justa, más igualitaria que la sociedad de los países eslavos.

insiste en cuestionar esta versión al seguir vinculando el hecho a un acto criminal: *presuntos padres biológicos, presunta existencia de redes que trafican con niños robados, casos de desaparición de menores en Europa y Estados Unidos, presunta venta de la niña, la ciudadana búlgara como supuesta madre y autora de la venta, falsos padres, prisión preventiva a la espera de juicio por presunto secuestro de menores*, además del consabido *campamento gitano* para designar el lugar en el que fue encontrada la niña, en Grecia, y de *gueto gitano* para referirse al lugar donde viven los padres biológicos, en Bulgaria. Además, en ambas noticias se menciona una y otra vez la etnia de las personas sin que sea estrictamente necesario hacerlo en todas las ocasiones para la comprensión de los hechos[10].

No se trata de artículos claramente racistas o xenófobos, es decir, no se trata de un racismo explícito, pero sí encontramos en ellos una exposición de los hechos desde la perspectiva del grupo étnico no minoritario y dominante: la del europeo (español, en este caso) y blanco. Como afirma Van Dijk (2007: 29–30), los medios de comunicación desempeñan un papel crucial en el tratamiento de asuntos en los que interviene la etnia del individuo, al promover los prejuicios e, indirectamente, «las prácticas sociales discriminatorias, basadas en las creencias negativas que se tienen sobre esos "Otros"».

3. A modo de conclusión: promover el cambio en las actitudes

Las imágenes que tenemos de «los otros», cómo los percibimos y cuáles son nuestros sentimientos hacia ellos, determinan nuestro comportamiento, nuestras actitudes hacia esos grupos. Es preciso promover el cambio en el componente cognitivo, es decir, en las creencias (estereotipos) que continúan arraigadas en nuestra sociedad. No importa si estas creencias están justificadas o no, lo realmente relevante es promover un cambio en nuestras actitudes con el fin de evitar comportamientos racistas. Y es en esta labor donde las administraciones, las instituciones y los medios de comunicación juegan un papel fundamental en la construcción de la imagen social positiva de la comunidad gitana. Las administraciones ya ejercen esta función, pues tanto las directivas europeas como el Gobierno de España velan por la igualdad de trato de las personas independientemente de su origen racial o étnico[11]. Algunas organizaciones, como,

---

10 Para una información más detallada acerca de las estructuras discursivas que se hallan en noticias como estas, véase Van Dijk 2010.

11 En 2009 se constituyó en España del Consejo para la Promoción de la Igualdad de Trato y No Discriminación de la Personas por el Origen Racial o Étnico, creado en el

por ejemplo, la ya mencionada Fundación Secretariado Gitano[12] o el Instituto de Cultura Gitana[13], son fundaciones que, en colaboración con el Gobierno de España[14], trabajan en el desarrollo y la promoción de la historia, la cultura y la lengua gitanas, así como en el reconocimiento de la diversidad y heterogeneidad de esta minoría étnica mediante la divulgación de actividades culturales, investigaciones y publicaciones. Una de sus acciones es precisamente la publicación en el año 2010 de la *Guía práctica para periodistas. Igualdad de trato, medios de comunicación y comunidad gitana*, la cual ofrece orientaciones y claves de actuación para luchar contra las prácticas discriminatorias en el tratamiento informativo de los asuntos relacionados con la comunidad gitana en los medios de comunicación.

Pero desde la práctica lingüística también debemos proponer ciertos cambios en el tratamiento lexicográfico del gentilicio *gitano*. Concretamente, el *Diccionario* académico debería precisar mediante marcas de uso las acepciones «3. adj. Que tiene gracia y arte para ganarse las voluntades de otros. U. más como elogio, y especialmente referido a una mujer. U. t. c. s.», y «4. adj. coloq. Que estafa u obra con engaño. U. t. c. s.». En la tercera, debería añadirse una marca que podría ser la correspondiente al registro de habla «coloquial» y en la cuarta debería sustituirse la que figura, «coloquial», por una que recoja la intención del hablante: si nos atenemos a las utilizadas en la obra académica debería clasificarse su empleo como «despectivo»; sin embargo, considero que sería más adecuado que se incorporara como marca el carácter «insultante» de esta acepción. Si el diccionario académico es referente y modelo, debido al carácter normativo que adquiere para los usuarios lo que en él se dice, debe describir con exactitud las diversas acepciones que pueden tener las unidades léxicas, de manera que la persona que consulta el diccionario conozca los valores sociolingüísticos y sociopragmáticos que tienen las palabras, y, en el caso que nos ocupa, del adjetivo gentilicio *gitano*[15]. Una institución pública como la académica no debe contribuir a perpetuar estos estereotipos en la sociedad del siglo XXI, como si nada

---

marco de la Directiva europea 2000/43/CE y adscrito en la actualidad al Ministerio de Sanidad, Servicios Sociales e Igualdad.

12 http://www.gitanos.org/

13 http://www.instituto culturagitana.es/inicio.php

14 Con el Ministerio de Sanidad, Servicios Sociales e Igualdad y el Ministerio de Educación, Cultura y Deporte, respectivamente.

15 Un tratamiento más exhaustivo acerca de la inclusión de marcas de uso en el tratamiento lexicográfico de los gentilicios en el diccionario académico se encuentra en Herrera Santana (2012).

hubiera cambiado desde la publicación, en la primera mitad del siglo XVIII, del primer diccionario académico, el *Diccionario de Autoridades*.

Referencias bibliográficas

ALMEIDA, Manuel (2003): *Sociolingüística*, La Laguna: Servicio de Publicaciones de la Universidad de La Laguna, 2.ª edición corregida y aumentada.

COMISIÓN EUROPEA (2010): *Communication from the Commission to the European Parliament, the Council, the European Economic and Social Committee and the Committee of the Regions. The European Platform against Poverty and Social Exclusion: A European framework for social and territorial cohesion*, Brussels: European Commission. <http://eur-lex.europa.eu/LexUriServ/Le xUriServ.do?uri=COM:2010:0758:FIN:EN:PDF>.

DURANTI, Alessandro (2000): *Antropología lingüística*, Madrid: Cambridge University Press.

FUNDACIÓN SECRETARIADO GITANO (2010): *Guía práctica para periodistas. Igualdad de trato, medios de comunicación y comunidad gitana*, Madrid: Serie Materiales de Trabajo. <http://www.gitanos.org/>.

FUNDACIÓN SECRETARIADO GITANO (2014): *Informe Anual FSG 2013*, Madrid: Serie Cuadernos Técnicos nº 111. http://www.gitanos.org/.

GARCÍA PADRÓN, Dolores y Marcial MORERA (en prensa): "Gentilicios y lexicografía", en *Onomázein*.

GARCÍA PADRÓN, Dolores (en prensa): «Los exogentilicios hispánicos *sudaca, machupichu, guachupino,-a*, etc., como representación/construcción de identidades socio-pragmáticas».

HERRERA SANTANA, Juana (2012a): «La descripción de la competencia comunicativa en los gentilicios de uso no formal en el DRAE-01», en Antoni Nomdedeu Rull, Esther Forgas Berdet y Maria Bargalló Escrivà (eds.), *Avances de Lexicografía Hispánica*, volumen I, Tarragona: Publicacions de la Universitat Rovira i Virgili, 171–178.

HERRERA SANTANA, Juana (2012b): «Las marcas sociolingüísticas en los gentilicios y su tratamiento lexicográfico», en Gerd Wotjak, Dolores García Padrón y M.ª del Carmen Fumero Pérez (eds.), *Estudios sobre lengua, cultura y cognición*, Frankfurt am Main: Peter Lang, 11–119.

MORERA, Marcial (2011): «El gentilicio en español: sus procedimientos expresivos», en Marcial Morera, *El género gramatical en español desde el punto de vista semántico*, Frankfurt am Main: Peter Lang, 95–125.

MORERA, Marcial (2012): «Gentilicios y seudogentilicios: mostración vs. descripción», *Revista de Lexicografía* XVIII: 103–140.

REAL ACADEMIA ESPAÑOLA: Banco de datos (CREA) [en línea]. *Corpus de referencia del español actual.* <http://www.rae.es> [enero-marzo de 2014].

REAL ACADEMIA ESPAÑOLA: *Diccionario de la lengua española* (DRAE) [en línea]. <http://www.rae.es> [enero-marzo de 2014].

VAN DIJK, Teun A. 1994. «Discurso, poder y cognición social», en Artículos de Teun A. van Dijk traducidos en español, portugués, catalán y gallego, <http://discursos.org/download/articles/index.html>: Investigación en estudios críticos del discurso- Página web de Teun A. van Dijk.

VAN DIJK, Teun A. 1998. «Nuevos desarrollos en el análisis del discurso», en *Estructuras y funciones del discurso*, México-Madrid: Siglo Veintiuno Editores, 147–185.

VAN DIJK, Teun A. 2007. «El racismo y la prensa en España», en Artículos de Teun A. van Dijk traducidos en español, portugués, catalán y gallego, <http://discursos.org/download/articles/index.html>: Investigación en estudios críticos del discurso- Página web de Teun A. van Dijk.

VAN DIJK, Teun A. 2010. «Análisis del discurso del racismo», en *Crítica y Emancipación*, Revista Latinoamericana de Ciencias Sociales, n.º 3-primer semestre: 65–94.

Kenia Martín Padilla
(Universidad de La Laguna)

Do entra conducho, no entra pan mucho. Estudio semántico de las formas conducto, conducho y conduto

Introducción

El objetivo de este trabajo es el análisis del triplo *conducto, conducho* y *conduto* desde la óptica del análisis en familias de palabras. Los tres vocablos, que comparten como étimo el latín *conductŭm*, son el resultado de distintas soluciones fonéticas, fueron incorporados a la lengua española en distintos periodos temporales y designan realidades también distintas. La variante que evolucionó por vía popular fue *conducho*, palabra propia del español medieval y clásico, que se documenta desde el siglo XI con el sentido de 'alimento o vianda que acompaña a la comida principal' y que desaparece del español general a partir del siglo XVI. La variante *conducto*, en cambio, se introdujo por vía culta a partir del siglo XVI con el sentido de 'canal o tubo, generalmente cerrado, que sirve para transportar agua en su interior'. Pero además de estas dos variantes, el español cuenta con el término *conduto*, que es un préstamo del portugués y que se utiliza exclusivamente en el habla de Canarias, desde el siglo XVI, para designar 'alimento que se toma para acompañar el pan, las papas, o el gofio'.

Como puede observarse, pese a que *conducto, conducho* y *conduto* son variantes de expresión, el devenir de la historia ha hecho que presenten sentidos absolutamente dispares. Un problema adicional supone, además, comprobar que en latín no existía ningún sentido que pudiera justificar este tipo de usos[1]. A la luz de estos datos cabe preguntarse: ¿cómo se explica que dos formas procedentes

---

1   En latín se documenta, además del participio de pasado *condūctus, a, um,* el sustantivo neutro *condūctum, i,* que se entendía como 'alquiler, arrendamiento o conducción (en el sentido de ajuste por precio o salario)' y también como 'casa de alquiler'. Asimismo, en los autores clásicos aparece el sustantivo masculino *conductus, ūs* en el sentido de 'contracción o encogimiento de hombros' y el sustantivo masculino plural *conducti, -orum,* utilizado para designar 'hombres contratados, gente a sueldo, mercenarios' (Raimundo de Miguel 2000: s.v. *condūctum, i, conductus, ūs;* y Segura Munguía 2001: s.v. *condūctum, i, conducti, -orum*). Ninguno de estos usos se relaciona directamente con los sentidos que presentan *conducho, conduto* o *conducto.*

del mismo étimo, como *conducto* y *conducho,* designen realidades tan dispares como un 'canal' y un 'alimento'? ¿Qué relación guardan estos sentidos con la variación denotativa del verbo *conducir,* del que derivan? ¿A qué se debe que la variante *conduto,* que pudo coexistir temporalmente con *conducho,* sobreviviera en Canarias cuando esta desaparece?

En las siguientes páginas trataremos de ofrecer algunas respuestas a estas y otras cuestiones. El trabajo que presentamos se divide en dos partes. En la primera, se presenta un estudio denotativo, desde la perspectiva tradicional, en el que se exponen las características fonéticas, históricas y designativas de cada unidad de forma independiente. Para comprobar el uso real de las unidades, se utiliza como herramienta la información proporcionada por corpus informáticos de textos, fundamentalmente, el *Corde,* el *Cnhde* y el *Crea,* asumiendo que estudiar las palabras en su contexto permite discernir los sentidos que han desarrollado en el uso.

En la segunda parte, comprobaremos qué es lo que aporta el método de análisis en familias de palabras a la caracterización semántica de las formas y, sobre todo, a la determinación de los sentidos que estas presentan, analizando los vocablos como una parte de un conjunto.

1. Estudio denotativo

1.1 Conducho

En lo que respecta a la expresión, la formación de *conducho* se explica por la simplificación del grupo consonántico /kt/ mediante la vocalización de la /k/ en /i/. Este proceso, que daba lugar a la llamada yod cuarta según la clasificación de Menéndez Pidal (1994: 47–48), provocaba la inflexión en la vocal anterior formando diptongo. De ahí que *condŭctum,* cuya <u> breve debiera dar <o> en castellano, acaba por dar <u> (tal y como ocurre en *lŭcta>lucha* o *trŭcta>trucha*). El paso siguiente es la palatalización del grupo /it/ en /č/: *conductŭm > conduito > conducho* (Menéndez Pidal 1994: 65, 143–144).

Como resultado de ese proceso evolutivo, la forma *conducho* presentó en el español medieval las variantes *conductu, conducto* y *conduito (conduyto).*

En cuanto al contenido, el signo *conducho* se utilizó para designar 'comida que se toma con pan u otros alimentos' o 'alimento que sirve de acompañamiento'.

No cozían el pan en hornos, como en las ciudades, mas proveýanse de harina, y aquella repartían, y de aquella cada uno hazía a su voluntad, aviendo por **conducho** manteca de vacas, y enxundias de puerco, y aun sevo, con que tomava buen sabor, el pan cozían en

el fuego como ordinariamente lo cuezen en Vizcaya. [Salazar, D. (1536): *Tratado de Re Militari.*]
Las verdolagas son frias & humidas. Porende son buenas para todos los ençendimientos de dolencias o de complesion o de tiempo. pero son de muy mejor gouierno que las lechugas & puedense comer crudas con vinagre. assy como las lechugas: o puede hombre ende hazer **conducho** coziendo las primeramente en agua. [Anónimo (a 1518): *Macer. Granada 1518.*]

Conducho fue una palabra de uso general en el español medieval. Tal es así, que incluso es recogida por varios refranes populares, como por ejemplo «*quien no come* **conducho***: come pan mucho*», «*do entra* **conducho***, no entra pan mucho*»[2] y «*no se cuece trucho sin* **conducho**»[3], lo que demuestra su larga tradición. En los refranes se aprecia que, efectivamente, *conducho* designa a un alimento que no constituye la comida principal, sino que tiene la función de acompañar al pan o a otros alimentos. Asumimos que fue esta la variante denotativa principal porque es el sentido que más tempranamente se registra en los textos. Pese a que tanto el *Corde* como el *Cnhde* ofrecen como primera documentación el *Cantar del Mio Cid*, hemos comprobado que *conducho* se registra en documentos aún más antiguos:

accepimus de vobis in precio vestire, et in **conduchu** in pane et in cidra et in carne […] precium placibilem. [Anónimo (1119): *Cartulario de Monasterio de Vega con documentos de San Pelayo y Vega de Oviedo*[4].]
Tradidit illum molinum de Sancti Felicis de Calagurra, qui est nominatum de Diacanga de Albelda, ad Oriol et Evelin fratre suo, in pretio et **conductu** septem kafices, duas partes de ordio et tercia pars de tritico, annu per annu currente [Anónimo (1062): "Vidal, prior de San Martín de Albelda, da a censo a Oriol y Evelín el molino de San Félix de Calahorra…" en *Cartulario de Albelda*. Antonio Ubieto Arteta, Valencia, Gráficas Bautista, 1960.]

El hecho de que se documente en fuentes tan tempranas invita a cuestionarse de dónde procede este sentido, si no existía en latín clásico. La hipótesis más probable es considerar la existencia de un uso indocumentado en latín tardío o latín vulgar. La presencia de formas equivalentes en otras lenguas románicas refuerza esta teoría. En catalán antiguo se registra la forma *conduit*; en gallego antiguo, las

---

2   Vallés, P. (1549): *Libro de refranes.* (CORDE).
3   Núñez, H. (ca. 1549): *Refranes o proverbios en romance.* (CORDE).
4   Esta obra puede consultarse en línea en el siguiente enlace: http://www.bibliotecavirtu al.asturias.es/i18n/consulta/registro.cmd?id=3050.

formas *condoito/conduito*[5]; en el occitano antiguo, *conduch* (Corominas y Pascual 1996: s.v. *aducir*); en el portugués antiguo, *conducto/ conduito/ conduyto/ conduto*, documentadas al menos desde el siglo XIV (v. CDP); en francés antiguo se documenta la forma *conduit*, en el sentido de 'vivre, nourriture, mets, ragoûts, subsistance, repas, provision' (Godefroy 1969: s.v. *conduit*), y en italiano antiguo se recogen las formas *condutto/ conduto/ condotto/ chondotto/ condugi/ condugio* en las regiones Lombardía, Toscana y Umbría, con el sentido de 'cibo preparato per essere mangiato; vivanda; pranzo, banchetto' desde el siglo XIII (v. TLIO). Por otra parte, en italiano se documenta el verbo *condurre* con el sentido 'detto di una bevanda, essere consumato, (insieme a un cibo) per facilitare la digestione' registrado en Nápoles (TLIO), y en el *Dcech* también se recoge la existencia en napolitano antiguo del verbo *conducere*, en el sentido de 'acompañar un alimento a otro'.

Pero este no fue el único sentido que presentó la unidad. Precisamente, la gran popularidad del término provocó una expansión de sentido, de modo que de aplicarse al 'alimento que sirve de acompañamiento', pasó a entenderse como 'víveres o alimentos' en general.

– Dezid al Canpeador, que Dios le curie de mal,
que su mugier e sus fijas el rey sueltas me las ha,
mientra que fuéremos por sus tierras
çonducho nos mandó dar.
[CORDE – Anónimo (ca. 1140): *Poema de Mío Çid.*]
E diole Lope Garçía, su padre, el solar de Sant Christóval en que morase; e no le pareçiendo buen logar, cató manera de poblar en Somorrostro por consejo de su padre, deziéndole que se vaxase a la mar quanto podiese, ca en ella fallaría sienpre **conducho** para amatar la gana del comer, e fizo la casa e solar de Sant Martín. [CORDE – García de Salazar, L. (1471–1476): *Istoria de las bienandanzas e fortunas.*]

Asimismo, también se documenta su uso en el sentido de 'provisión de comida y especies que los señores podían por derecho pedir a sus vasallos'.

---

5 En el catalán solo parece recogerse para la forma *conduit* el sentido anticuado de «obligació del senyor de proporcionar vitualles i provisions de viatge al vasall enviat o convocat si el constreny deixar el lloc de residència mes d'un dia» (*Diccionario de la llengua catalana* 1995: s. v. *conduit*). En cambio, en gallego, se recogen los tres sentidos que adopta también el español *conducho*: «alimentos, víveres», «provisón de víveres para una viaxe» y «alimento que se come com pan» (*Diccionário de língua galega* 1995: s.v. *condoito*). Nótese también que tanto el catalán como el gallego presentan respectivamente las formas *conducte* y *conduto* para designar 'tubo o canal', frente a *conduit* y *condoito*.

Et sy algunos omes fueren tomar **conducho** e lo tomaren de parte de algun fidalgo o en su nonbre diziendo que el los envia alla e en su nonbre, et el fidalgo lo negare o dixiere que non son suyos los omes nin gelo mando tomar, prenda los el meryno e enbie preguntar al Rey en que guisa los escarmentará. [Corde – Anónimo. (1348): *Ordenamiento de las cortes celebradas en Alcalá de Henares.*]

No pueden tomar la dicha procuración en dinero, sino en **conducho**, y no deven tomar presente ni servicio alguno, ellos ni sus criados o familiares, ni cosa otra por razón del officio que tienen, so color de qualquier costumbre. [Corde – Celso, H. (1540–1553): *Repertorio universal de todas las leyes de estos reinos de Castilla.*]

Este sentido es muy común en textos legales u ordenanzas, pues indica la obligación de los vasallos de un reino o señorío a aprovisionar a este o a sus nobles, si así fuese requerido, y especialmente cuando estaban de viaje o de tránsito. Como se afirma en el *Diccionario gallego-castellano* de Marcial Valladares Núñez (v. *conducho, condoito* en *Dhd*), este sentido surge por razones históricas:

En los siglos medios, ó sea del nueve al diezeiseis, los monarcas españoles no tenian corte fija; corrían las tierras, repeliendo á los enemigos y, precisando víveres, alojamientos y demas, cobraban tambien su yantar cuando iban de camino, no á alguna expedicion militar.

Por tanto, *dar conducho* consistía en el ofrecimiento de comida a los viajeros que pasó a ser una obligación regulada por la ley, tal y cómo aparece en los fueros (Barbero y Loring 1991). Como vemos, se trata también de una extensión del sentido primario.

Por otra parte, hemos de señalar que, aunque *conducho* desapareció del español general en el siglo XVII, se conservó como voz dialectal en Extremadura[6], Navarra y que también se registra en Andalucía (Alvar 2000: s.v. *conducho*).

---

6 En el *Vocabulario extremeño* de Francisco Santos Coco (1940–1979), *conducho* se define de la siguiente manera: «Residuos de la matanza del cerdo: grasa y trocitos de chorizo que se utilizan para untar las tostadas de pan. (Muy extendida en la provincia de Badajoz). Y en general a todo lo que se come con el pan. "Como pan solo, porque se me ha acabao el conducho"». También pervivió en Badajoz la forma *conduchar*, a la que el Drae asigna las acepciones 'gastar algo con cuidado para que no se acabe pronto' y 'dar coba'. Pese a que el Drae propone como étimo la forma **conductāre*, no hay razón para acudir a una forma indocumentada; es más probable que *conduchar* sea un arcaísmo que derive de *conducho*, porque, de hecho, *conduchar* y *aconduchar* son voces que existían en el español medieval con el sentido de 'proveer conducho' o 'abastecer o proporcionar alimentos'. Paralelamente, existen también en Canarias las formas *condutar* y *acondutar*, que adquieren los sentidos 'comer algo como conduto' y 'consumir poco a poco una cosa para que no se gaste con rapidez'. Este sentido de distribuir convenientemente una cosa para que no se gaste rápidamente tiene una clara influencia del portugués, que puede explicar su pervivencia en el extremeño y en el canario. Así, la forma portuguesa

1.2 Conduto

Además de las formas *conducto* y *conducho* existe en español la forma *conduto*, que es una voz dialectal empleada en Canarias para designar, como la variante *conducho*, 'alimento que sirve de acompañamiento'. Sin embargo, el canarismo *conduto* no deriva directamente ni de la forma *conducto*, ni de la forma *conducho*, sino que constituye un préstamo del portugués *conduto*, que, a su vez, procede del mismo étimo latino (lat. *conductŭm* > port. ant. *condoito/conducto* > port. *conduto* > can. *conduto*). La importante presencia portuguesa en Canarias durante los siglos XV y XVII propició la adopción de muchos términos. Entre ellos, llegó la voz *conduto* para quedarse. Lo cierto es que el portugués *conduto* sigue prácticamente el mismo desarrollo que siguen *conducto/conducho* en español: mientras que el sentido de 'aquilo que se come habitualmente com pão' (Figueiredo 1996: s.v. *condutar*) se documenta tempranamente (desde 1152), el sentido de 'tubo o canal' solo se registra a partir de 1548 (v. CDP). Ambos sentidos perviven en el portugués actual y, en el español de Canarias, aunque es probable que *conduto* haya coexistido junto a *conducho*, fue el préstamo portugués la forma que prevaleció.

De manera muy similar al uso medieval de *conducho*, la voz *conduto* se entiende en Canarias en el sentido 'alimento que sirve de acompañamiento' o, más concretamente, 'alimento que se toma para acompañar el pan, las papas, o el gofio'.

En dicho tiempo Juan Clavijo le dará para su mantenimiento 1 fanegada de trigo pero, si otra cosa hubiere de dar para **conduto**, será a cuenta de Marcos Díaz. [Martínez Galindo, P. (1988): *Protocolos de Rodrigo Fernández (1520–1526)*. La Laguna, Instituto de Estudios Canarios, 511.]

Lo indispensable de todos los días para que en una familia no hubiera amenaza de hambre era: la escudilla de leche en el desayuno; las papas y el pescado como «**conduto**». [Barrios Domínguez, C. y Ruperto Barrios Domínguez (1988): *Crónicas de La Guancha a través de su refranero*. Santa Cruz de Tenerife: Cabildo Insular, 53.]

Pellas de gofio, pan en esqueleto,
forma a estos hombres -lo demás **conduto**-
y en este suelo de escorial, escueto,
arraigado en las piedras, gris y enjuto,
como pasó el abuelo pasa el nieto
sin hojas, dando sólo flor y fruto.
[Unamuno, M. (2002): *De Fuerteventura a París: diario íntimo de confinamiento y destierro vertido en sonetos*. Canarias: Fundación Canaria Canarias 20, Idea.]

---

condutar, presenta las acepciones 'comer (pão) com algum conduto' y 'gastar a pouco e pouco, poupar' (Figueiredo 1996: s. v. *condutar*). La influencia del portugués podría explicar, asimismo, la pervivencia del término *condoito* en el gallego actual.

Como vemos, *conduto* designa en Canarias alimentos como queso, pescado, carne o cebolla, que se comen junto a otro principal y más consistente, que es el que proporciona el aporte calórico (Corrales y Corbella 2009; Morera 2006; s.v. *conduto*). Pero igual que en el caso anterior, también la unidad *conduto* ha desarrollado sentidos secundarios. Así, se utiliza igualmente, por extensión, para designar 'alimento o sustento' en general.

> Las apropiadas barquillas y chalanas y falugas del chinchorro y las guelderas se negaron a salir a la búsqueda del **conduto** [Guerra Aguiar, Nicolás (2002): *La extraviada sonrisa de Luisita camino de Gáldar o La Casa amarillo-gofio*. Gáldar : Ayuntamiento, Concejalía de cultura y Festejos.]

También se entiende en el sentido 'aperitivo, alimento estimulante del apetito'. En este caso, el *conduto* no es el acompañamiento de otro alimento principal, sino una pequeña cantidad de alimentos que se toma antes de comer para ir abriendo el apetito. Tanto en este sentido como el sentido primario, se deduce que el *conduto* no es un plato o comida consistente, sino un conjunto de alimentos que cumplen bien la función de aderezar o acompañar, bien la función de incitar el hambre o saciarla con poco.

> Todo ello aderezado, naturalmente, con los roncitos, el queso, las cervezas, y los varios **condutos** que traíamos. [Bermejo, Manuel (1994): *Fuerteventura: una guía sentimental*. La Laguna: Centro de la Cultura Popular Canaria; Fuerteventura: Cabildo Insular, 101.]

1.3 Conducto

La última de las formas, la variante *conducto*, se introdujo por vía culta con el sentido de 'canal o tubo, generalmente cerrado, que sirve para transportar agua en su interior'. Este sentido comienza a registrarse en los textos a partir de finales del siglo XVI, seguramente coincidiendo con el desarrollo de las conducciones de agua y las cañerías. *Conducto* es, pues, un cultismo, puesto que la forma patrimonial *conducido* adoptó desde los inicios del idioma la función de participio. En latín clásico, al menos, no se utilizó con este sentido[7].

---

7   No obstante, Segura Munguia (2001) incluye el término *conductŭs, -ūs* en el sentido de 'conducto', indicando que no es forma usada por los autores clásicos. Su empleo pudo haberse dejado influir por la forma *ductŭs, -ūs*, que sí poseía el valor de 'conducto'.

2. Estudio semántico

Hasta aquí hemos expuesto un estudio denotativo, que nos da cuenta de los sentidos que adoptó cada unidad, y un estudio histórico, que nos indica la época de incorporación de cada término en la legua española. Pero si nos quedamos con esta información, parecería que las unidades no poseen nada en común. Nada tiene que ver unos sentidos con otros, y cabe preguntarse por qué estas unidades, que proceden del mismo étimo, llegan a designar cosas tan dispares como son un 'alimento que sirve de acompañamiento', en el caso de las formas *conducho* y *conduto*, y una 'cañería o tubo', en el caso de *conducto*.

Si enfocamos el estudio de unidades de este tipo desde la óptica de la semántica gramatical, se arroja luz al claroscuro. Si partimos de la significación invariante para justificar el uso de las unidades en lugar de partir de lo que las unidades designan en la realidad, comprobaremos que estos sentidos dispares pueden explicarse y justificarse de forma coherente. Y sobre todo si tenemos en cuenta las unidades en su conjunto, en lugar de analizarlas de forma independiente. Precisamente el marco perfecto nos lo proporciona el análisis en familias de palabras. Este método, que se basa en los presupuestos teóricos desarrollados por la Escuela Semántica de la Universidad de La Laguna (Morera 1998, 2001–2002, 2004; García Padrón 2004) plantea un sistema de organización del léxico que permite entenderlo como un conjunto cerrado de unidades. Y para poder estudiar el léxico como un conjunto cerrado, el criterio que se sigue es la agrupación de todas las palabras que poseen la misma raíz léxica, partiendo del supuesto de que existe en el lexema un significado común a todas las formas. A esta significación léxica de base, se añade la información semántica que le confieren los prefijos y los sufijos que se adhieren a la raíz, y que la modifican sustancialmente. Este significado de la base es invariante, es decir, se mantiene constante en todas las formas (*cf.* Hjelmslev 1974: 90–108; Coseriu 1981: 191–198; Trujillo 1976: 37–102; Morera 1999), lo que equivale a afirmar que en los verbos *conducir* y *producir*, el significado de *-duc-* es idéntico. Lo que produce las variaciones de significado es su combinación con distintos prefijos, que son en este caso *con-* y *pro-*.

Según la investigación previa realizada, la raíz española *duc-* significa invariablemente 'desplazamiento dirigido' en toda su variación gramatical. En español, la forma **ducir* no se consolidó como verbo independiente, pero se conservó en un cuantioso número de derivados, tales como *abducir, aducir, conducir, deducir, educir, educar, inducir, introducir, producir, reducir, seducir, traducir*, etc. Como puede observarse, todos se forman del mismo modo: a partir de la prefijación. Y los elementos que actúan como prefijos son preposiciones antepuestas o preverbios que vienen a indicar la dirección del movimiento, o lo que es lo mismo, la orientación del 'desplazamiento dirigido' contenido en la base. En el caso de *conducir*, la raíz es complementada por la preposición *con*, que presenta el contenido semántico 'situación de acompañamiento positivo' (Morera 1988: 135-138). Además, hemos de considerar que al tratarse de un verbo, el contenido semántico de la base *conduc-* aparece representado como 'proceso' o con tiempo interno (Morera 1999: 248-253). Esta significación invariante de *conducir*, que podemos resumir mediante la fórmula 'desplazamiento dirigido –en proceso- situado en una relación de acompañamiento positivo', adquiere distintos sentidos dependiendo de su combinación con los diferentes elementos del discurso. Por ejemplo, cuando *conducir* se combina con un sujeto designativo de persona, se entiende como 'llevar de forma voluntaria'. En cambio, si se combina con un sujeto de cosa, se entiende como 'llevar de forma involuntaria'. Se forman así las dos variantes denotativas principales, que a su vez presentan una serie de subvariantes. Estas subvariantes vienen asimismo determinadas por la naturaleza de los elementos con los que se combine sintácticamente (el complemento directo, los complementos circunstanciales, etc.), tal y como se esquematiza en el CUADRO 1. En él observamos que dentro de las posibilidades semánticas del verbo existe el sentido 'encauzar elementos líquidos o gaseosos' (B. a). Se trata de una posibilidad que se manifiesta cuando el verbo *conducir* aparece regido por un sujeto designativo de cosa, adquiriendo el sentido que hemos definido como 'llevar de forma involuntaria'. En este tipo de usos, *conducir* se combina siempre con un complemento directo que presenta la particularidad de poseer carácter dinámico, esto es, se entiende que el referente del complemento directo está en acción y, por eso, posee la capacidad de fluir. Esta particularidad hace que el sujeto de cosa designe un medio por el que transita un objeto que, podríamos decir, se deja llevar. Si el sujeto designa un canal, el elemento capaz de fluir suele ser un líquido o un gas. Si el sujeto designa, por extensión del sentido anterior, un cable o un material, el elemento capaz de fluir es la electricidad o el calor.

Este sentido de *conducir*, 'llevar de forma involuntaria- un objeto que está en acción' es precisamente el que explica los usos señalados de las formas *conducto*, *conducho* y *conduto*. Siguiendo este proceso ya podemos entender que, de la misma manera que *conducto* designa un *canal* que permite 'encauzar elementos líquidos o gasesosos', *conducho* y *conduto* designan un *alimento* que permite 'encauzar otros alimentos', o lo que es lo mismo, un *alimento* que actúa como 'medio que permite el tránsito del alimento más sustancioso'. Por otra parte, que estas formas adopten categoría sustantiva, atiende a razones morfológicas. Hemos de tener en cuenta que la base verbal es complementada, en este caso, por el sufijo de participio –*to* y por el complemento morfológico –*o*. Desde el punto de vista semántico, el complemento morfológico -*to* presenta la significación 'desplazamiento dirigido

-en proceso- situada en una relación de acompañamiento positivo' como 'puntualmente acabada' (Morera 2005: 41–46 y 117–121) y el complemento morfológico –o presenta la significación resultante como 'internamente orientada hacia adentro' (Morera 2011: 17–94), lo que lo distingue del sustantivo *conducta*. Este tipo de complementación provoca, como resultado, que *conducto* (*conduto, conducho*) pueda designar un elemento independiente en el universo del discurso y funcione como sustantivo.

Con todo, desde esta perspectiva, en lugar de percibir lo que las unidades designan como una suerte de sentidos dispares, se entiende que los sentidos derivan de una misma orientación denotativa que, al aplicarse a realidades distintas, genera enfoques distintos. Este mecanismo nos permite entender también el resto de sentidos secundarios que las unidades van produciendo, tal y como se comprueba en el CUADRO 2.

3. Conclusiones

El marco metodológico de la semántica gramatical nos permite observar el fenómeno de la significación de forma global, teniendo en cuenta la vinculación de los términos con otros miembros de la familia de palabras *duc-*, y de la subfamilia *conduc-*. Desde esta perspectiva, el lugar de resaltarse los aspectos diferenciales de las formas, se potencian sus rasgos comunes. Esto nos permite postular que tanto *conducto* como *conducho* y *conduto* designan un 'medio que permite el tránsito de un objeto dinámico', o lo que es lo mismo, un objeto (canal o alimento) que sirve como cauce para que discurra otro. Este modelo de descripción del léxico permite, además, ordenar y organizar la variación designativa de cada palabra de forma lógica, estableciendo las relaciones jerárquicas que se dan entre unos y otros sentidos. Combinando una perspectiva semántico-léxica, que analiza la unidad a partir de las relaciones que se establecen en la lengua misma, y una perspectiva designativo-referencial, que estudia los distintos sentidos que la palabra desarrolló en su andadura y los factores contextuales y culturales que los determinan, es posible obtener conclusiones que van más allá de la descripción histórica o etimológica de las formas. En suma, se pretende destacar la interrelación entre aspectos propiamente léxicos y aspectos culturales para mostrar que la descripción semántica debe abordar distintos niveles de análisis lingüístico.

CUADRO 1

CONDUCIR – VARIACIÓN DENOTATIVA				
A. Regida por un sujeto designativo de persona: 'llevar de forma voluntaria'				
1. Con complemento directo de cosa		2. Con complemento directo de persona		
1.1. Cuando la cosa designada por el complemento directo presenta carácter dinámico: 'llevar de forma voluntaria un objeto que está en acción'		2.1. Si el complemento directo presenta carácter individual 'guiar de forma voluntaria'		
a) Si el complemento directo presenta naturaleza concreta: 'guiar' *Conducir un coche*	b) Si el complemento directo presenta naturaleza abstracta: 'dirigir' *Conducir una negociación*	a) Con complemento circunstancial de lugar 'guiar a una persona hacia un determinado lugar'	b) Sin complemento circunstancial de lugar: 'inducir o persuadir a alguien para que adopte un comportamiento determinado'	c) Si se utiliza de forma pronominal: 'manejarse, comportarse'
1.2. Cuando la cosa designada por el complemento directo presenta carácter estático: 'transportar' *Conducir mercancías, equipajes, cargas, etc.*		2.2. Si el complemento directo presenta carácter colectivo: 'liderar' *Conducir un ejército, una orquesta, un programa de televisión, etc.*		
B. Regida por un sujeto designativo de cosa: 'llevar de forma involuntaria – un objeto que está en acción'				
a) Si el sujeto designa un canal (un tubo, una cañería, etc.): 'encauzar elementos líquidos o gaseosos'		b) Si el sujeto designa un cable o un material: 'trasladar la energía eléctrica o el calor'		

99

CUADRO 2

CONDUCTO (CONDUCHO, CONDUTO) – VARIACIÓN DENOTATIVA		
'Medio que permite el tránsito de un objeto dinámico' -En relación con el sentido 'llevar involuntariamente – un objeto que está en acción' de la base verbal *conducir*-		
1. Si designa objetos físicos		2. Si designa una entidad abstracta
A. 'Canal o tubo, generalmente cerrado, que sirve para transportar agua y gases en su interior'		a) 'Medio o vía para obtener un fin'
		b) 'Medio jurídico o administrativo'
'Canal o tubo que transporta distintos fluidos en el organismo'		c) 'Medio personal que actúa como fuente para transmitir una información'
B. 'Alimento que sirve como acompañamiento'		
'Víveres o alimentos, en general'	'Provisión de comida, que los señores podían por derecho pedir a sus vasallos'	'Aperitivo, alimento estimulante del apetito'

Referencias bibliográficas

ALONSO ESTRAVÍS, Isaac (1995): *Diccionário de língua galega*, Santiago de Compostela: Sotelo Blanco.

ALONSO, Martín (1986): *Diccionario medieval español. De las Glosas Emilianenses y Silenses (s. X) hasta el siglo XV*, Salamanca: Universidad Pontificia de Salamanca.

ALVAR EZQUERRA, Manuel (2000): *Tesoro léxico de las hablas andaluzas*, Madrid: Arco libros.

BARBERO, Abilio y Mª Isabel LORING (1991): « "Del palacio a la cocina": estudio sobre el conducho en el Fuero Viejo», *En la España medieval*, nº 14. Madrid: Universidad Complutense.

CORDE= Real Academia Española: Banco de datos (Corde) [en línea]. *Corpus diacrónico del español.* <http://www.rae.es>.

CORRALES, Cristóbal, Dolores CORBELLA y Mª Ángeles ÁLVAREZ (1996): *Tesoro Lexicográfico del español de Canarias*, Santa Cruz de Tenerife, Gobierno de Canarias.

CORRALES, Cristóbal y Dolores CORBELLA (2001): *Diccionario histórico del español de Canarias*, La Laguna: Instituto de Estudios Canarios.

CORRALES, Cristóbal y Dolores CORBELLA (2009): *Diccionario ejemplificado de canarismos*, La Laguna: Instituto de Estudios Canarios.

CDP= Davies, Mark: *Corpus do Portugues*, http://www.corpusdoportugues.org.

CREA= Real Academia Española: Banco de datos (Crea) [en línea]. *Corpus de referencia del español actual.* http://www.rae.es.

DEA = Seco, Manuel, Olivia Andrés y Gabino Ramos (1999): *Diccionario del español actual*, Madrid: Aguilar.

DCECH= Corominas J. y J. A. Pascual (1996): *Diccionario crítico-etimológico castellano e hispánico*, Madrid: Gredos.

DDD= Instituto da Lingua Galega: *Dicionario de dicionarios da lingua galega. Corpus lexicográfico da lingua galega*, http://sli.uvigo.es/ddd/index.html.

DHLE= Real Academia Española, Seminario de Lexicografía (1960): *Diccionario histórico de la lengua española.* [Consultado en http://web.frl.es/dh.html].

DRAE = Real Academia Española (2007²²): *Diccionario de la lengua española*, Madrid: Espasa Calpe.

DUE = Moliner, María (2007 [1966]): *Diccionario de uso del español*, Madrid: Gredos.

FIGUEIREDO, Cândido de (1996²⁵): *Grande Dizionário da Lingua Portuguesa*, Venda Nova: Bertrand.

GARCÍA PADRÓN, Dolores (2004): «Significado y variación de la raíz part- en español», en *Revista Española de Lingüística*, 34, 2: 455–480.

GODEFROY, Frédéric (1969 [1883]): *Dictionnaire de l'ancienne langue française et de tous ses dialectes du IXème au XVème siècle*, Nendeln/Liechtenstein: Kraus Reprint.

INSTITUT D'ESTUDIS CATALANS (1995): *Diccionari de la llengua catalana*, Barcelona, Palma, València: Moll.

LORENZO, Antonio, Marcial MORERA y Gonzalo ORTEGA (1994): *Diccionario de canarismos.* La Laguna: Lemus.

LUCENA CAYUELA, Nuria y María Paz BATTANER ARIAS (dirs.)(2002): *Diccionario de uso del español de América y España*, Barcelona: Vox/ SPES.

MENÉNDEZ PIDAL, Ramón (1994²²): *Manual de gramática histórica española*, Madrid: Espasa Calpe.

MIGUEL, Raimundo de (2000 [1816–1878]): *Nuevo diccionario latino-español etimológico*, Madrid: Visor Libros. Ed. facs.

MORERA, Marcial (1988): *Estructura semántica del sistema preposicional del español moderno y sus campos de uso*, Puerto del Rosario: Cabildo Insular de Fuerteventura.

MORERA, Marcial (1998): «La naturaleza del significado léxico», en Wotjak, Gerd (ed.): *Teoría de campo y semántica léxica/ Théorie des champs et sémantique lexicale*, Frankfurt am Main: Peter Lang, 127–156.

MORERA, Marcial (2001–2002): «Familia de palabras vs. campo semántico: los casos particulares de las familias *punt-, punz-* y *punch-*», en *Revista de Lexicografía* VIII: 149–222.

MORERA, Marcial (2004): «Estructura semántica de la familia de palabras "pas-": significado y sentidos», en Almela Pérez, R. *et al.* (coord.) (2004): *Homenaje al profesor Estanislao Ramón Trives*. Murcia: Universidad de Murcia, 573–591.

MORERA, Marcial (2005): *La complementación morfológica en español. Ensayo de interpretación semántica*, Frankfurt am Main: Peter Lang.

MORERA, Marcial (2006): *Diccionario histórico-etimológico del habla canaria*, Puerto del Rosario: Cabildo de Fuerteventura.

MORERA, Marcial (2007): *La gramática del léxico español*, Badajoz: @bededario.

REY, Alain (dir.) (2000): *Dictionnaire historique de la langue française*, Paris: Le Robert.

Sánchez Pérez, Aquilino (ed.) (2002): *Gran diccionario de uso del español actual basado en el corpus lingüístico CUMBRE*,Madrid: SGEL.

SANTOS COCO, Francisco (1940–1979): *Vocabulario extremeño*. [Consultado en http://vozdemitierra.wikisite.com/index.php/Vocabulario_extremeño_de_Santos_Coco].

SECO, Manuel (ed.) (2003): *Léxico hispánico primitivo (siglos VIII al XII). Versión primera del Glosario del primitivo léxico iberorrománico*, Madrid: Espasa Calpe.

SEGURA MUNGÍA, Santiago (2001): *Nuevo diccionario etimológico latín-español y de las voces derivadas*, Bilbao: Universidad de Deusto.

TLIO= *Tesoro della lingua italiana delle origini* [Consultado en http://tlio.ovi.cnr.it/TLIO/].

VALLADARES NÚÑEZ, Marcial (1884): *Diccionario gallego-castellano*, Santiago: Seminario Conciliar. [Consultado en *Corpus lexicográfico da lingua galega*, http://sli.uvigo.es/ddd/index.html].

Leticia M. González Suárez

(Universidad de La Laguna)

La rección preposicional de los verbos españoles compuestos con preverbio

El latín utilizaba desinencias casuales para reflejar las distintas funciones sintácticas en la oración. Además de estas marcas casuales, el latín empleaba también preposiciones para precisar el valor de dos casos funcionalmente «sobrecargados»: el acusativo y el ablativo. El sistema casual sintético latino fue sustituido en las lenguas románicas por un procedimiento analítico consistente en aumentar el uso de las preposiciones y fijar el orden de palabras a fin de marcar su función sintáctica.

Fueron muchos los factores que contribuyeron a la sustitución de los casos latinos por las preposiciones de las lenguas románicas (Lapesa 2000: 73–122): fundamental fue la citada extensión del uso de preposiciones en el latín tardío, que, siendo quizá redundante al principio, luego se reveló útil como marca funcional ante la inestabilidad fonética y morfosintáctica y, además, fue haciendo redundante el uso de las desinencias, contribuyendo así al derrumbe del sistema casual clásico. El nuevo sistema preposicional tenía, al menos, dos ventajas: el ser más económico y el no ser un sistema cerrado, ya que constituía un inventario al que se iban sumando nuevos elementos bien por aglutinación bien por gramaticalización.

El acusativo fue la única forma que se mantuvo por ser el *casus generalis*: en efecto, el acusativo servía tanto para la expresión del complemento directo (sin preposición) como de diversos complementos circunstanciales (con preposición), además de poder funcionar como sujeto en las oraciones de infinitivo. En este sentido, las lenguas románicas utilizaron las preposiciones para matizar los distintos complementos de la forma nominal única que había quedado a partir del antiguo acusativo[1].

---

1 Téngase en cuenta que hablamos en general y que, como ocurre siempre, hay excepciones: así, por ejemplo, en la Galorromania se mantuvo durante algún tiempo la oposición nominativo/acusativo para expresar la oposición entre caso recto (sujeto)/ casos oblicuos (los diversos complementos). Y no creemos necesario recordar que el sistema casual se ha conservado, si bien de manera muy reducida, en los pronombres personales.

Para estudiar los cambios producidos en el cambio del sistema casual latino al preposicional de las lenguas románicas, podemos partir de las preposiciones españolas e intentar explicar qué casos y valores latinos reproducen. Lo ejemplificaremos con las preposiciones *a* y *de* (Azofra 2009: 31)[2]:

Preposiciones españolas	Valor	Preposiciones latinas	Casos en latín
a	CD de persona	–	Acusativo
	CI	–	Dativo
	CC lugar adonde o de finalidad	in/ad	Acusativo
	CC lugar de proximidad	ad	Acusativo
	CC lugar de procedencia	ab	Ablativo
de	Complemento del nombre	–	Genitivo
	CC de materia	de	Ablativo
	CC de separación	ab/ex	Ablativo
	Otros CC	ab/ex/de	Ablativo

A continuación exponemos cómo considera Lisardo Rubio (1982) los dos subsistemas preposicionales latinos correspondientes, a los que llama adlativo y ablativo, respectivamente, agrupándolos según respondan a la pregunta *quo?* (¿a dónde?) o *unde?* (¿de dónde?)[3].

---

2 Lo hacemos por mor de simplificar las cosas, ya que no disponemos de suficiente espacio como, por ejemplo, para tratar también de la cuestión *ubi?* (¿en dónde?), que nos parece muy interesante y donde vuelve a aparecer la preposición *in*, pero con caso ablativo. Poco satisfactoria parece la explicación según la cual *in* con acusativo indica 'movimiento' y con ablativo indica 'reposo', pues tanto movimiento hay en *in foro curro* (estoy corriendo en el foro) o *in foro ambulo* (estoy paseando en el foro) como en *in forum curro* (voy corriendo al foro) o *in forum ambulo* (voy paseando al foro). Aquí se puede observar una notable diferencia entre el latín y el español.

3 Exponemos las ideas de Rubio sobre el sistema preposicional (y, por tanto, preverbial) latino porque, a pesar de su «antigüedad» (datan de 1966), siguen siendo actuales y ampliamente compartidas por los estudiosos (*cf.*, por ejemplo, González Cabrera 1998): así, con ellas, en general, están de acuerdo tanto García Hernández (1980) como Brachet (2000) y van Laer (2010), quienes han estudiado todos los preverbios latinos, el subsistema ablativo y el subsistema adlativo, respectivamente. Por otra parte, las ideas de Rubio coinciden, en general, con las de Pottier (1962).

Según Rubio (1982: 177-179), el latín responde con las preposiciones *de, ex* y *ab* a la cuestión *unde?* (¿de dónde?), con lo que expresan 'alejamiento a partir de un punto': *de* solo expresa la noción de alejamiento 'alejamiento', mientras que *ex* y *ab* son más precisas, pues añaden un rasgo peculiar a dicha noción. Así, *ex* significa 'alejamiento a partir del interior de un punto' y *ab* 'alejamiento a partir del exterior de ese punto'. Por esta razón, en latín, para indicar el origen familiar de las personas se usan, regularmente, estas preposiciones de la siguiente forma: *ex* ante el nombre de los padres, *ab* ante el nombre de los antepasados (origen lejano general) y *de* ante orígenes aún menos precisos; por ejemplo: *natus e Venere* (hijo de Venus) / *natus a Venere* (descendiente de Venus).

Al subsistema preposicional de alejamiento *de, ex* y *ab*, contestando a la cuestión *unde?*, corresponde un subsistema preposicional de aproximación simétrico, formado también por tres miembros, a saber: *ob, in* y *ad*, que responden a la pregunta *quo?* (¿a dónde?). Según Rubio (1982: 181-183), la relación entre *ad* e *in* es la misma que *ab* y *ex*: *in forum ire* es 'penetrar en el foro en sí', mientras *ad forum ire* es 'acercarse al foro'. Y, por su parte, en latín arcaico, *ob* es, como *de*, el término neutro de esta oposición trimembre: solo indica 'aproximación', sin precisar que la aproximación se queda en el exterior de un punto o que se penetra en él.

Ahora bien, lo que nos interesa es la rección preposicional (por eso hemos hablado de preposiciones) de los verbos compuestos por preverbio. Pero, ¿qué son los *preverbios*? Los preverbios no son algo distinto a las preposiciones: son variantes combinatorias de las preposiciones. Por ello señala García Hernández (1980: 228) que «la tradición gramatical latina incluye los conceptos de preposición y de preverbio dentro del término de *praepositio*». De hecho, los gramáticos griegos (Dionisio de Tracia, Apolonio Díscolo) y latinos (Donato, Carisio, Diomedes, Prisciano) no distinguen entre preposiciones y preverbios sino que los llaman a todos *praepositiones* o προθέσεις[4]. Así, nos dice Dionisio Tracio (ed. de V. Bécares 2002: 77): «Πρόθεσίς ἐστι λέξις προτιθεμένη πάντων τῶν τοῦ λόγου μερῶν ἔν τε συνθέσει καὶ συντάξει», que, en la traducción española de Vicente Bécares (*ibídem*) suena así: «La preposición es una palabra que se antepone a todas las partes

---

4   Sin embargo, hay que decir que, aunque no distinguen terminológicamente *preverbios* de *preposiciones*, sí hacen esta distinción en la práctica, ya que en el caso de los nombres o verbos compuestos con preverbio hablan los gramáticos griegos de σύνθεσις y los latinos de *compositio* (pues forman una sola palabra), mientras que, en el caso de la rección preposicional, los gramáticos griegos hablan de σύνταξις o παράθεσις y los latinos de *constructio* o *iuxtapositio* (pues es evidente que estamos siempre ante dos palabras).

de la oración, en composición y en la frase», refiriéndose, en el primer caso, a los preverbios y, en el segundo, a las preposiciones. Como es sabido, los gramáticos latinos no hicieron más que traducir a los griegos: así, García Hernández (1980: 228) cita en nota la definición que debemos a Carisio (I, 230) de la *praepositio*, a la que ejemplifica con preverbios: «praepositio est pars orationis quae praeposita allii parti orationis significationem eius inmutat aut simplicem seruat, ut *scribo suscribo rescribo*»; y Jean Lallot (1989: 211) afirma que Prisciano (III, 24) parece traducir literalmente a Apolonio Díscolo, cuando escribe: «est igitur praepositio pars orationis indeclinabilis, quae praeponitur aliis partibus uel appositione uel compositione», agrupando bajo el término *preposición* a preposiciones y preverbios, pero separándolos en tanto que las preposiciones no se funden con el sustantivo al que rigen, sino que se mantienen dos palabras (*appositio*), mientras que los preverbios sí se funden con el verbo o nombre al que precisan (*compositio*)[5].

Para no remontarnos a indoeuropeístas tan «antiguos» como Meillet y Vendryes (1979[5]: 573–575)[6], citaremos como ejemplos modernos de esta tradición a Benveniste (1949), Pottier (1962) y Pinault (1995: 52), quien, aun reconociendo que, en las modernas lenguas indoeuropeas, dentro de las palabras invariables suelen diferenciarse las tres categorías de a) adverbios, b) preverbios y preposiciones y c) partículas, insiste en que tal distinción se pierde a medida que nos

---

5   En esta venerable tradición clásica se inserta la labor de nuestro director de Tesis, el profesor Marcial Morera (2000 y 2013), quien identifica preposiciones y preverbios, integrando los preverbios en la composición de palabras (*compositio*) y las preposiciones en la sintaxis (*constructio*).

6   Estos autores afirman: «Les éléments adverbiaux qui sont devenus les prépositions étaient en indo-européen autonomes comme tous les éléments de la phrase, et par suite indépendants du verbe comme du nom. Ils servaient à préciser la situation en ajoutant des nuances au sens propre des formes verbales ou nominales. Ils marquaient par exemple si l'action indiquée dans la phrase avait lieu au dedans ou au dehors, en haut ou en bas, en compagnie ou à l'écart de quelqu'un ou de quelque chose, etc. Or, ces éléments, qui par leur caractère accessoire tenaient pour le sens et pour la pronuntiation soit à un verbe, soit à un nom, ont tendu peu à peu à se lier au verbe (en qualité de préverbes) ou au nom (en qualité de prépositions); dans le premier cas on les nomme en effet préverbes, et dans le second prépositions (bien que souvent ils soient placés après le nom sur lequel ils portent). En latin, *ex* est préverbe dans *exeo*; il est préposition dans *ex urbe proficiscor*. Ces deux emplois résultent d'une innovation. En indo-européen, des mots comme **eks*, indiquant un mouvement partant d'un certain point, ou **pro*, indiquant une position en avant, figuraient dans la phrase sans être proprement liés ni à un verbe ni à un nom».

remontamos atrás en la historia de estas lenguas. Por tal motivo, este autor identifica los preverbios con las preposiciones (y los adverbios):

> Plusieurs ordres de faits autorisent à identifier préverbes, adverbes, pré- ou postposi-
> tions:
> – affinité de structure, les préverbes présentant les mêmes caractéristiques nominales
> que les deux autres catégories;
> – communauté sémantique, dans les mêmes déterminations locales, avec ou sans mou-
> vement;
> – autonomie ancienne du préverbe, doté d'un accent propre.

Y, poco después, añade el mismo Pinault (1995: 53):

> La doctrine commune et traditionnelle enseigne que les préverbes étaient originelle-
> ment des adverbes autonomes, détachés dans la phrase, et qu'ils se sont ultérieurement
> joints aux verbes, donnant les préverbs, ainsi qu'aux noms, donnant les pré- ou postpo-
> sitions. (…) On souscrira à l'hypothèse la plus vraisemblable, qui fait des préverbes,
> parallèlement aux post- et prépositions, d'anciens adverbes, reposant en fait sur des
> substantifs disparus de l'usage[7].

Pero si muchos estudiosos están de acuerdo en que preverbios y preposiciones
son las mismas unidades en distribución complementaria (Pottier 1962, García
Hernández 1980, Morera 2000 y 2013), también todos reconocen que su identidad no es total, cosa que, por otra parte, ya ocurría en latín. Así, García Hernández (1980: 124) precisa:

> No todos los preverbios funcionan como preposiciones, así dis-, re(d)- y am(b), ni to-
> das las preposiciones como preverbios; pero, en buena parte, constituyen dos sistemas
> paralelos: el contenido de un preverbio y de una preposición homónimos debió de ser
> identificable en una etapa primitiva de la lengua, en virtud de su próximo y común ori-
> gen adverbial; pero se diversificaría, cada vez más, en razón de su distinta distribución
> sintagmática; el preverbio, sobre todo, adquirió grados de mayor abstracción, como de-
> muestra la repetición de la preposición tras el régimen verbal, apoyando la expresión de
> una relación que antes expresara aquel por sí solo.

Y, en efecto, si comparamos el castellano con el latín o el griego moderno con
el antiguo, observamos que hay muchos preverbios que ya no funcionan como
preposiciones: así, por ejemplo, ab(s)-, ex-, ob-, per-, prae-, pro-, sub-, etc. son
preverbios castellanos, pero ya no preposiciones. Y lo mismo, si bien más exa-
gerado, sucede en griego moderno, donde de dieciocho preverbios simples hay

---

7   También Le Bourdellès (1995: 189–191) identifica adverbios, preverbios y preposicio-
    nes en latín, ofreciendo al principio de su trabajo una lista de los preverbios latinos y
    señalando aquellos que también funcionan como preposiciones y como adverbios.

trece (ανα-, αμφι-, εκ-, εν-, επι-, κατα-, παρα-, περι- προ-, προσ-, συν-, υπερ-
e υπο-) que ya no funcionan como preposición[8]. Y es, precisamente, esto lo que
más nos interesa: la rección preposicional de verbos cuyo preverbio no se usa ya
como preposición y que, por tanto, tienen que echar mano de otra preposición
existente[9].

Por otra parte, no todos los estudiosos que identifican preposiciones y preverbios, están de acuerdo en identificar también *preverbación* y *composición* de palabras (*cf.* Serbat 2001, Dini 2012[10]). En este sentido, Oniga (2005: 216), intentando
deslindar ambos términos, llega a la conclusión siguiente:

> La structure des formations avec préverbe apparaît distincte de celle de la composition
> nominale à cause de propriétés syntaxiques encore plus spécifiques. Dans beaucoup de
> cas, en effet, la préverbation peut être expliquée, en synchronie, comme un exemple
> typique de ce que l'on appelle (depuis Baker 1988) le phénomène d'"incorporation". Le
> verbe semble 'incorporer' une préposition, de telle sorte que le nouveau verbe préverbé
> en arrive à assumer la même valence que la préposition dans la tournure avec le verbe
> simple.

De hecho, Oniga (2005: 223) propone que a partir de giros posposicionales como
*flumen ad eo o *corde ex pello se ha podido llegar a los verbos compuestos

---

8 En efecto, de las dieciocho «preposiciones propias» del griego antiguo solo cinco se
   han conservado en griego moderno: αντί (con un uso mucho menor), από, γιά (<διά),
   σε (<εἰς) y με (<μετά). Por supuesto, nos referimos solo a los preverbios simples, pues
   también los hay compuestos, como también sucede en latín y en español: αντι-παρα-
   θέτω (comparar), ξ-ανα-γυρίζω (regresar), προ-κατά-ληψη (prejuicio, sust.).

9 Lo normal es que la preposición que se usa pertenezca al mismo subsistema. Así, por
   ejemplo, en español existen como preverbios *ab(s)-, ex-* y *de-*, pero como preposición
   solamente *de*, por lo que, normalmente, los verbos compuestos de aquellos preverbios
   suelen regir esta preposición: *abstraer de, extraer de* y *detraer de*. Y lo mismo sucede
   en el subsistema adlativo, donde permanecen *ad-, in-* y *ob-* como preverbios, pero
   solo *a* como preposición: *acercar a, invocar a* y *oponer a*.

10 Esta autora (2012) se expresa así: «Since most of the prefixes are homonymous to their
   corresponding prepositions in older grammars, prefixed derivatives are commonly
   called compound words. As a matter of fact, Guy Serbat considers that there are e-
   nough arguments to group prefixed derivatives together with compound words, given
   that most prefixes are found as prepositions, rather than including them together with
   suffixes within the class of affixes. *But homonymy to prepositions disguises their different properties* [la cursiva es nuestra]. Thus, the verbal syntheme becomes transitive
   by prefixation, although the simple verb is intransitive: *ire ex urbe* in contrast to *exire
   urbem*, a situation which shows that "the preverb performs a syntactic action on the
   phrase" which differs from the behaviour of homonymous prepositions».

con preverbio *adeo* y *expello*, que, luego, se construirían con un complemento régimen sin preposición para no repetir el preverbio: *flumen adeo* (en vez de *ad flumen adeo*) o *corde expello* (en vez de *ex corde expello*).

Otra *quaestio disputata* es el valor básico y concreto de los distintos preverbios y preposiciones. Todos los estudiosos recogen los tres valores señalados Pottier (1962): espacial, temporal y nocional, los cuales son, en definitiva, reconducibles al ámbito espacial, que ya reconocía Benveniste en 1949. Pero, a partir de aquí, muchos autores (por ejemplo, García Hernández 1980, y siguiendo su estela Le Bourdellès 1995, Brachet 2000 y van Laer 2010) hablan también de diversos valores aspectuales. En este sentido, por ejemplo, la profesora Dinu (2012) se expresa así:

> *De-* may be taken as an example of a polysemantic prefix; it can express:
> · distance (from the top down): *de-spicio*;
> · privation : *de-sum, de-decus*;
> · conclusion of an action (aspectual value): *de-uinco*.
> From the last example we see that some preverbal morphemes can have aspectual value. Usually the derived verb expresses the non-durative or finite aspect in relationship to the simple verb, for example *facio*, expresses the imperfective aspect of the action while *per-ficio* and *con-ficio* express the perfective aspect of the action. In parasynthetic formations as *in-cale-sco* the inchoative or durative aspect is expressed both by the preverb *in-* and the suffix *-sc-*, or con-ticu-*ere* where the preverb *con-* denotes duration while the simple form *tacu-ere* expresses the perfective aspect».

Pero lo cierto es que, pese a la variedad de usos en el discurso (espacial, temporal, nocional o aspectual), las preposiciones y los preverbios mantienen una unidad significativa en la lengua (Benveniste 1949), representable en un esquema geométrico y determinable por unos rasgos pertinentes que los oponen a las demás preposiciones y preverbios[11]. En este sentido, nos parece ejemplar la organización que hace Pottier (1962) de las preposiciones latinas, atendiendo a la noción de 'límite'[12].

---

11 La representación unitaria en la lengua de las diversas acepciones en el discurso es posible gracias a que preposiciones y preverbios tienen un significado básico (*Grundbedeutung*), que es el valor espacial, a partir de cual se desarrollan las demás acepciones. En cuanto a los rasgos distintivos de preposiciones y preverbios, Hjelmslev (1935), que siempre se preocupó por la «forma del contenido», señala los siguientes: la relación dinámica de dirección, la estática de coherencia y la de subjetividad.

12 Atendiendo a la noción de límite Pottier (1962: 276–291) organiza en las preposiciones latinas en cuatro sistemas: a) el sistema 'límite simple' (compuesto por *ab, de, ad, dis-, cum* y *sine*); b) el sistema de 'límite doble' (integrado por *in, ex, inter, per* y *trans*); c) el sistema de 'límite orientado' (constituido por *sub / super, pro / retro, ante / post*,

A continuación, nos limitaremos a presentar y comentar brevemente algunos ejemplos de verbos compuestos por los preverbios *ab-*, *de-*, *ex-*, *ad-* e *in-*, en los que se advierte una modificación del contenido de la base léxica y una potenciación de la capacidad sintagmática del verbo compuesto respecto del verbo simple. Asimismo observamos que los complementos de verbos compuestos por preverbio dependen tanto del tipo de preverbio como de los nuevos sentidos adoptados por el verbo modificado, siendo que cada preverbio tiende a introducir el régimen verbal de su subsistema. Seguimos de cerca, principalmente, a García Hernández (1980), pero también Brachet (2000) y van Laer (2010), entre otros autores.

1) Preverbios de 'alejamiento a partir de un punto': *ab-*, *de-* y *ex-*[13].

a) Según García Hernández (1980: 128), *ab-* es un preverbio menos productivo que *ex-* y *de-*, si bien su posición estructural es muy sólida dentro de la indicación del movimiento 'ablativo'. La función ablativa específica de *ab-* consiste en indicar 'separación del exterior de un punto', en forma de 'alejamiento' o 'ausencia', oponiéndose directamente, en este aspecto, a *ad-* que indica 'aproximación al exterior de un punto', como se aprecia en las parejas opositivas: *abeo* 'irse de, partir' / *adeo* ' ir a, acercarse'; *absum* 'estar ausente' / *adsum* 'estar presente'; etc. Secundariamente, *ab-* expresa las nociones ablativas de 'desposeimiento' y 'privación', como vemos en *aufero* 'quitar' (frente a *affero* 'dar'), *abrogo* 'abrogar' (frente a *arrogo* 'atribuir'), *abiudico* 'desposeer' (frente a *adiudico* 'adjudicar') etc.

El régimen característico de estos verbos es el ablativo separativo, normalmente con las preposiciones *ab*, *ex* o *de*[14].

Dentro de lo que García Hernández (1980: 130–131) «funciones clasemáticas», *ab-* se ha especializado en indicar la negación del contenido sintagmático con los llamados *verba iudicalia* (lenguaje jurídico) [15]: *abdicare* 'anunciar que no'

---

prae / *ob*, etc.); y d) el sistema de 'límite punto' (donde sitúa a *am(b)-*, *apud*, *circa*, *iuxta*, *prope*, *procul*, *usque*, etc.).

13 Como en toda nuestra presentación de los preverbios latinos nos hemos basado en García Hernández (1980), autor reconocidísimo en Europa en este campo, también seguimos su orden de exposición, que no es otro que el alfabético, si bien agrupados en los dos susodichos subsistemas.

14 En ocasiones, también sin preposición. Por otra parte, los verbos que indican 'desposeimiento' o 'privación', además del ablativo separativo, suelen regir también dativo de interés.

15 Nuevamente, la acción complementaria de la base léxica corre a cargo de *ad-*: *annuo* 'asentir por señas', etc.

> 'renunciar'; *abiuro* 'jurar que no' > 'negar bajo juramento'; *abnuo* 'señalar que no' > 'negar por señas'; etc.

En el ámbito aspectual, por último, García Hernández (1980: 130–131) define a *ab-* como 'resultativo'[16]: *absoluo* 'soltar del todo', *abutor* 'gastar mediante el uso', *absorbeo* 'hacer desaparecer sorbiendo', etc.

El castellano ha conservado muchos de estos verbos latinos compuestos con -*ab*, a saber: *abrogar, abdicar, abjurar, abominar, absolver, abusar, adolecer, ausentar(se), abstener(se), abstraer(se)*, etc., todos los cuales rigen la preposición *de*, que era la menos marcada del subsistema ablativo latino y ha sido la única de este subsistema que ha perdurado en castellano.

b) Según García Hernández (1980: 145), el preverbio *de-* es uno de los más productivos a lo largo de toda la latinidad, sobre todo en época tardía por la popularidad de la preposición *de*. Parece que el significado básico del preverbio y la preposición *de* era 'de arriba abajo'[17], del que se desprenden las nociones ablativas de 'alejamiento' y 'desviación', en oposición a la adlativa de 'aproximación' que conllevan *sub-* y *ad-*, visibles en las siguientes oposiciones: *decedo* 'alejarse' / *succedo* 'acercarse'; *demoueo* 'apartar' / *admoueo* 'arrimar'; *depello* 'expeler' / *appello* 'acercar'; *defero* 'desviar de su rumbo' / *affero* 'llevar a'; etc. Otras nociones ablativas expresadas por el preverbio *de-* son las de 'retirada', 'falta' y 'privación'[18]: *decedo* 'retirarse'; *deficio* 'menguar'; *desum* 'faltar'; etc. Por último, tenemos la noción de 'sustracción': *demo* 'quitar'; *deduco* 'sustraer'; etc. Con todas estas nociones prevalece el empleo del ablativo como complemento régimen. Por

---

16 Asimismo señala García Hernández (1980: 131) que son escasos los verbos compuestos por *ab-* en función secuencial 'desinente', del tipo de *absisto* 'desistir' o *abstineo* 'abstenerse de', 'dejar de'. Y tampoco es usual como modificador 'extensivo', aunque encontramos los casos de *abundo*: 'abundar', *abnego* 'negar rotundamente', *aspernor* 'rechazar con repugnancia', etc.

17 En este sentido, *de-* se opone a *sub-*, que indica el sentido contrario, 'de abajo a arriba', dándose las parejas opositivas: *deuolo* 'bajar volando' / *subuolo* 'elevarse volando'; *demitto*: 'bajar' / *submitto*: 'brotar'; *despicio* 'mirar desde arriba' / *suspicio* 'mirar hacia arriba'; etc. Y en estos casos suele regir un acusativo de dirección. De esta preferencia sintagmática se deduce que el movimiento ablativo indicado por *de-* no se queda en el punto de origen o de partida, como *ex-* y *ab*, sino que se prolonga ('de arriba abajo'). De ahí su función 'secuencial progresiva', que consiste en indicar el 'desarrollo ordenado' de la acción: *decurro* 'pasar corriendo'; *designo* 'marcar, trazar'; *demonstro* 'mostrar correctamente'; *denuntio* 'declarar'; *determino* 'marcar los límites'; etc.

18 Estas nociones ablativas se oponen a las de 'sustitución', 'supleción' y 'suministro', expresadas por *sub-*, y a la de 'exceso', expresada por *super-*: *succedo* suceder; *sufficio* 'bastar'; *supersum* 'sobrar'; etc.

supuesto, en las nociones de 'falta' y 'sustracción' suelen aparecer un dativo de la persona interesada, pero este complemento indirecto, que se expresa a menudo, no se encuentra al mismo nivel sintáctico que el complemento régimen de que aquí tratamos.

Dentro de lo que García Hernández (1980: 148–151), siguiendo la terminología coseriana, llama «funciones clasemáticas», encontramos la «alterna», cosa que también ocurre en el caso de todos los demás preverbios ablativos: así, los verbos compuestos con *de-* expresan lo contrario al contenido de los respectivos verbos simples: *dedecet* 'no está bien' / *decet* 'está bien'; *denascor* 'morir' / *nascor* 'nacer'; *dedisco* 'olvidar' / *disco* 'aprender'; *despero* 'desesperar' / *spero* 'esperar'; *destruo* 'destruir' / *struo* 'construir'; etc. En este mismo sentido, cuando la base léxica es un *uerbum dicendi*, se produce la negación de su contenido: *dehortor* 'exhortar a que no', 'desaconsejar' / *hortor*: 'exhortar'.

Y, en cuanto a sus valores aspectuales, García Hernández (1980: 150) señala los siguientes: a) 'resultativo', observable en *debello*, que, empleado intransitivamente, equivale a 'terminar la guerra', mientras que, como verbo transitivo, es 'vencer completamente'; *detexo* es 'acabar de tejer'; b) 'transitivador', pues puede transformar bases léxicas intransitivas en compuestos transitivos; c) 'desinente o cese de la acción', como se aprecia en *desino* 'dejar de'; *desisto* 'desistir de'; *defluo* 'cesar de fluir'; *dedoleo* 'dejar de doler'; d) 'intensivo', que es muy frecuente: *deamo* 'amar intensamente', *defruor* 'gozar inmensamente'; etc.

En castellano, hay muchísimos verbos compuestos con el preverbio *de-* que rigen la preposición *de*: *decaer de, deducir de, defenderse de, depender de, deponer de, deportar de, depurar de, derivar de, derribar de, derrocar de, derrumbarse de, descender de, desesperar de, desistir de, destituir de, detraer de,* etc. Pero también hay bastantes que las preposiciones *a* y *en*[19], como vemos en *decidirse a, dedicarse a, degenerar en, delegar en, departir con, depositar en, detenerse en, determinarse a,* etc.

Así pues, en la mayoría de los casos se observa congruencia entre el preverbio *de-* y el régimen preposicional con *de*. Pero también se advierte una notable presencia de regímenes preposicionales con *a* y *en*, que quizá estén relacionados

---

19 No entraremos, en esta ocasión, a valorar la incidencia de las construcciones reflexivas en la rección preposicional. Ni tampoco consideramos verbos compuestos de dos preverbios, como sucede con *deambular*, que rige la preposición *por*, aunque no nos resistimos a apuntar lo siguiente: el verbo *deambular* implica una indefinición del movimiento, con lo que, al igual que ocurre con *vagar*, según Morera (1988: 114), «es obligada la aparición de *por*, exigida por la significación ‚dirección indeterminada‘ de los verbos».

con el acusativo de dirección latino que muchas veces regía el preverbio *de*- por su valor originario de 'dirección de arriba abajo'.

c) La función ablativa genuina del preverbio *ex*- representa la 'salida del interior de un punto'[20], en lo que se opone a *in*- que indica 'penetración en un punto', según vemos en los siguientes pares opositivos: *effodio* 'extraer cavando' / *infodio* 'enterrar'; *expello* 'arrojar fuera' / *impello* 'empujar'; *educo* 'hacer salir' / *induco* 'introducir'; *egredior* 'salir' / *ingredior* 'entrar'; *emigro* / *inmigro*; *excludo* 'dejar fuera' / *includo* 'encerrar'; *exporto* 'llevar fuera' / *importo* 'traer dentro'. El régimen de estas unidades léxicas es el esperado: ablativo separativo bien solo, bien con las preposiciones *ex*, *ab* y *de*.

De la función ablativa de *ex*- se deriva, según García Hernández (1980: 157), la elativa de 'separación-elevación'[21], que indica 'elevación a partir del interior de un punto' y se opone a la ilativa de *in*- de la siguiente manera: *effero* 'alzar' / *infero* 'arrojar a'; *enascor* 'brotar' / *innascor* 'nacer en'; *emergo* 'emerger a la superficie' / *inmergo* 'sumergirse en'; etc. Esta acepción elativa se entiende no solo en sentido espacial, sino también en otros figurados, como cuando se indica la subida de tono de la voz: *exclamo* 'levantar la voz'.

Por otra parte, *ex*- indica las nociones ablativas secundarias de 'privación' y 'exención' en oposición a las de 'intromisión' e 'imputación' expresadas por *in*-, como vemos en las parejas opositivas siguientes: *eximo* 'quitar, eximir' / *insumo* 'invertir, gastar en'; *excido* 'quitar cortando' / *incido* 'hacer una incisión'; *excuso* 'excusar' / *incuso* 'acusar'. Por supuesto, el régimen ordinario es el esperado: ablativo separativo con preposición (*ex*, *ab*, *de*).

Dentro de lo que García Hernández (1980: 158–161), siguiendo la lexemática de Coseriu, llama «funciones clasemáticas», los verbos compuestos con *ex*- suelen indicar la acción «alterna» de los verbos simples correspondientes, formando con ellos pares de antónimos alternos, del tipo de *enodo* 'desanudar' / *nodo* 'anudar'; *emaculo* 'limpiar las manchas' / *maculo* 'manchar'; *exonero* 'descargar' / *onero* 'cargar'; *explico* 'desplegar' / *plico* 'plegar'; *extexo* 'destejer' / *texo* 'tejer'.

---

20 Normalmente, este preverbio se emplea con verbos de movimiento (*exeo* 'salir'), pero también puede precisar a verbos estáticos (*exsum* 'estar fuera'): en este caso, según García Hernández (1980: 157) se pasa de una relación ablativa 'salida del interior' (*ex*-) a una locativa 'situación exterior' (*extra*). Tal ocurre, por ejemplo, con *emaneo* 'quedarse fuera'.

21 Esta acepción de *ex*- se acerca a la originaria de *sub*- 'de abajo arriba'. La asimilación a *sub*- se manifiesta asimismo en la preferencia por un régimen adlativo (*ad*, *in* o dativo).

En cuanto a sus posibles matices aspectuales, el preverbio *ex-* es, principalmente, a) 'resultativo', función en la que mantiene su oposición a *-in*, que es 'ingresivo', como vemos en *enarro* 'acabar de contar'; *efficio* 'llevar a cabo'; *exspiro* 'expirar'; *effugio* 'escapar'; b) el aspecto 'desinente' tiene poca importancia: *excedo* 'dejar de existir'; *exolesco* 'dejar de crecer'; pero c) como 'intensivo' es muy importante: *eiuro* 'jurar con vehemencia'; *expeto* 'desear con ansia'; *exposco* 'pedir con insistencia'[22].

En castellano, como era de esperar, la mayoría de los verbos compuestos con *ex-* presentan un régimen preposicional con *de*, que es la única que se ha mantenido como tal en el español a partir del subsistema ablativo latino: *elegir de, emanar de, emerger de, examinarse de, exceder(se) de(/en), exceptuar de, excluir de, exculpar de, excusar de, exentar de, exhalar de, exigir de, eximir de, exonerar de, expeler de, expulsar de, exterminar de, extirpar de, extraer de, extrañarse de.* Sin embargo, hay algunos que rigen otras preposiciones, sobre todo *a, por* y *en*: *exhortar a, experimentar con, explayarse en/por, exponer(se) a, extender a/hasta/por*, etc. Estas preposiciones pueden entenderse a partir del rasgo 'extensión (a partir del interior de un punto)' que presentan la preposición y el preverbio *ex-* en latín, rasgo que, de alguna manera, implica tanto un origen como una meta. Así, por ejemplo, el verbo *extendo* supone una extensión *desde* un punto de partida (expresado por el preverbio *ex-*) *hasta* otro de llegada, precisado por las preposiciones *a* o *hasta*, e incluye, por supuesto, el *path* o trayecto entre ambos, que vendría expresado, en este caso, por la preposición *por*.

2) Preverbios de 'aproximación a un punto': *ad-* e *in-*.

a) En cuanto a *ad-*, señala García Hernández (1980: 131–136) que tanto puede indicar 'aproximación' como 'proximidad' o 'presencia'[23]. Y, como es de esperar, su complemento régimen suele ser de tipo adlativo, con preposición (acusativo con *ad, in, ante* y *contra*) o sin ella (dativo de interés, de proximidad, etc.).

---

22 Delante de un verbo no-resultativo en *-sco*, el preverbio *ex-* produce un efecto intensivo sobre el contenido del mismo: *aresco* 'secarse' > *exaresco* 'secarse rápidamente'; *rubesco* 'enrojecer' > *erubesco* 'encenderse de colores'; etc.

23 Según este autor (1980: 132), entre verbos compuestos del preverbio *ad-* que pertenezcan al mismo campo semántico, pero que se diferencien por el sema 'movimiento'/'estaticidad', puede darse bien una relación intrasubjetiva secuencial ('no-resultativo' > 'resultativo', como se observa en *adsisto* 'detenerse cerca de' > *adsto* 'estar junto a'; *assido* 'sentarse junto a' > *assideo* 'estar sentado junto a'), bien una relación intersubjetiva de causatividad ('causativo' / 'intransitivo', como se observa en *adicis* 'echas a' / *adiacet* 'está echado junto a'; *adstituis* 'sitúas cerca'/ adstat 'está al lado').

El contenido adlativo de 'dirección' que caracteriza a *ad-* no implica necesariamente la idea de 'desplazamiento local', pues puede concretarse en la de 'simple dirección de la acción hacia el objeto de destino', en oposición a las nociones de 'alejamiento' y 'desviación' de *ab-, ex-* y *de-*. El régimen más característico de estos lexemas es el dativo pronominal con valor reflexivo (*sibi*) o el preposicional (*ad se*), procedimiento por el que cualquier verbo de destino o atribución puede pasar a pertenecer a este grupo[24].

También señala García Hernández (1980: 133) que otras dos nociones adlativas expresadas por *ad-* son las de 'adaptación' y 'atribución', las cuales se oponen, por un lado, a las ablativas de 'privación' y 'desposeimiento', indicadas por *ab-*, y, por otro, a las ilativas de 'intromisión' e 'imputación' que manifiesta *in-*, según puede observarse en las oposiciones siguientes: *addico* 'adjudicar' / *abdico* 'desposeer'; *arrogo* 'atribuir' / *abrogo* 'abrogar'; *alligo* 'atar' / *illigo* 'enlazar'. Estas dos nociones adlativas de 'adaptación' y 'atribución' suelen exigir más un régimen casual en dativo que el acusativo con preposición tan propio de la noción de 'aproximación'.

Por último, una noción muy característica de *ad-* es la de 'adición': *addoceo* 'enseñar además'; *adposco* 'pedir además'; etc. Es la noción inversa a la de 'sustracción', que veíamos en *de-* más ablativo: *addo* 'añadir' / *deduco* 'deducir'. Con los verbos compuestos del preverbio *ad-* que expresan esta noción también predomina el dativo sobre el acusativo con preposición (*ad* o *in*).

En este mismo sentido, dentro de las «funciones clasemáticas» de *ad-*, García Hernández (1980: 134–136) señala que algunos verbos compuestos por este preverbio expresan una 'adición' respecto al verbo simple: *affleo* 'llora con alguien que está llorando'; *arrideo* 'reír con alguien que está riendo'; etc. Otra función

---

24 Según H. Martínez (1986: 120–151), en español, existe un grupo numeroso de verbos reflexivos en los que el /se/ deja de ser facultativo para ser obligatorio: *arrepentirse, atenerse, arrodillarse*, etc. Así, por ejemplo, en *me asombro de tu ingenuidad* el elemento pronominal no es conmutable por ningún otro pronombre, ni eliminable, a no ser que cambiemos la construcción: *me asombra tu ingenuidad*. Según esta autora, que sigue la «gramática funcional» de Alarcos Llorach, en esos casos el reflexivo no tiene autonomía, sino que constituye con el verbo una unidad indisociable; y todos estos verbos excluyen de su régimen la función de objeto directo, para adoptar, en su mayoría, la de régimen preposicional. Según los funcionalistas, altere o no la incrementación reflexiva el significado del verbo, lo que sí condiciona es la presencia de un régimen preposicional. Lo cierto es, sin embargo, que hay varias construcciones como *la cubrió de oprobios* o *lo acusó de traición* (por no hablar del muy común (*llenar la bañera de agua*), donde conviven sin mayores problemas el objeto directo y el complemento régimen, llamado «suplemento» por los seguidores de la lingüística funcional.

clasemática de *ad-* es la acción secuencial 'ingresiva', observable en *afficio* 'empezar a hacer algo'; *adamo* 'enamorarse'; *apparo* 'disponerse a hacer algo'.

En cuanto a los matices aspectuales, tenemos: a) el 'intensivo', que resulta difícil de separar de la noción de 'adición', con la que está estrechamente relacionado: *adiuro* 'jurar con vehemencia'; *aduigilo*: 'vigilar atentamente'; *adstringo* 'apretar fuertemente'; *aggrauo* 'agravar'; y b) el 'reforzador del sentido incoativo' de algunos compuestos en *-sco*, lo que tiende a darles un sentido intensivo o aumentativo a estos compuestos respecto del verbo simple que les sirve de base: *accresco* 'acrecer'; *adaresco* 'comenzar a secarse'; *addormisco* 'adormecerse'.

El castellano mantiene la mayoría de los verbos latinos compuestos por el preverbio *ad-*, además de haber creado otros nuevos, siguiendo el modelo latino[25]. Entre ellos citaremos los siguientes, acompañados de sus respectivos regímenes: *abogar por, acceder a, acercar(se) a, acordarse de, acostumbrar(se) a, acusar de, adaptar a, adecuar a, adelantarse a, adentrarse en, adherir(se) a, adiestrar a, adjudicar a, admitir a/en, adornar de, adscribir a, afectar a, aferrarse a, agregar a, allegar a, amañarse a, apropiarse de, asimilarse a, asistir a, ayudar a*. Como era de esperar, el régimen preposicional más usado es *a*, si bien también aparecen *en* y, en menor medida, *de*. La aparición de *en* no extraña mucho debido a que la preposición latina *in*, que es la que ha dado en castellano *en*, presenta tanto valor 'adlativo' como 'locativo', de manera que, cuando aparece con acusativo, indica el

---

25 En este sentido, un problema particular que se le presenta al castellano es la confusión que, a veces, se produce en el plano significante del español tanto entre los preverbios latinos *ad-* y *ab-* como entre las preposiciones *ad* y *ab*, debido a que, en nuestra lengua, queda simplemente *a*. Así, por ejemplo, la oración latina *petere sententiam ab aliquo* se traduce al español por *pedir opinión a alguien*: en latín no hay duda de que se trata de un (movimiento) ablativo, mientras que, en nuestra lengua, puede dudarse si estamos ante un (movimiento) ablativo o adlativo. Por esta misma razón, *comprar algo a alguien* puede interpretarse como 'comprar algo a alguien que lo vende' o 'comprar algo para alguien'. Hemos oído, por ejemplo, *le alquilé un piso a mi madre* en el sentido de 'alquilé un piso para que mi madre viviera en él', no en el sentido de 'yo, como inquilina, le alquilé un piso a mi madre, que era la dueña del piso'. Y, por la misma razón, las creaciones hispánicas de *alejarse* (formada a partir del adverbio *lejos*) y *acercarse* (formada a partir de *cerca*) presentan un preverbio que tiene el mismo significante, pero distinto significado, a juzgar por la preposición que rigen: *alejarse de* parece provenir del preverbio *ab-*, mientras que *acercarse a* parece provenir de *ad-*. Esto es lo que motiva que haya que atender siempre al régimen preposicional para no confundir los preverbios *ad-* y *ab-*, cosa que, en teoría, podría ocurrir si solo tuviéramos en cuenta el significante: así, un compuesto como *adolecer (de)* está claro que presenta el preverbio *ab-*, no el *ad-*, que sí revela *aducir (a)*.

lugar a donde (cuestión *quo*?), mientras que, cuando se construye con ablativo, indica el lugar en donde (cuestión *ubi*?). En este sentido, el verbo latino *intrare*, compuesto de *in* + *trō*, es el étimo del español entrar, que puede regir tanto *en* (*entrar en*) como *a* (*entrar a*), pero el compuesto español *adentrar(se)* rige siempre *en*[26]. En cuanto al régimen preposicional con *de*, unas veces se debe a la continuación de la rección latina (*verba iudicialia* [*acusar de*], verbos de 'memoria' y 'olvido' [*acordarse de*], verbos de 'llenar' y 'vaciar', etc.) y otras a particularidades propias del español (*apropiarse de* conserva tanto la rección que presenta el adjetivo *propio* [*de*] como expresa la relación 'ablativa' de lo que se toma). Por último, en algún caso aislado aparece *por*: *abogar* [<*advocare*] *por* presenta la continuación de usos latinos de la preposición *pro* (*pro Milone, ora pro nobis*, etc.).

b) El preverbio *in-* presenta un cuadro paralelo al de *ad-* en sus funciones adlativas y aspectuales[27], pero, a diferencia de *ad-*, que indica 'aproximación a un punto', *in-* expresa un movimiento intransitivo de 'penetración' o uno transitivo de 'introducción'[28]. Además, según García Hernández (1980: 162–163), algunos compuestos de *in-* expresan un movimiento de 'imposición' o 'superposición', semejante al de *super-*: *impono* 'poner sobre'; *infero* 'arrojar a'; *insido* 'sentarse sobre': es evidente que, en estos casos no se observa la noción de 'penetración' ni 'introducción', sino tan solo la de 'aproximación hasta llegar al contacto' que

26 Compárense, en el mismo sentido, las preposiciones españolas *a* y *en* con la francesas *à* y *en*: *j'habite à Paris / je vais en Espagne* :: *vivo en Madrid / voy a Francia*.

27 Por creerlo innecesario, no hemos advertido hasta ahora de que no hay que confundir el preverbio *in-* (< indoeuropeo *en) con el prefijo negativo *in-* (< indoeuropeo **n-*), variante de los adverbios negativos latinos *ne* y *non* (*cf. inermis, imberbis, illegalis, ignotus, ignarus, inscius, nescius*). Asimismo, tampoco creemos necesario insistir en que estamos considerando ahora el valor adlativo del preverbio *in-*, mientras que, en el caso de *ad-*, constatábamos, en ocasiones, un valor locativo-puntual (*sum ad portam*), que también se mantiene en español (*estaré a lo que prescriba la ley, llegaré a las ocho*). Evidentemente, el valor locativo de *ad-* también se aprecia en el preverbio *in-* relacionado con el ablativo-locativo (que responde a la cuestión *ubi*? e indica 'estancia' o 'situación interior'), como vemos en *insum* 'estar en'; *innascor* 'nacer en'; etc. Pero aquí no tratamos del valor locativo de *in-*, sino de su valor adlativo (claramente visible en *ineo* 'ir al interior de un sitio, entrar en un sitio').

28 En cualquier caso, ya vimos que García Hernández hablaba de un movimiento 'ilativo' (que se infiere) opuesto al 'ablativo-elativo' (movimiento del interior al exterior) de *ex-*, lo que explica las parejas opositivas *infodio* 'enterrar' / *effodio* 'extraer cavando'. Por otra parte, las nociones ilativas de 'intromisión' e 'imputación' de *in-* se oponen a las de 'privación' y 'exención' de *ex-*, como se aprecia en las siguientes parejas opositivas: *insumo* 'invertir, gastar en' / *eximo* 'quitar, eximir'; *intexo* 'entretejer' / *extexo* 'destejer'.

es característica de la preposición y el preverbio griego ἐπί (y su variante de expresión ὀπί), cognados del latín *ob*, la cual también se advierte en lo que García Hernández (1980: 163) llama «relación de "hostilidad" entre sujeto y objeto», típica de los verbos *insulto* 'insultar'; *insurgo* 'levantarse contra'; *increpo* 'reprochar'; etc.

En cuanto a las funciones clasemáticas de *in-*, García Hernández (1980: 165) cita la «relación intersubjetiva de complementariedad», presente, por ejemplo, en *induco* 'inducir, incitar'; *inclamo* 'llamar a gritos'; *instituo* 'instruir, enseñar'.

En cuanto a los valores aspectuales, García Hernández (1980: 165–167) registra cuatro: a) el 'ingresivo', producto de la estrecha conexión que se establece entre el movimiento ilativo o adlativo y esta clase aspectual; b) el 'resultativo', que se produce en algunos compuestos de *in-* al identificarse el 'término de movimiento' con el 'término de progresión de la acción' (*instituo* 'comenzar'; *inuado* 'emprender'; *imbuo* 'inaugurar'; *incipio* 'comenzar'); c) el 'intensivo' paralelo al ya considerado de *ad-*: *invoco* 'llamar a voces'; *insono* 'sonar fuertemente'; y d) el 'reforzador del sentido incoativo' de los verbos en *-sco*: *inardesco* 'inflamarse'; *inferuesco* 'empezar a hervir'.

En español, como siempre, tenemos los verbos compuestos heredados del latín y nuevas creaciones: *importar a, imponer a, impulsar a, incitar a, inclinar a, incurrir en, inducir a, inferir de, infiltrarse en, influir en, ingresar en, iniciarse en, inmiscuirse en, inscribirse en, inspirar a, instar a, instalarse en, instruirse en, invertir en, invitar a, irrumpir en*, etc. En este caso también se vuelve a cumplir el pronóstico de que los regímenes preposicionales exigidos por el preverbio *in-* vienen introducidos por *a* (ya que el *in* adlativo no existe como preposición en español) o por *en*, única preposición española que corresponde a las dos construcciones latinas *in* + acusativo e *in* + ablativo. Debido a esta razón, muchas veces no se puede decidir si el preverbio *in-* es 'adlativo' o 'locativo' en español. Tal sucede en los siguientes verbos compuestos: *incidir en, incluir en, insistir en, implicarse en, integrarse en*.

En conclusión, siguiendo a García Hernández (1980), hemos considerado la rección preposicional de los verbos latinos compuestos por los preverbios de 'alejamiento' (*de-, ex-* y *ab-*) y 'aproximación' (*ad-* e *in-*), y hemos constatado que el régimen preposicional exigido es siempre uno de su propia clase, bien coincida la preposición con el preverbio, bien sea otra del mismo subsistema. Y esto es también lo que suele ocurrir en castellano, con la (gran) diferencia de que muchos preverbios españoles no existen como preposiciones (el caso de *ab*, por ejemplo). Otra circunstancia a tener en cuenta es que, aun existiendo como preposiciones, tanto los preverbios como las preposiciones, en ocasiones, presentan confluencias que no se daban en latín: así, por ejemplo, a menudo hay que atender al régimen preposicional para saber si el preverbio *a-* corresponde a *ad-* o a *ab-*; y, a la inversa, el preverbio español *in-* puede ser el sucesor tanto de un *in* + acusativo como de un *in* + ablativo, con lo que el régimen preposicional puede «contaminarse» (*entrar a* / *entrar en*). En todo caso, lo normal, en español, es que el régimen preposicional pertenezca al mismo subsistema al que pertenecía el preverbio en latín, pero se dan bastantes factores (*cf. deambular por*, *extender a*) que explican regímenes preposicionales pertenecientes a otros subsistemas. Nuestro trabajo futuro consistirá, precisamente, en recopilar y estudiar estos casos para explicar su rección.

Referencias bibliográficas

Azofra, Mª. E. (2009): *Morfosintaxis histórica del español: de la teoría a la práctica*, Madrid: Cuadernos de la UNED.

Batista, J.J. y M. Morera, (1985-87): «Caso régimen latino y régimen preposicional castellano», en *Tabona* VI: 429-452.

Benveniste, É. (1966[1949]): «Le système sublogique des prépositions en latin», Problèmes de linguistique générale, Paris: Gallimard, Tomo I, p. 132-139.

Brachet, J.-P. (2000): *Recherches sur les préverbes* dē- *et* ex- *du latin*, Bruxelles: Latomus.

Cuervo, R. J. (1975): *Diccionario de construcción y régimen de la lengua castellana*, Bogotá: Instituto Caro y Cuervo.

Dinu, D. (2012): «Prefix Derivation in Latin», en SCOL (*Studii și Cercetări de Onomastică și Lexicologie*) V, 1: 125-135. > http://cis01.central.ucv.ro/litere/onomastica_lexicologie/revista_scol_2012/lexicologie/dinu.pdf

Dionisio Tracio (2002): *Gramática. Comentarios antiguos* (introducción, traducción y notas de V. Bécares), Madrid: Gredos.

García Hernández, B. (1980): *Semántica estructural y lexemática del verbo*, Reus: Avesta.

García Hernández, B. (1989) : «Les préverbes latins. Notions latives et aspectuelles», en M. Lavency y D. Longree (eds.): *Actes du V e Colloque de Linguistique Latine, Louvain-la-Neuve* 1989, pp. 149-159.

García Jurado, F. (1991): «Los sintagmas preposicionales *ex, ab, de* + abl. en latín clásico: sistema semántico», *Minerva* 5: 189-206.

GONZÁLEZ CABRERA, T. (1998): *Las preposiciones latinas en época clásica. Estudio funcional*, La Laguna: > online en ftp://tesis.bbtk.ull.es/ccssyhum/cs46.pdf.

HJELMSLEV, L. (1978): *La categoría de los casos*, Madrid: Gredos.

LAER, S. van (2010) : *La préverbation en latin : étude des préverbes ad-, in-, ob- et per- dans la poésie républicaine et augustéenne*, Bruxelles: Latomus.

LALLOT, J. (1989): *La grammaire de Denys le Thrace*, Paris: CNRS.

LAPESA, R. (2000[1964]): «Casos latinos: restos sintácticos y sustitutos en español», en *Estudios de morfosintaxis histórica del español* (ed. de R. Cano Aguilar y Mª T. Echenique Elizondo), Madrid: Gredos, Tomo I, pp. 73–122.

LE BOURDELLÈS, H. (1995): «Problèmes syntaxiques dans l'utilisation des préverbes en latin», en A. Rousseau (ed.): *Les préverbes dans les langues d'Europe*, Villeneuve d'Ascq: Septentrion, pp 189–196.

LEHMANN, Ch. (1983): «Latin preverbs and cases», en H. Pinkster (ed.): *Latin Linguistics and Linguistic Theory*, Amsterdam, pp. 145–161.

LORENZO, J. (1976): *El valor de los preverbios en Jordanes*, Salamanca: Universidad de Salamanca.

NÁÑEZ, E. (1970): *Construcciones sintácticas del español*, Santander. Bedia.

MARTÍNEZ, H. (1986): *El suplemento en español*, Madrid: Gredos.

MEILLET, A. y J. VENDRYES (1979⁵): *Traité de grammaire comparée des langues classiques*, Paris: Honoré Champion.

MORERA, M. (1988): *Estructura semántica del sistema preposicional del español moderno y sus campos de usos*, Puerto del Rosario: Excmo. Cabildo Insular de Fuerteventura.

MORERA, M. (2000): «La naturaleza semántica de los prefijos españoles», en M. Martínez et alii (eds.): *Cien años de investigación semántica: de Michel Bréal a la actualidad*, Madrid: Ediciones Clásicas, Tomo I: 375–742.

MORERA, M. (2013): «Las partículas de alejamiento españolas *de-, abs-, ex-, dis-, des-* y *desde*: estructuras semánticas y campos de uso», en *LEA*, XXX5/1: 5–20.

MOUSSY, C. (ed.) (2005): *La composition et la préverbation en latin*, Paris: Presses de l'Université de Paris-Sorbonne.

ONIGA, R. (2005): «Composition et préverbation en latin: problèmes de typologie», en C. Moussy (ed.): *La composition et la préverbation en latin*, Paris: Presses de l'Université de Paris-Sorbonne, pp. 211–227.

PINAULT, G.-J. (1995): «Le problème du préverbe en indo-européen», en A. Rousseau (ed.): *Les préverbes dans les langues d'Europe*, Villeneuve d'Ascq: Septentrion, pp. 35–59.

POTTIER, B. (1962): *Systématique des éléments de relation. Étude de Morphosyntaxe structurale romane*, Paris: Klincksieck.

PUEBLA MANZANOS, Mª del Mar (2001): «Valores de los preverbios latinos en los compuestos de *pugnare*", *Faventia* 23: 71–85.

REAL ACADEMIA ESPAÑOLA (2011): *Diccionario de la lengua española*, Madrid: Espasa Calpe.

ROUSSEAU, A. (ed.) (1995): *Les préverbes dans les langues d'Europe*, Villeneuve d'Ascq: Septentrion.

RUBIO, L. (1982): *Introducción a la sintaxis estructural del latín*, Barcelona: Ariel.

SERBAT, G. (2001): «Aperçu d'une analyse syntaxique des préverbes», en *Opera disiecta Travaux de linguistique générale, de langue et littérature*, Louvain-Paris: Éditions Peeters, pp. 143–152.

Gonzalo Ortega Ojeda, Carmen Díaz Alayón y
M.ª Isabel González Aguiar
(Universidad de La Laguna)

Problemas de etimología y de ortografía de algunos topónimos canarios

Todo investigador de la toponimia sabe que una parte de los problemas que suscitan los nombres de lugar se refieren a su dilucidación etimológica. Dejando de lado los topónimos prehispánicos de Canarias, que plantean dificultades específicas y a menudo insuperables, nos centraremos en una serie de topónimos canarios de origen románico (español o portugués) que se suelen presentar con alguna opacidad[1].

Antes de pasar al comentario concreto de esos nombres propios toponímicos, debemos hacer unas cuantas puntualizaciones preliminares:

1. De ordinario, los nombres propios (y, por tanto, los topónimos) están basados en nombres comunes, los cuales resultan recategorizados con un propósito individualizador.
2. Los nombres propios no significan, sino que designan personas, lugares, etc., para facilitar su identificación. Recordemos que los nombres propios son elementos monovalentes, aunque puedan ser multívocos (Coseriu 1973).
3. Una parte muy considerable de los topónimos, en tanto que nombres comunes en origen, se inscriben en el llamado «léxico disponible»[2], por lo que entrañan todas las implicaciones que conlleva este concepto lexicométrico.
4. Entre los topónimos hay muchos términos que, como nombres comunes, han devenido arcaicos. Son palabras que han quedado obsoletas por distintas razones, sobre todo por la creciente urbanización de la población, en relación

---

1 Hay que señalar que en nuestras Islas Canarias no se dan tantos estratos en la toponimia como se registran en la Península, donde a menudo, y dada su condición de territorio «viejo», asistimos a la superposición de capas de topónimos de diverso origen: íbero, celta, árabe, visigodo, catalán, vasco, gallego, castellano o portugués.
2 El léxico «disponible» es aquel que se refiere a cierto centro de interés: el cuerpo humano, los medios de locomoción, la flora, la fauna, las enfermedades, el relieve, los deportes, etc. Suele estar constituido en su inmensa mayoría por sustantivos de los llamados concretos.

con cierta sincronía del idioma. Es, por ejemplo, el caso de *El Zumacal*, voz derivada de *zumaque* (*Rhus coriaria*).

5. Sobre la base de algunas de las características anteriores, se dan las condiciones para que, *popularmente* (muy a menudo, el *pueblo llano* es el único usuario de estos términos) y en particular en la llamada toponimia menor, se «deformen» muchas de estas palabras en relación con sus correlatos normativos. Ello sucede tanto más así cuando la contextura fónica de cierto significante toponímico lo propicia. En todo caso, los usuarios diríase que piensan lo siguiente: basta con que en cada momento esté clara la convención para llamar al referente espacial X con el nombre A, de ordinario ya irreconocible como nombre común. Dicho de otro modo, el carácter meramente designativo de los topónimos propicia la evolución fónica mucho más que en sus respectivos usos comunes. Esa evolución alcanza muy a menudo los linderos de la etimología popular, que, como todos sabemos, es una de las modalidades del potente mecanismo lingüístico que es la analogía.

6. Al investigador de la toponimia se le plantea un problema serio y de difícil solución genérica: cuando un término toponímico se ha transformado tanto que ya resulta muy difícil reconocerlo, más aún para el profano, desde el punto de vista normativo, ¿debe dicho investigador reponer el término normativo, en caso de poderlo determinar, e ignorar el efectivo? Al reponer el normativo se recupera el impulso motivador que lo originó, pero no se es fiel a la realidad idiomática de los usuarios. ¿Qué criterio debe prevalecer, por ejemplo, en una eventual rotulación oficial de dicho topónimo?[3]

7. Otro tanto sucede cuando el uso ha consagrado cierta ortografía antietimológica. ¿Debe el investigador restaurar la ortografía ortodoxa o debe respetar la antietimológica, teniendo en cuenta que una escritura antietimológica puede convertir en opaca, o remotivar artificialmente, la primitiva motivación del topónimo?

8. Ciertos hechos fónicos registrados en Canarias, como el seseo, el yeísmo o la aspiración procedente de *f-* inicial latina, entre otros, contribuyen a acentuar estos fenómenos, al propiciar ciertas homonimias homófonas pero no homógrafas.

---

3 Uno de los grandes problemas que en la Academia Canaria de la Lengua se ha tenido que resolver para La Palma, merced al proyecto realizado conjuntamente con la empresa pública GRAFCAN S.A., consiste en qué resolución tomar en los casos de topónimos muy alejados de su forma normativa. Como no se podía dar una respuesta genérica satisfactoria, se ha analizado cada caso problemático por separado.

Las unidades que vamos a glosar a continuación pertenecen, aunque no en exclusiva, a La Palma y a Gran Canaria, por ser estas las islas cuya toponimia mejor conocemos, pero ejemplos paralelos se encuentran fácilmente en las restantes islas. Los topónimos que serán comentados, a título de muestra, son los siguientes:

a. Topónimos dignos de comentario fónico-etimológico: *El Tión, Basayeta, Las Libes, La Cieque, La Hoya Viva, Los Llanos de Leva, La Sereta, Las Lajas del Jabón, El Vinco* y *El Rito.*

b. Topónimos dignos de comentario ortográfico: *La Silla, El Cebadal, Las Rosas, Los Arbejales* y *La Humbridita.*

1. Consideraciones fónicas

Comencemos por tener en cuenta algunos topónimos que se han «deformado» notablemente, planteando con ello cierta dificultad para su esclarecimiento etimológico:

1.1 *El Tión* (Artenara, Gran Canaria; Vallehermoso, La Gomera; Fuencaliente, La Palma; y Granadilla, Tenerife)

Todo parece indicar que este topónimo es el resultado de la evolución de *teón*[4], aumentativo de *tea*, y que alude, aunque se trata ya de un arcaísmo, a un 'pino con mucha cantidad de tea en su tronco'[5]. La evolución fonética ha sido la conversión de un hiato en otro hiato más cercano al diptongo, fenómeno fónico-vocálico conocido como diéresis (es lo que sucede en palabras del tipo *liar* o *desviar*). Díaz Alayón (1987: 158) en el comentario que hace de la voz toponímica *tión* dice que «El análisis sobre el origen de estas formas toponímicas canarias se articula en dos direcciones equiparables […]; de un lado, se admite la procedencia prehispánica de estas voces y, de otro, se establece su romanismo. Así, B. Pérez incluye *Tión/Tiones* entre los topónimos aborígenes tinerfeños. Y Wölfel –que no

---

4   En Canarias también se registra la forma *teón*, documentada en Vallehermoso, La Gomera (bajo la forma *El Teón*, donde alterna con *El Tión*) y en Frontera, El Hierro (*La Hoya del Teón*). Asimismo en la provincia de Almería, en el municipio de Taberno, hay un pago conocido como *Los Teones*, que muy probablemente tenga el mismo origen que el topónimo que comentamos.

5   En los *Acuerdos del Cabildo de La Palma (1554–1556)*, encontramos varias referencias de la voz común *teón*. Así, en la p. 5 se lee: «En este cavildo el Sr. Teniente dixo que, en la liçençia que tiene dada a Águeda de Monteverde, se entiende que corte la madera que estuviere en pie y no corte ni aprobeche los teones que estuvieren caídos para pes».

recoge el nombre geográfico de La Palma, aunque sí el de La Gomera, tomándolo de Olive– habla del evidente aspecto románico que posee este elemento, pero no encuentra paralelos aceptables dentro de las lenguas neolatinas, factor que considera necesario para concluir en este sentido». El hecho de que la primera sílaba de este topónimo sea *Ti*, por otro lado, ha inducido a algunos autores a considerarlo como un topónimo prehispánico. Es lo que con toda probabilidad ha sucedido con el topónimo *Tejeda* (Gran Canaria), que parece proceder del nombre común *tejeda* 'lugar poblado de tejos (*Erica scoparia ssp. platycodon*)'[6]. Conviene recordar que en distintas zonas de la península (como Jaén o Málaga) se documenta el nombre de lugar *Tejeda*.

1.2 *Basayeta* (Teror, Gran Canaria)

Este topónimo, que da nombre a un caserío cercano al casco urbano de este municipio, se presenta, ocasionalmente, bajo la variante *Basaeta*[7], propia de los usuarios de más edad. Ello es muy interesante porque, en nuestra opinión, no se trata, como se ha apuntado con candidez, de un apellido vasco (Hernández Jiménez 1991: 108), sino más bien de la forma *Pasadeta* (*pasada*[8] + el sufijo femenino *-eta*), que habría experimentado toda una serie de transformaciones fonéticas

---

6 Wölfel en sus *Monumenta* (V, §160) recoge *Tejeda* y *Texeda*, pero su análisis no es concluyente con respecto al origen de la voz. A lo largo del siglo XIX y primeras décadas del siguiente, son diversas las voces geográficas insulares que se remiten al habla de los antiguos canarios por supuestas similitudes formales. A modo de ejemplo, valgan los casos de *Quiquirá* (Tenerife), *Bandama* (Gran Canaria y La Palma), *Gorgolana* (Tenerife y La Palma), *Heredia* (La Gomera), *Langrero* (La Gomera), *Talanqueras* (La Gomera), *Tanque* (La Gomera) y *Muñigal* (Gran Canaria), entre otras. Lo mismo ha ocurrido con términos canarios como *tabefe, tabobo* y *til*. Véanse al respecto Fdez. Pérez (1995: 125–133, 166, 195, 257–258, 340–341, 348) y Díaz Alayón y Castillo (2008: 127–131).

7 El topónimo *Basayeta* aparece bajo la forma *Basaeta* en un documento (denominado «Cuaderno de Obligaciones», Caja núm. 5) perteneciente al Pósito, fechado en 1839, p. 1v., y que obra en el Archivo Municipal de Teror. La cita documental dice así: «Antonio Rodríguez, del Sumacal (sic) principal pagador y José Sánchez, de Basaeta, fiador, se obligan a pagar al pósito tres fanegas de trigo con sus creces por agosto de ochocientos cuarenta. Testigos: Vicente Álvarez y Francisco Herrera, de Miraflor. No firman por no saber. Teror, nueve de Diciembre de mil ochocientos treinta y nueve, doy fe. Antonio Henríquez y Vargas, Secretario».

8 Leoncio Afonso (1997: 109) recoge diversas ocurrencias de *pasada* como topónimo de las Islas. Asimismo son frecuentes en nuestra toponimia formas como *La Pasadilla* o *El Paso*.

sucesivas: pérdida de la /-d-/ intervocálica, sonorización de la /p-/ inicial (fase en que se encuentra *Basaeta*) y, por último, desarrollo de una /-y-/ antihiática[9].

1.3 *Las Libes* (Fuencaliente, La Palma)

Este nombre geográfico palmero es el resultado de la evolución fonética de *El Aljibe*, palabra de origen árabe muy problemática desde el punto de vista de su pronunciación popular. En primer lugar, se produce una aglutinación (con falso análisis del artículo), todo ello favorecido por la terminación en *-e* (indeterminada en cuanto al género) de este sustantivo [lalhíbe]. Posteriormente tiene lugar una metátesis de *-lh-*, de donde [lahlíbeʰ]. La aspiración se interpreta como marca de pluralidad en el artículo, de forma que se concluye en *Las Libes* para mantener la concordancia entre el artículo y el sustantivo. La pronunciación popular en muchas islas de *el aljibe* es [lahíbe], porque no hay, tras la aglutinación, metátesis de *-lh-*, sino que la /-l/ implosiva cae delante de aspiración, como la [ahórra] por [alhórra] *alhorra* 'tizón de los cereales'.

1.4 *La Cieque* (San Andrés y Sauces, La Palma)

Esta palabra es el producto de la pronunciación popular de *acequia*. Hay, en primer lugar, falso análisis del artículo, por lo que se propicia la aféresis de la *a-*, de donde resulta [sékja]. En segundo término, se produce una metátesis de la *-i-* semiconsonántica, vocal que se incorpora a la primera sílaba, [sjéka], y de aquí, por asimilación, la *-a* final se cierra en *-e*, [sjéke]. Además de la forma normativa *acequia*, en la toponimia de las islas aparecen variantes menos evolucionadas que la forma *cieque*, tales como *cieca* (Tenerife y La Gomera, con la variante ortográfica antietimológica *sieca*) y *cequia* (La Gomera).

1.5 *La Hoya Viva* (Teror, Gran Canaria)

Estamos ante un caso claro de confusión por etimología popular, en que se interpreta un apellido como si se tratara de un adjetivo común. En principio, parece un tanto inverosímil que el sustantivo *hoya* (normalmente [hóya]) pueda ser calificado con el adjetivo *viva*. En realidad, se trata de *La Hoya (de) Vivas*, en

---

9   Este fenómeno se produce también en altoaragonés y judeoespañol. Del mismo modo, en el habla hiperrústica del Archipiélago se registran ejemplos folclóricos como los que ofrecemos a continuación: «a Guadalupe por tierra porque la mar se meneya» (La Gomera); «...los tarecos de meyar» (verso procedente de una estrofa de punto cubano o guajiro); etc.

alusión a don Alonso de Vivas[10], uno de los beneficiarios de los repartimientos de tierras verificados tras la Conquista. La desaparición de la preposición *de*, en posición de debilidad fónica, junto a la virtual elisión de la /-s/ final, ha facilitado el error en este, en puridad, antropotopónimo. Existe también, lo que no hace sino avalar nuestra explicación, *La Ladera de Vivas, Las Cuevas de Vivas* y, sobre todo y significativamente, *El Lomo (de) Vivas*, pronunciado habitualmente [el lomobíbaʰ].

1.6 *Los Llanos de Leva* (Teror, Gran Canaria)

Se trata de un topónimo que solo presenta la forma *Los Llanos de Arévalo* en los documentos oficiales, pues en el decir de la inmensa mayoría de los vecinos del municipio, incluidos los pertenecientes al nivel culto, tal denominación se ha transmutado en *Los Llanos de Leva*. Sabido es que una palabra deformada y sin referente semántico (o con referente poco verosímil como acontece en el presente ejemplo) puede funcionar como nombre propio, pues, gracias sobre todo a la convención subyacente, cumple a satisfacción el papel identificador que le está encomendado. Este podría ser, como señalamos más arriba, uno de esos casos, aunque la palabra *leva*, si bien siempre con el artículo, no es extraña en la toponimia canaria. Sucede así en *Piedra de la Leva* (Tenerife) y en *La Hoya de la Leva* (La Palma).

1.7 *La Sereta* (Artenara, Gran Canaria)

No se trata, como se registra con frecuencia por etimología popular, de *sereta* 'especie de *sereto* grande', derivado diminutivo de *sera* 'espuerta grande, regularmente sin asas', de donde *serón, sereto, seroneta*, etc., sino de *Las Eretas*, forma diminutiva de *las eras*. Concordantemente con lo anterior, se registra para La Palma el topónimo *Las Seritas* (Barlovento). La fonética sintáctica, facilitada por el mantenimiento de la /-s/ implosiva en tales contextos (aún normal en las generaciones mayores de hablantes: [losanimáleʰ], [masoménoʰ], [misermánoʰ], etc.), hace posible la confusión.

---

10 Don Alonso de Vivas, prior de la Santa Iglesia Catedral, en su testamento del día 3 de febrero del año 1531, fundó una capellanía colativa, dotándola de 27 horas y media del Heredamiento del Palmital de Guía y unos terrenos de secano situados en Teror. Posteriormente, dichos terrenos pasaron a una sobrina suya, apellidada también Vivas. Es información que agradecemos a Vicente Suárez Grimón.

1.8 *Las Lajas del Jabón* (Artenara, Gran Canaria)

A pesar de que este topónimo se ha recogido efectivamente bajo esta forma, nos inclinamos a interpretar *Las Lajas* [dehlabón] como *Las Lajas del Eslabón*[11]. Este último supuesto habrá de ser interpretado como un simple caso de etimología popular, de los muchos que se registran en las explicaciones impresionistas de la toponimia. Por otro lado, es evidente que esta literalidad del topónimo, Las Lajas [dehlabón], no es fonéticamente inverosímil, puesto que en algunas hablas rústicas del Archipiélago se registran metátesis como las de [ehleránjo] por [elheránjo] 'el geranio'. No parece, sin embargo, que en Artenara se haya entronizado este hábito fonético, por lo demás abiertamente declinante.

De otro lado, en Acusa (pago de Artenara) hay un topónimo, *Piedra de Fuego*, que alude a la composición de estas piedras que hacían que «los arados echaran chispas». Esto corrobora indirectamente la hipótesis explicativa en que hemos sustentado *Las Lajas del Eslabón*.

1.9 *El Vinco* (Gran Canaria, Tenerife y La Gomera)

Estamos ante la forma evolucionada de *vínculo,* tecnicismo del derecho sucesorio que significa según el *DRAE* 'sujeción de los bienes, con prohibición de enajenarlos, a que sucedan en ellos los parientes por el orden que señala el fundador, o al sustento de institutos benéficos u obras pías. Se usa también hablando del conjunto de bienes adscritos a una vinculación'. Dado el carácter poco transparente de esta definición, es oportuno añadir las palabras aclaratorias de Pérez Hidalgo (2010: 50): «el objeto principal de la vinculación era evitar la disgregación de los patrimonios obtenidos en los repartos de tierras o en las sucesivas compras y herencias al fallecimiento del propietario».

Lo que ha acontecido en *Vinco* es una síncopa como consecuencia del predominio en español del patrón llano y del hecho de que las palabras esdrújulas en su mayoría no son populares. Sucede lo mismo en voces como **prosta/próstata,* **horosco/horóscopo,* **guanaba/guanábana,* etc. Conviene aclarar que la forma

---

11 El *DRAE* dice a propósito de *eslabón,* en su 3.ª acepción, lo siguiente: «Hierro acerado del que saltan chispas al chocar con un pedernal». Por tanto, si se acepta nuestra hipótesis, el topónimo que nos ocupa (*eslabón*) tendría un cierto carácter traslaticio. Sin embargo, en el *ALEICan* (III, 1079) se nos define este término como «hierrecito con el que se golpeaba una piedra para que saltaran chispas», significado mucho más próximo al de esta voz. La variante que se recoge en este atlas para Artenara (GC 11) es *hilabón.* Se trata, en todo caso, de una palabra que conoce diversas soluciones en la fonética popular.

plena *vínculo* aparece también para lo toponimia canaria, en concreto para Fuerteventura, Gran Canaria, Tenerife y La Palma.

1.10 *El Rito* (Garafía, La Palma, *El Barranquito del Rito, La Fuente del Rito*)

Este nombre geográfico proviene de la voz común *riito*. El contacto entre las dos vocales ha producido, por síncopa, la abreviación que se advierte en la denominación actual. Esto ha propiciado, tras la consiguiente remotivación, una interpretación errónea, esto es, sin fundamento histórico alguno. Díaz Alayón (1987: 139) en el análisis sobre esta voz señala que Álvarez Delgado incluye *Rito* en su estudio de las denominaciones prehispánicas de La Palma, reseñando por todo comentario que se trata de una toponimia de forma muy llamativa. Por su parte, Wölfel en sus *Monumenta*, trata esta forma tomándola de F. Duarte, pero no se pronuncia de manera rotunda al respecto.

Por lo demás, formas como *El Río* (documentado en todas las islas) o *El Riillo* (en Teror, Gran Canaria, y en Valverde, El Hierro) son hasta cierto punto frecuentes en nuestra toponimia. Es claro que en Canarias no hay ríos convencionales, pero sí pequeños cursos de agua, de ahí que abunden las formas en diminutivo. Por otro lado, en el Archipiélago se registran también varias ocurrencias de *riachuelo* (en concreto en Fuerteventura, Tenerife, La Palma y El Hierro).

2. Consideraciones ortográficas

Abordemos ahora unos cuantos ejemplos de topónimos que se han escrito con una ortografía antietimológica, que, en ocasiones, ha llegado a consolidarse oficialmente. En muchos de estos casos, la escritura antietimológica supone una remotivación semántica mediante un proceso de etimología popular.

2.1 *La Silla* (Artenara, Gran Canaria)

Es muy común que este topónimo se ortografíe efectivamente así, *La Silla*, en lugar de *La Cilla*. Tal inconsecuencia ortográfica parece motivada por el seseo y por la etimología popular (al pensar muchos que el lugar así denominado tiene forma de silla). En realidad, *cilla* (del latín *cella* 'despensa') significa «Renta diezmal. 2.f. Casa o cámara donde se recogían los granos» (*DRAE*, s.v.), y es término semánticamente emparentado con otros como *pósito*[12], *alhóndiga*, etc., también existentes en la toponimia de nuestras islas. Existe para Artenara sobrada documentación histórica que corrobora esta explicación.

Lo dicho para este topónimo no significa que no aparezcan *sillas* en la toponimia de Canarias, en el sentido de 'accidente del terreno a modo de pequeña garganta o depresión'. La voz *silla* la hemos documentado para Tenerife, La Palma y El Hierro; al igual que su derivado *ensillada* presente en el resto de las Islas, salvo Fuerteventura y Lanzarote.

2.2 *El Cebadal* (Las Palmas de Gran Canaria y La Graciosa)

Es un término colectivo a partir de la voz propia de zonas marineras *seba* 'alga marina', probablemente del portugués *seba* «conjunto de algas de várias espécies, que o mar arroja às praias, onde são apanhadas para adubo de terras» (Figueiredo). Nuestro seseo indujo durante algún tiempo a escribir *El Cebadal*, en lugar del más lógico *El Sebadal*, pensando ingenuamente los que así ortografiaban este topónimo que se trataba de un derivado colectivo de *cebada*.

2.3 *La(s) Rosa(s)* (presente en todas las islas)

Su ortografía etimológica debería ser *La(s) Roza(s)*[13], puesto que, con toda probabilidad, tal nombre procede de «tierras rozadas», esto es, tierras habilitadas para el cultivo tras ser limpiadas de maleza. Merece el mismo comentario que las abundantes voces toponomásticas de su misma familia *Rozada(s), Roceta(s), Rocita(s), Rocilla(s)*, etc., normalmente ortografiadas antietimológicamente por efecto del seseo, todo ello posibilitado por su falsa vinculación con *rosa* 'flor del rosal'. Casi podríamos afirmar que la única palabra que hoy permanece viva es *rozadera*, que no se suele poner en relación con sus primitivos y co-derivados.

2.4 *Los Arbejales* (Teror, Gran Canaria)

La particularidad que debemos comentar en esta ocasión es que, si bien el término debe escribirse con *uve* por provenir de *arveja* (procedente del étimo latino *ervilia*), se ha institucionalizado, sin embargo, bajo la forma ortográfica

---

12 Incurriendo de nuevo en una etimología popular y favorecido por el seseo, la palabra *pósito* en tanto que topónimo ha sido a veces interpretada como *pocito*, diminutivo de *pozo*.

13 En Madrid, por ejemplo, hay una zona muy conocida, denominada *Las Rozas*. La distinción s/θ, propia del español septentrional, hace que en él no se verifiquen problemas ortográficos.

antietimológica *Los Arbejales*[14], con bastante probabilidad por el efecto analógico ejercido por la escritura de *árbol*, tal y como es normal cometer el error ortográfico *arbeja* al escribir la voz común.

La existencia de otros topónimos de la isla en los que figura la palabra *arveja* (Mogán, Guía, Artenara), al igual que en otras islas como Tenerife (Afonso Pérez 1997: 127), no haría sino fortalecer esa inverosimilitud. Esas otras *Arvejas* a veces se ortografían *Arbejas*.

2.5 *La Humbridita* (Mogán, Gran Canaria)

Se trata de un topónimo en el que, por un lado, hay una *h-* antietimológica inducida seguramente por palabras como *hombro, hombre, hambre, hembra*. Por otro lado, y por ultracorrección, se ha producido la intercalación de una /-d-/ (también antietimológica) a partir de la probable analogía con palabras como *saliita/salidita*, *heriita/heridita*, etc.

Hasta aquí las voces comentadas, que no constituyen sino ejemplos de fenómenos que se suelen manifestar en otros muchos nombres de lugar. Tales elementos pudieran hacer pensar que son muchos los topónimos problemáticos en Canarias. Pero no es así: la mayor parte de los nombres de lugar de nuestra comunidad son transparentes y no ofrecen dificultades de filiación etimológica.

Referencias bibliográficas

Afonso Pérez, Leoncio (1997): *Góngaro. Orígenes y rasgos de la toponimia canaria*, Oviedo: Cartográfica Canaria, S.A.

Alvar López, Manuel (1975–78): *Atlas Lingüístico y Etnográfico de las Islas Canarias*, Las Palmas de Gran Canaria: Excmo. Cabildo Insular de Gran Canaria.

Álvarez Delgado, Juan (1941): *Miscelánea guanche*, Santa Cruz de Tenerife.

Coseriu, Eugenio (1973): «El plural en los nombres propios», en *Teoría del lenguaje y lingüística general*, Madrid: Gredos, 261–281.

---

14 Una prueba a favor del carácter derivado de *Arbejales* a partir de *arveja* es lo contenido en el protocolo de Alonso Hernández, fechado el 6 de septiembre de 1560, núm. 789/167v-168r (Pérez Herrero 1992: nota 873). En este protocolo se dice lo siguiente: «Traspaso y cesión que Alonso Pérez, vecino en El Terrero de Las Palmas, hace a Francisco Ribero (sic), vecino en los Arvejales de Teror, presente, y a Domingas Lorenzo, suegra de éste, viuda de Alonso Yánez, del arrendamiento de dos cahíces de tierra en Los Arvejales».

Díaz Alayón, Carmen (1987): *Materiales toponímicos de La Palma*, Santa Cruz de Tenerife: Excmo. Cabildo Insular de La Palma.

Díaz Alayón, Carmen y Francisco Javier Castillo (2008): *Los estudios históricos y lingüísticos de Dominik Josef Wölfel*, Tenerife: Ediciones Idea.

Fernández Pérez, Luis (1995): *Relación de palabras de la lengua indígena de La Gomera* (edición con estudio introductorio y comentario de las voces de Carmen Díaz Alayón, Francisco Javier Castillo y Gloria Díaz Padilla), Tenerife: Excmo. Cabildo Insular de La Gomera.

Figueiredo, Cândido de (1991[24]): *Grande Dicionário da língua portuguesa*, Lisboa: Bertrand Editora.

Hernández Jiménez, Vicente (1991): *Teror: historias, semblanzas, apuntes*, Las Palmas de Gran Canaria.

Luján Henríquez, José A. y Gonzalo Ortega Ojeda (2008): *La toponimia de Artenara (Gran Canaria)*, Las Palmas de Gran Canaria: Domibari Ediciones.

Marrero Rodríguez, Manuela *et alii* (eds.) (2005):*Acuerdos del Cabildo de La Palma (1554-1556)*, Santa Cruz de La Palma: Cabildo Insular de La Palma.

Ortega Ojeda, Gonzalo y Francisco J. Sánchez Ortega (2014): *La toponimia de Teror (Gran Canaria)*, en preparación.

Pérez Herrero, Enrique (1992): *Alonso Hernández, escribano público de Las Palmas (1557-1560)*, Las Palmas de Gran Canaria: Cabildo Insular de Gran Canaria.

Pérez Hidalgo, Humberto Manuel (2010): *Origen y noticias de lugares de Gran Canaria*, Las Palmas de Gran Canaria: Mapfre Guanarteme.

Real Academia Española (2001): *Diccionario de la lengua española*, Madrid: Espasa.

Wölfel, Dominik Josef (1996): *Monumenta Linguae Canariae*, traducción de Marcos Sarmiento Pérez, Tenerife: Dirección General de Patrimonio Histórico (Gobierno de Canarias), 2 vols.

Carmen Díaz Alayón
(Universidad de La Laguna)

Sobre los *Acuerdos del Cabildo de La Palma*: notas fonéticas y morfosintácticas

En los últimos tiempos, distintas iniciativas y publicaciones han venido a cambiar manifiestamente la situación del fondo documental de La Palma, y en especial de sus tramos más tempranos[1]. Una de estas iniciativas ha sido la publicación de los *Acuerdos del Cabildo de La Palma (1554–1556)*[2], que reproduce el primer libro de actas que se conserva tras la invasión y quema de Santa Cruz de la Palma por los franceses al mando de François Leclerc, con las nefastas consecuencias que estos trágicos hechos tuvieron para los archivos de la ciudad. El cuerpo central del libro lo forman las transcripciones de 151 actas, que se inician con la del 15 de enero de 1554 y concluyen con la del 10 de abril de 1556[3].

Acercarnos a estas actas es comprobar todas las circunstancias en las que se desarrolla la vida de La Palma a poco más de medio siglo de la conquista de la

---

1 Véase a este respecto el espléndido estudio que Luis Agustín Hernández Martín ha llevado a cabo de la documentación notarial del escribano Domingo Pérez, que ha dado a conocer en cuatro volúmenes y que constituye una contribución singular que ilumina de forma efectiva la andadura de La Palma en las décadas centrales del siglo XVI (Hernández Martín 1999, 2000, 2002, 2005; Díaz Alayón 2000, 2001a). De igual forma, este investigador se anima a trabajar con los protocolos de Blas Ximón, escribano de la villa de San Andrés en la parte central del siglo XVI. El estudio y catalogación definitiva de esta colección documental, que abarca de 1546 a 1573, todavía no se ha publicado, pero los materiales, que el autor ha tenido la amabilidad de hacerme llegar, ofrecen muchas posibilidades para el análisis (Hernández Martín 2004; Díaz Alayón 2009).También forma parte de esta labor de rescate y análisis de las fuentes palmeras tempranas el *Catálogo de documentación del Concejo de La Palma (1502–1821)*, obra en dos volúmenes que se debe a un equipo de especialistas encabezados por Juan Ramón Núñez Pestano y Ana Viña Brito, y que ofrece un inventario descriptivo de la documentación del antiguo cabildo, conservada en el Archivo Municipal de Santa Cruz de la Palma (Núñez Pestano *et al.* 1999; Díaz Alayón 2002).

2 Edición y estudio de Manuela Marrero Rodríguez, Emma Solano Ruiz y Gloria Díaz Padilla 2005.

3 El volumen contiene, además, un apéndice con siete documentos de distintas fechas que van de 1524 hasta 1537, que proceden del Archivo General de Simancas y que tienen una especial relevancia para alumbrar la historia local.

Isla. Las deliberaciones o acuerdos capitulares reflejan el esfuerzo de la nueva comunidad por mejorar la red viaria, la importancia que se concedía a la producción cerealista insular, la influencia de la política internacional de la Corona española en la seguridad de las costas y aguas de Canarias, la recaudación de los impuestos reales, la exportación de los azúcares y del vino, las medidas para preservar los bosques, junto a otros aspectos de interés. Pero, en este caso, independientemente del manifiesto valor histórico de estos textos para conocer el primer tramo de la andadura de La Palma tras la incorporación a la soberanía castellana, también poseen un singular interés desde el punto de vista lingüístico. Estamos ante un vaciado completo de la fuente y la trascripción respeta escrupulosamente las palabras, los giros y la ortografía del original. Ello permite disponer de una información lingüística de gran fiabilidad y singular riqueza, con lo que aproximarnos a estas actas es acercarnos a las características de la lengua en los últimos años del reinado de Carlos V y los primeros de Felipe II: lo que los especialistas suelen llamar *español clásico*, caracterizado por un alto grado de polimorfismo. Estos textos nos muestran que estamos ante una lengua que le dice adiós a su andadura medieval, que se aleja decididamente de las vacilaciones e inseguridades que la habían caracterizado en los siglos precedentes y que tiende a completar su proceso de regularización.

Como textos jurídico-administrativos que son, la estructura es similar a la de cualquier acta. Se inicia con la recogida de la fecha, el lugar y los asistentes, es decir, el teniente de gobernador, los regidores y los funcionarios, incluido el escribano que redacta; a ello siguen los acuerdos tomados en la sesión; y se concluye con la firma de los que asisten. El lenguaje utilizado es el característico de este tipo de textos, es decir, tendencia a la nominalización, uso del adverbio de adición *otrosí*, construcción con parejas de verbos, acumulación de formas verbales, uso del futuro de subjuntivo hipotético, simple y compuesto, preferencia por una sintaxis con periodos largos, etc. De igual forma, conviene señalar que en los dos años que se analizan solo actúan dos escribanos: Juan de Vallejo y Pedro de Belmonte.

Veamos con algo de detalle los rasgos que refleja la lengua de estos acuerdos. Entre los **fenómenos gráficos** que no tienen repercusión fonológica cabe señalar, por ejemplo, el uso habitual de <-h-> cuando se produce el encuentro de dos vocales homólogas: *crehe, vehedor, proveher, acrehedores, provehedor*. De igual modo se aprecia el uso del dígrafo <th>, tanto en posición inicial, que es la más frecuente, como en posición interna, un comportamiento que se mantiene hasta el XVIII: *theniéndolo, thenor, thener, lugartheniente*, formas que aparecen usadas al mismo tiempo que las etimológicas. También es frecuente la presencia de <h->

inicial en formas antietimológicas, en las que su presencia no está justificada: *hera, hedificios, honze, honzeno, horden, hordenança*. La influencia latina también puede verse en la ortografía <*q*>, como *quarenta, qualesquier, quenta, qual, quanto, quaresma, quatro, quantía, quando, quaderno, quatroçientas, quartillo, çinquenta, delinquente*. Encontramos la <*rr*> en posición inicial: *rrentar, rresidençia, rrequiere, rresçibáys*; o la <*ll*> final: *mill*, a pesar de que ya en la *Gramática* de Nebrija se recoge que ninguna dicción podía empezar con dos letras de su especie ni acabar en ellas.

Pero, aparte de estas particularidades de naturaleza gráfica, la interpretación de los textos es muy interesante para el estudio del **sistema fonológico** imperante en aquel momento, el método tradicional más utilizado para deducir los cambios. Como sabemos, el paso del sistema fonológico medieval al moderno se ha fechado, tradicionalmente, a finales del XVI y comienzos del XVII, una revolución que afectó sobre todo a la serie fricativa. Y las actas que aquí se analizan, de mediados del XVI, presentan toda una serie de variaciones, propias de un sistema que está en vías de normalización. Vamos a ver cuáles son las vacilaciones gráficas que deben ser consideradas fonética y fonológicamente significativas.

En lo relativo al vocalismo, nos encontramos con la «anarquía de las vocales átonas» debido al escaso rendimiento funcional que tienen en esta posición. Son casos, sobre todo, de asimilación o disimilación vocálica: cierre de *e* > *i*: *minçión, ysperençya, ystenso*; abertura de *i* > *e*: *contrebuçión, vertud, çeviles, notefícar, prençipal, vesitar, letigio, edefiçio, soleçitar*; cierre de *o* > *u*: *ynpusiçión, asuluçión*; abertura de *u* > *o*: *oviesen, oviere, ovyeron, estovo, conplir*; el mantenimiento de la diptongación en la palabra *pryesa*, diptongación que, por otra parte es histórica, frente a la monoptongación que encontramos en otras palabras como *ysperençya* y *nove*; prótesis: *abaxar, apregonar*; y aglutinación: *Despinosa* 'de Espinosa', *Destopiñán* 'de Estupiñán', *Destrada* 'de Estrada', *desto* 'de esto'. Algunas de estas vacilaciones perduran hasta hoy, aunque en los niveles sociolingüísticos «bajos», no solo en Canarias, sino en todo el ámbito hispánico.

En cuanto al consonantismo, encontramos alternancia de <*b*>, que se correspondería con la oclusiva bilabial / b / y de <*v*>, que se correspondería con la fricativa labial / β / o con la labiodental sonora / v /. Algunos ejemplos son: *enbiar, bibir, fabor, nonbravan, bolver, aver, deviere, vanda, escriva*, etc. El hecho de que alterne la escritura entre *cabildo* / *cavildo, bolver* / *bolber*, entre otras, podría ser un indicio de que la oposición entre los fonemas b / β / v no está funcionando, y que han confluido en el fonema / b /.

Por otra parte, ya en el siglo XV se habían producido en español algunos cambios de tipo general como, por ejemplo, la vocalización o pérdida de la /-b/ implosiva, que se daba en casos donde se había producido síncopa de una vocal interior. Los primeros asentamientos de la forma moderna se produjeron en el norte, mientras que en la zona meridional la pervivencia del elemento antiguo fue más prolongada. Este fenómeno, tal y como señala Frago Gracia (2003: 65), marcó diferencias territoriales. En el texto tenemos: *absençia* 'ausencia', *çibdad* 'ciudad', *absentarse* 'ausentarse', *abtos* 'autos', *recabdos* 'recaudos', etc.

Asimismo, es de destacar la regularidad gráfica que mantiene la <*n*> delante de <*p*> y <*b*> en todo el texto, como por ejemplo: *nonbramiento, ynpusición, tienpo, conprar, inporta, costunbre, enpiece, lonbardero, tenporales, ynpedir, cunplida, canpana, ynportançia, enpuso, onbre, sienpre, novienbre, dizienbre, senbrar, enplazar, canpo, conpulsoria, setienbre, conpete, anbos, hanbre*, etc., que nos refleja, desde el punto de vista fonológico, la neutralización de las nasales en posición implosiva.

De igual modo también se aprecia confusión entre las sibilantes <*s*>, <*ç*> y <*z*>, al tiempo que se observa que no aparece en ninguna ocasión la grafía <-*ss*->. El hecho de que alternen en la escritura formas como *asúcar, consierten, contradesir, piesas, haser, sédula, sierta* y *alguasil*, junto a *açúcares, conçertó, contradeçir, piezas, hazer, çédula,* çiertas y *alguaçil*, nos revela que la oposición entre ellas no existe y que el seseo es lo que impera. Hay tres casos de grafías ceceosas: *Los Çabzes* 'Los Sauces' (también *Los Savzes*), *Çerrano* (también *Serrano*), y *Çezinbra* 'Sesimbra', que no son nada significativas, pues son nombres propios. Y estas grafías alternantes que aparecen a mediados del XVI son las mismas que vemos en textos del XVII y XVIII. Frago Gracia defiende en varios trabajos que el reajuste de las antiguas sibilantes no tiene su foco en el norte, sino en todo el dominio castellanohablante al mismo tiempo, con las sabidas desviaciones del castellano en Andalucía. Y no podemos olvidarnos que la fonética canaria es, sobre todo, andaluza (excepto algunos rasgos procedentes del portugués, como el cierre de vocales o la *f*-), y que el fenómeno del seseo-ceceo entra en las Islas al tiempo de la conquista. Andalucía tendrá un relevante protagonismo en la conquista y el poblamiento de Canarias. De los puertos de Sevilla y Sanlúcar de Barrameda parten casi todas las empresas que intervienen en la conquista de las Islas; la marinería y los hombres de estas expediciones son, en su mayoría, andaluces, y muchos de ellos se establecerán en el Archipiélago al ser agraciados en los repartimientos de tierras efectuados tras la conquista. Estas estrechas relaciones, como es de esperar, van a dejar su impronta en la cultura, el arte y las hablas insulares.

Y, en lo que concierne a las fricativas dorso-palatales, que en la escritura equi-
valían a <x> y <j> y <g>, respectivamente, en el texto aparecen reflejadas las tres,
y no hay indicios de aspiración en ninguno de los dos idiolectos que se recogen
en las actas, lo que indica que no se ha neutralizado la oposición sorda / sonora.
Autores como Lapesa o Cano Aguilar anotan que el proceso de velarización o, en
el caso canario, de aspiración no culminó hasta el primer tercio del XVII. Algunos ejemplos son *dixo, quexa, dexen, almoxarife, abaxo, xabón, execuçión*; pero
también vemos *esecusión, juezes, justiçia, aparejado, letigio, trabajaron, cojidores,
jarras, mejor.*

Otro fenómeno curioso es que conservan algunos restos de / f- / inicial latina, como en *faser, faziendas, fagan, fazello, fallarse, fiziere, fecho, fazimiento,* o
fallavan, que es un comportamiento de clara raigambre occidental ibérica. En la
actualidad, en La Palma encontramos esta presencia en voces como *faya* 'haya',
farrapo 'harapo', o *mofo* 'moho'. Pero es bastante general el uso de <h-> inicial
en palabras procedentes de / f- /: *haser, hizo, hechas, haga, haréis, harina, horno,
hierro.* En este caso, dado que aparecen *faser* y *haser,* parece indicar que hay
indicios de aspiración.

No hay yeísmo ni neutralización de / l / y / r /. La norma de los dos idiolectos
del texto parece ser la distinción.

En lo que toca a los grupos consonánticos latinos, la lengua muestra dos tendencias. Una, que se presenta como mayoritaria, sigue la solución popular, que
reduce y evita estos grupos, como puede apreciarse en:

-bv-: *ovyar;*
-cc-: *perfeçionar, juridiçiones, ystruçión, destruyçión;*
-ct-: *otavo, efeto, retifiquen, fatores, defetos, dotor, atuado, yndireto, otubre;*
-dv-: *abocasión;*
-gn-: *ynorancia, dinas;*
-mn-: *solene, solenydad, danificado;*
-nn-: *ynove, ynovando;*
-pt-: *eçeto, preçetores, açetar, setienbre, reçetor, sétimo.*

La otra tendencia, claramente de tipo culto, tiende a restaurar los grupos originales, como en *recebtoria, recebtor, escriptura.*

En cuanto a la **morfosintaxis**, empezaremos por el género: los sustantivos
femeninos que comienzan por *a-* (sea tónica o átona) vienen precedidos de la
forma «el» del artículo: *el apelación, el Aduana, el abdiençia, el artillería, el agua,*
etc. Nos encontramos aquí en un estadio anterior al de la actualidad, donde se
escriben con la forma «el» del artículo aquellos sustantivos femeninos que empiezan por *a* tónica. La explicación histórica de este fenómeno en la historia de

la lengua es que la forma femenina del artículo presentaría desde los orígenes un alomorfismo combinatorio de raíz etimológica (evolutiva):

ÍLLA(M) > ela

(e)la → aféresis delante de sustantivos que empezaban por consonante.

el(a) → apócope delante de sustantivos que empezaban por vocal (cualquiera que fuese).

Esta regla distribucional habría conocido dos reajustes a lo largo de la historia. Nuestras actas, como ya he comentado, se encontrarían en el segundo estadio, a pesar de que la norma actual se documenta ya en textos del XVI. También vemos el mismo comportamiento en los topónimos, que presentan esta característica formal: «Otrosí en quanto al noveno capítulo sobre sacar pan del Andaluzía para proveimiento de esta ysla por este año, se le conçedió çierta saca...» (142); «En este día se pregonó lo susodicho en la plaça y en el Asomada y en el puerto de esta çibdad» (22). Pero también vemos algún caso en el que aparece el artículo femenino: «...mandó que la renta de la pez se pague y se reçiba la postura de Diego Hernández, como dende luego la reçiben en el término que dizen, que es dende La Honda hasta la Asomada del Tablado...» (268).

Los ordinales *primero* y *tercero* suelen mantener la forma plena cuando precede al sustantivo que rige: «Sebastián de Vallejo dixo que el primero cabildo traerá revocasión del vno de ellos...» (95); «... e se dé el mandamiento para el alcalde que lo haga conplyr vn día de fiesta y, hecho el nonbramiento, vengan luego el tercero día de Pasqua» (101).

En cuanto al uso de los pronombres, se produce la asimilación de la / -r / de los infinitivos a la / l- / de los pronombres terciopersonales enclíticos: *conprallo, cobrallo, vendella, dallas, aprovechallas, dexallas*. Pero también se dan los casos proclíticos: «...e a Diego Sánches de Ortega para le pagar el alcançe que hizo el Conçejo en el tienpo que fue mayordomo...» (40); «...que para el año que vyene se tenga por muy çierto que armada del rey de Françia vendrá en estas yslas a las robar y destruir» (62); «E luego el Sr. Teniente dixo que [...] está presto de lo cumplir luego. E mandó que sea llamado al Cabildo el dicho Juan de Vallejo para se lo mandar» (136); «El Sr. Teniente dixo que está presto de lo yr a ver y vysitar...» (173); «...lo que dichos clérigos piden es ynjusto y son obligados a lo haser sin graçia sin premio por tener obligaçión de lo haser así...» (189); «...y con brevedad se mande mensajero a los dichos negoçios e, sy por no los enbyar, algún riesgo o daño o pérdida a esta ysla vynyera, protesta que no sea a su cargo» (213); «...los dichos Luis Vendaval e Diego de Santa Cruz son obligados a los pagar una vez e no más...» (283). En el XVI y XVII, tal y como indica Lapesa (1981: 407), se admitían los dos órdenes.

No se dan casos de leísmo, laísmo o loísmo. Los pronombres se usan en su sentido etimológico, como podemos ver en: «En este ayuntamiento se platicó que muchas personas se meten en tierras realengas y del Conçejo a las desmontar y apropiar...» (259); «Otrosí en quanto toca al roçar matorrales, tabayvas o higueras u otro qualquier género como no sea árboles, lo haga y pueda hazer, sin pena alguna...» (259); «Y la çibdad promete y se obliga de le dar e pagar por su trabajo al dicho Jorge Pynto quarenta ducados...» (183).

También se advierte el uso de la doble negación que refuerza el sentido del enunciado. Lo destacable en estos textos es que antiguamente la doble negación admitía cualquier distribución de los términos negativos. En el español actual también lo encontramos, pero solo si el primer elemento de la correlación es el adverbio *no*. Algunos ejemplos son: «El Sr. Teniente mandó ser notificado a Alonso Vásquez e Juan Yanes [...] que ninguna carne que entre en la carneçería no la mate...» (87); «Y se apregone públicamente que ninguna panadera venderá o otra cualquier persona no venda de otro trigo pan cozido, so la dicha pena» (155); «Y que en aquel tienpo no supo que avía ley que mandava que ningún v.º no pudiese tener el dicho cargo» (165).

En cuanto al verbo, las antiguas desinencias de la segunda persona del plural en *-ades* y *-edes* están en franco retroceso, pero se usan todavía. Los casos que he detectado pertenecen al presente de subjuntivo: «...que hagades dar y dedes de los propios de esa dicha ysla» (16); «tomedes y reçibades de él fianças llanas e abonadas» (16); «...qualesquier estatutos y costumbres que serca de ello tengades» (16).

Junto a esto, en el futuro y el condicional se advierten formas como *porná*, *terná*, *verná*, *converná* y *convernya*, sin la *d* epentética, y resuelto con metátesis, que alterna con la forma actual: «...se medirá y porná por escrito» (123), «... que terná a los presos» (91), «...en breve bernná aquí el Sr. Governador e querrá tornar [...] Esto converná hacerse y no otra cosa» (145), «...vendrá en estas yslas a las robar y destruir» (62). También el futuro del verbo *tener* muestra las dos soluciones: *terná* y *tendrá*.

Y en el pasado alternan algunas formas, como es el caso de *truxo* y *traxo*: «... dixo que a él le a sido mandado por sus merçedes que truxese q este cabildo vna provyçión que truxo de la isla de Tenerife sobre los agravyos que hacen los juezes eclesiásticos con pena que para ello se les puso, y, en complimiento de ello, traya e traxo a este ayuntamiento» (200); y *vido* con *vio*: «En este cabildo se vido la fiança» (93), «En este cabildo se vio y leo vna carta del Sr. Governador...» (98).

El verbo *haber* se utiliza para expresar tiempo: «se acordó por la dicha razón e porque esta çibdad está entredicha quatro o çinco meses a por ellos e los dichos Sres. descomulgados e apartados del yngreso de la ygleçia...» (21); «Y que en cumplimiento de esto se han removydo algunos depósytos para la dicha obra, syn los quales a muchos días que oviera çesado...» (62); «En este cabildo los dichos Francisco de Belmonte y Baltasar Pérez, jurados, dixeron que sus merçedes proveeron por mayordomo de esta çibdad a Beltrán de Çuluaga, puede aver quatro o çinco meses...» (105); «...y alegó que la dicha costunbre se avía yntroduzido en esta ysla mucho tienpo avía, porque los alguaziles de la tierra e aldeas de esta ysla le defraudaban...» (269).

Encontramos también el adverbio de tiempo *agora*, usual en la documentación hasta el siglo XVII; el de modo *ansí*; las formas medievales *yuso* 'abajo' y *suso* 'arriba'; el antiguo *otrosí* 'además', propio del lenguaje jurídico. Asimismo, se aprecia el uso arcaico del adverbio *luego* 'pronto', 'al momento': «...y vengan a cabildo luego de manera como los llamare el portero, so pena de dozientos mrs.» (119); «...e que partan luego Juan Yanes oy y Manuel Lugo parta mañana» (128); «...que está presto de lo cumplir luego» (136), un comportamiento que sigue estando vigente en el habla insular actual.

En cuanto a la preposición, se advierten las formas *so* < *sub* «so pena de», y *dende* 'desde'. En lo que respecta a la conjunción, la coordinada copulativa *e* es la predominante, aunque alguna vez aparece también *y*. Ya Lapesa (1981: 398) señala que esto es característico del lenguaje jurídico y que es un comportamiento que llegará hasta fines del XVI.

Esta aproximación refleja claramente las posibilidades que este tipo de textos tienen para el análisis lingüístico. Una de las posibilidades a este respecto es el estudio de las fórmulas retóricas que estos documentos contienen. Otra de las posibilidades es el interesante análisis del léxico, que nos ofrece una visión panorámica del vocabulario. Podemos ver los aportes que lo caracterizan, como es el caso de algunos arabismos típicos del español de aquellos momentos y también es posible observar el uso de los portuguesismos, que reflejan el importante aporte del léxico luso insular y peninsular que recibe el español canario.

Referencias bibliográficas

BLANCO, Marta (2006): *Aproximación a la cronología de las transformaciones funcionales de labiales y sibilantes del español*, Santiago de Compostela: Servizo de Publicacións e Intercambio Científico de la Universidade de Santiago de Compostela.

CÁCERES LORENZO, M.ª Teresa y Marina DÍAZ PERALTA (1997): *El español de siglo XVI a través de un texto erudito canario*, Frankfurt-Madrid: Vervuert-Iberoamericana.

CATALÁN, Diego (1958): «Génesis del español atlántico. Ondas varias a través del océano», *Revista de Historia Canaria* XXIV: 233–242.

CANO, Rafael (coord.) (2008): *Historia de la lengua española*, Barcelona: Ariel.

DÍAZ ALAYÓN, Carmen (2000): Prólogo al libro *Los protocolos de Domingo Pérez, escribano de La Palma (1554-1556)*, de Luis Agustín Hernández Martín, Santa Cruz de La Palma: Caja General de Ahorros de Canarias, 11–18.

DÍAZ ALAYÓN, Carmen (2001a): Reseña de *Protocolos de Domingo Pérez, escribano público de la Palma (1546-1553)*, de Luis Agustín Hernández Martín (Santa Cruz de La Palma: Caja General de Ahorros de Canarias, 1999), *Revista de Historia Canaria* 183: 350–352.

DÍAZ ALAYÓN, Carmen (2001b): Reseña a *Acuerdos del Cabildo de Tenerife. VI, 1538-1544*, edición y estudio de M. Marrero, M. Padrón y B. Rivero (La Laguna: Instituto de Estudios Canarios-Cabildo Insular de Tenerife, 1998), *Letras de Deusto* 90, vol. 31: 247–250.

DÍAZ ALAYÓN, Carmen (2001c): Reseña de *La vid y el vino en Tenerife en la primera mitad del siglo XVI*, de Pedro Miguel Martínez Galindo (La Laguna: Instituto de Estudios Canarios, 1999), *Estudios Canarios* XLV: 465–467.

DÍAZ ALAYÓN, Carmen (2002): Reseña de *Catálogo de documentos del Concejo de La Palma (1501-1812)*, de J. R. Núñez Pestano, A. Viña Brito *et alii* (La Laguna: Instituto de Estudios Canarios, 1999, 2 vols.), *Analecta Malacitana* XXV, 2: 745–751.

DÍAZ ALAYÓN, Carmen (2009): «Notas lingüísticas sobre los protocolos de Blas Ximón», *Revista de Estudios Generales de la Isla de La Palma* 4: 313–344.

FRAGO GRACIA, Juan Antonio (1996): «Las hablas canarias: documentación e historia», en Javier Medina López y Dolores Corbella Díaz (eds.): *El español de Canarias hoy: análisis y perspectivas*, Madrid: Iberoamericana, 231–253.

FRAGO GRACIA, Juan Antonio (2003): «Origen peninsular e influjos americanos del español de Canarias», en Carmen Díaz Alayón, Marcial Morera y Gonzalo Ortega Ojeda (eds.): *Estudios sobre el español de Canarias*, Islas Canarias: Academia Canaria de la Lengua, vol. I: 63–84.

GONZÁLEZ MONLLOR, Rosa María (2003): «Contribución al estudio morfosintáctico de los documentos notariales de Canarias del siglo XVI», en Carmen Díaz Alayón, Marcial Morera y Gonzalo Ortega Ojeda (eds.): *Estudios sobre el español de Canarias*, Islas Canarias: Academia Canaria de la Lengua, vol. II: 823–840.

GONZÁLEZ MONLLOR, Rosa María (2004): «Documentos del Tribunal de la Inquisición de Canarias del siglo XVI: aspectos fonéticos y morfológicos», en *Homenaje a Francisco Navarro Artiles*, edición al cuidado de Carmen Díaz Alayón y Marcial Morera, Academia Canaria de la Lengua-Cabildo Insular de Fuerteventura, 227–246.

HERNÁNDEZ MARTÍN, Luis Agustín (1999): *Protocolos de Domingo Pérez, escribano público de La Palma (1546–1553)*, Santa Cruz de la Palma: Caja General de Ahorros de Canarias.

HERNÁNDEZ MARTÍN, Luis Agustín (2000): *Protocolos de Domingo Pérez, escribano público de La Palma (1554–1556)*, vol. II, Santa Cruz de la Palma: Caja General de Ahorros de Canarias.

HERNÁNDEZ MARTÍN, Luis Agustín (2002): *Protocolos de Domingo Pérez, escribano público de La Palma (1557–1558)*, vol. III, Santa Cruz de la Palma: Caja General de Ahorros de Canarias-Excmo. Cabildo Insular de La Palma-Ilustre Colegio Notarial de las Islas Canarias.

HERNÁNDEZ MARTÍN, Luis Agustín (2004): *Protocolos de Blas Ximón, escribano público de la Villa de San Andrés* Ersetzen durch *y sus términos (1546–1573)*, Santa Cruz de la Palma· Cartas Diferentes Ediciones.

HERNÁNDEZ MARTÍN, Luis Agustín (2005): *Protocolos de Domingo Pérez, escribano público de La Palma (1559–1567)*, vol. IV, Santa Cruz de la Palma: Caja General de Ahorros de Canarias-Excmo. Cabildo Insular de La Palma-Ilustre Colegio Notarial de las Islas Canarias.

LAPESA, Rafael (1981[9]): *Historia de la lengua española*, Madrid: Gredos.

LORENZO RODRÍGUEZ, Juan B. (1987): *Noticias para la historia de La Palma*, tomo I, La Laguna-Santa Cruz de La Palma: Instituto de Estudios Canarios y Cabildo Insular de La Palma.

MARRERO RODRÍGUEZ, Manuela, Emma SOLANO RUIZ y Gloria DÍAZ PADILLA eds. (2005): *Acuerdos del Cabildo de La Palma (1554–1556)*, Santa Cruz de la Palma: Cabildo Insular de La Palma.

MARTÍNEZ ORTEGA, M.ª de los Ángeles (1999): *La lengua de los siglos XVI y XVII a través de los textos jurídicos. Los pleitos civiles de la escribanía de Alonso Rodríguez*, Valladolid: Secretariado de Publicaciones de la Universidad de Valladolid.

Medina López, Javier (1996): «Notas lingüísticas y edición del § X. Descripción de la Ysla de Lançarote, de P. Agustín del Castillo y León (1686)», en *VII Jornadas de Estudios sobre Fuerteventura y Lanzarote*, Fuerteventura: Servicio de Publicaciones del Cabildo Insular de Fuerteventura, tomo II: 491–501.

Medina López, Javier (1996–1997): «Historia del español en Canarias: estado de lengua en algunos documentos eclesiásticos (siglos XVI–XVIII)», *Anuario de Lingüística Hispánica. Homenaje al Dr. Germán de Granda*, vols. 12–13: 113–123.

Medina López, Javier (1997): «El español de Canarias a través de la documentación testamentaria (siglos XVI–XVIII)», *Boletín de Filología de la Universidad de Chile* XXXVI: 163–189.

Medina López, Javier (2004): «La fonética histórica canaria (ss. XVI–XVIII)», en *Homenaje a Francisco Navarro Artiles*, edición al cuidado de Carmen Díaz Alayón y Marcial Morera, Academia Canaria de la Lengua-Cabildo Insular de Fuerteventura, 297–319.

Menéndez Pidal, Ramón (1973[14]): *Manual de gramática histórica española*, Madrid: Espasa Calpe.

Núñez Pestano, J. R., A. Viña Brito, C. L. Hernández González, E. Alfaro Hardisson, M. L. Fernández Rodríguez, A. Larraz Mora y M. R. Hernández González (eds.) (1999): *Catálogo de documentos del Concejo de La Palma (1501–1812)*, 2 vols., La Laguna: Instituto de Estudios Canarios-Dirección General de Patrimonio Histórico-Viceconsejería de Cultura y Deportes del Gobierno de Canarias.

Sancho Rodríguez, M.ª Isabel y Carmen Conti Jiménez (eds.) (2010): *Nuevas aportaciones al estudio del seseo*, Jaén: Servicio de Publicaciones de la Universidad de Jaén.

Francisco Javier Castillo
(Universidad de La Laguna)

El español en el siglo XVIII. Notas gramaticales sobre Lope Antonio de la Guerra

Es un hecho que nuestro conocimiento del español usado en Canarias en el siglo XVIII es cada vez más completo gracias a los diferentes estudios y ediciones que se han dado a conocer en los últimos años tanto de los escritos de los autores más sobresalientes como de otras secciones de la documentación de la época. A este respecto, la producción más conocida y divulgada es, como es de esperar, la de José de Viera y Clavijo, en particular sus dos piezas más destacadas, las *Noticias de la Historia General* y el *Diccionario de Historia Natural*, y también se ha divulgado de manera especial la obra de Cristóbal del Hoyo. De igual forma, ha llamado el interés de los editores y los estudiosos el legado dejado por los memorialistas del momento, como es el caso de los diarios y anales de José Antonio de Anchieta y Alarcón (1920, 2001, 2011), Fernando de la Guerra y del Hoyo (1976) y su hermano, Lope Antonio de la Guerra y Peña (1951–1959, 2002). Afortunadamente no toda la atención y el esfuerzo se ha orientado en la misma dirección, esto es, en el conocimiento y análisis de las producciones de carácter culto, sino que se cuenta con contribuciones que nos acercan a textos y escritos de naturaleza más popular, como la edición de la notable colección de cartas de los medianeros de Tenerife, en la que destaca de manera particular la producción epistolar que Silvestre Izquierdo, mayordomo de la hacienda de Las Palmas de Anaga, genera entre los años 1769 y 1786 (Hernández Hernández 2003; Díaz Alayón 2004). De la misma manera, el análisis lingüístico también forma parte de este esfuerzo, con contribuciones que aportan más luz sobre el uso del español en Canarias a distintos niveles, como hace Álvaro Galmés de Fuentes (1964) con su estudio de una parte de la documentación de la parroquia de San Pedro de Güímar, y al que se unen, entre otras contribuciones, las de Carmen Díaz Alayón (1993, 2005) sobre la lengua de algunos de nuestros intelectuales dieciochescos. Es precisamente en esta línea de trabajo en la que se incardina mi análisis, que no tiene otras pretensiones que servir de aproximación al conocimiento de la norma culta insular y que centra la atención en uno de los memorialistas que he citado,

Lope Antonio de la Guerra. Se trata, obviamente, de una lengua que no presenta la riqueza de fenómenos que se pueden ver en otros textos generados por hablantes pertenecientes a las capas populares, pero no por ello deja de poseer interés, sobre todo porque el análisis nos acerca a las tendencias generales del español en aquellos momentos al tiempo que nos revela algunas peculiaridades dignas de destacarse.

Antes de profundizar en el objeto del estudio, conviene que sitúe al autor en su tiempo y en su espacio. Lope Antonio de la Guerra y Peña (1738–1823) fue socio fundador de la Sociedad Económica de Amigos del País de Tenerife, en la que desempeñó diversos cargos, perteneció a la Tertulia de Nava y José de Viera y Clavijo tuvo en él un destacado colaborador. Estamos, sin duda alguna, ante uno de los representantes de la Ilustración insular, aunque a una considerable distancia de Viera. Lope de la Guerra no tiene el genio, la erudición y la compleja personalidad del Arcediano, ni tampoco refleja la madurez intelectual y la postura crítica que caracteriza a este. A la faceta intelectual se une la política, porque don Lope fue regidor perpetuo de Tenerife desde 1760 y ejerció una activa labor en el seno del Cabildo. Sus hechos y sus palabras nos dibujan a un hombre escasamente tocado por el análisis revisionista de su siglo, que encaja con dificultad los cambios, que tiene una alta conciencia de clase y no es casualidad que la mayor parte de sus escritos se dediquen a las actividades del Cabildo y a los sucesos de la clase alta de Tenerife; miembro de una aristocracia empobrecida y desposeída del poder político que tuvo en otro tiempo, católico acérrimo y, como no puede ser de otra forma, convencido defensor de la monarquía, Lope de la Guerra no tiene otra forma de concebir la organización de la comunidad política y social que a través de la máquina bien montada y engrasada del Antiguo Régimen; por ello no sabe mirar la realidad y situarse en ella sino desde su posición privilegiada de patricio lagunero y esto se percibe en todo momento. No aprueba la emigración de los isleños a ultramar, porque resta manos necesarias para recoger las cosechas en las haciendas de los poderosos y porque los indianos isleños que regresan con algo de dinero se vuelven ociosos e improductivos. No pierde ocasión de referirse al despotismo de los comandantes generales, que desoyen, contradicen y desautorizan una y otra vez al Cabildo. Añora los momentos en que este era una institución en manos de un grupo cerrado y privilegiado, muy diferente de la situación que él conoce, en que constituye un órgano heterogéneo, desposeído de poder, en el que la negligencia de los regidores es más que frecuente y del que forman parte extranjeros y advenedizos. Fue la suya una vida particularmente monótona; solo vivió para sus labores públicas de regidor y para sus afanes más íntimos de memorialista. Entre sus escritos destacan las *Memorias*, en las que refleja la andadura de la historia local de Tenerife a lo largo de treinta años, de 1760 a 1790 y que constituyen el objeto de mi análisis[1]. El plan general de esta obra, al que se mantiene fiel en todo momento, lo recoge en las líneas iniciales donde avanza que se reducen «estas Memorias a notar los días en que emprendo o me sucede algún acontecimiento digno de tenerlo presente; hazer una breve relación de las funciones extraordinarias i sucesos memorables de la Isla; señalar el día de la llegada de sus Comandantes Generales i Obispos i sus recebimientos o de otras personas que ocupen los principales empleos o dignidades como de Juezes, Títulos de Castilla, Regidores, Coroneles y sus Thenientes, o quando por muerte retiro de alguno de éstos se confieren a otros, i si estos empleados se embarcan, casan, ascienden o mueren, con todo lo demás que me parezca digno de memoria». No podemos decir, por tanto, que no haya respondido a su compromiso y que no se haya atenido a sus propósitos, pero el lector que se acerca a su obra no puede evitar un sentimiento de decepción, singularmente por la naturaleza parcial de su pintura. En este cuadro que Lope de la Guerra hace de su tiempo y de su espacio no se profundiza en los datos y en los hechos, se pasa de largo ante la situación del pueblo llano y el resultado final es una crónica de la muerte, en la que se gastan ríos de tinta en glosar el fallecimiento, la vida y la nobleza de las personas de la clase alta, y en la que también rinde cuenta de la muerte política de La Laguna, que no deja de perder poder y relevancia a causa del inevitable crecimiento económico y político de Santa Cruz.

En este caso mi atención deja a un lado la importancia histórica de estas *Memorias* y se centra, como ya se ha adelantado, en el nivel lingüístico. Dadas las características del autor, nos vamos a encontrar una lengua muy cuidada en la forma y escasamente espontánea, muy pegada a la de los materiales documentales oficiales que don Lope maneja constantemente y a la naturaleza de sus lecturas, como la *Gaceta de Madrid*, de la que es un lector asiduo. Ello hace que los comportamientos que se encuentran sean, en esencia, los de un español culto de la segunda mitad del siglo XVIII, con algunos rasgos personales y particulares en los que se dejan ver distintas especificidades del español de Canarias. Veamos estos comportamientos, comenzando por las características de las grafías, para pasar luego al nivel morfosintáctico.

1. Las peculiaridades del sistema gráfico. En este sentido se observa que Lope Antonio de la Guerra sigue algunas de las normas académicas fijadas primero por el *Diccionario de Autoridades* y, después, por la *Ortografía* de 1741. Así, se puede ver que no hace uso de las consonantes geminadas *pp*,

---

1 Manejo la edición de 2002; a ella remiten todas las citas y referencias.

tt, bb, ni de la ç, al tiempo que utiliza *u* para la vocal y *v* para la consonante. En lo que respecta a otras normas ortográficas, su aplicación es dispar: el cumplimiento de algunas de ellas se retrasa en el tiempo, como la fijación de *y* como conjunción, que solo introduce a partir de 1773; y en otros casos, su aplicación es parcial, como sucede con la fijación de *c* + *e, i*, y de *z* + *a, o*. A este respecto podemos ver *zeniza, hazienda, dézima, Diziembre, zédulas, lizenciado* e *hizieron*, formas que son prácticamente generales en el periodo 1760–1780, ya que solo a partir de 1780 comienzan a regularizarse las formas académicas. De igual modo, son de destacar algunos hechos, como la utilización de *g* en vez de *j: extrangeros, sugeto, muger, viage*; y de *x* por *s: expléndido, expecialidad, contextar, protextas*, y el caso contrario lo vemos en *estrañaba, estinguir*; igualmente se advierten casos de *v* por *b: vocas, govierno, vanderas, garvansos, vayonetas, disturvios*; y de *b* por *v: ubas, embiarle, bolvimos, bómitos, bolcán, bóbeda*; de la misma forma se dan algunos de *s* por *c: senteno, sentella, tasita, retensión, prevensiones, composisiones, timideses*; de *c* por *s: docel, persuaciones, estorciones*; de *s* por *z: prestesa, calaboso, mudansa*; y de *z* por *s: refrezcos, guzanos, canzados, dezazón, gloza, escazas, zolapa, enlozada*.

2. Otra muestra de la tendencia de Lope de la Guerra a introducir la normativa académica es en el uso de *ss*. En 1763 se regula que *ss* se sustituye por *s*, pero nuestro autor no empieza a aplicar esta norma hasta 1778: *passado, assi, fuesse, huviesse, pudiesse, diesse, atasse, pidiéssemos, retuviessen, precissión.*

3. En lo que se refiere a los grupos consonánticos, suelen prevalecer las variantes cultas: *punctualidad, sanctuario, erudicto, respectable*, aunque hay alguna forma divergente, como ocurre con *proyetos, seta, conflito, malinas, insinias, inominia, perspetiva, retitud, insinias, acidente, satisfación, eleción, ación, produción, traduciones, perfecionar, jurisdición*. También se aprecian soluciones como *condicción* y *distincción*.

4. La influencia de la educación latinista de nuestro autor queda reflejada, entre otros aspectos, en formas como *trahe, atrahe, trahía, traherla*, aunque también se puede explicar como *h* antihiática a la luz de casos como *desprovehída* y *crehencia*. La ausencia y presencia de *h* también llama la atención en *herrores, haveriada, hazera, eladas, avitación, inchazón, ávito, undido, orizonte, oy.*

5. Obviamente, todas aquellas normas ortográficas que entran en vigor en 1803 y 1815, no se siguen. Así se mantiene el uso del dígrafo griego *ph: philósopho, parágraphos, seraphines, phenómeno, geographía, alphabeto*, que se

elimina, como se sabe, en 1803, en la cuarta edición del DRAE. De igual modo, es frecuente la utilización de los dígrafos *ch* y *th*: *patriarcha, christiano, chronológica, cáthedras, theológicos, méthodo*.

6. También se puede ver que todavía se mantiene la *y* de los diptongos decrecientes en interior de palabra: *frayle, azeyte, pays, reyno, peynes, maytines, pleytos, vaylar, rayzes, ayre, leydo, veynte*, un comportamiento que quedará eliminado en 1815.

7. Otro hecho que quedará regulado en 1815 es el uso de las secuencias *qua* y *que* en las que la *u* tiene valor fónico y, por lo tanto no lo vemos en Lope de la Guerra, que escribe *quarto, Quaresma, quadrimestre, quando, quatro, questa, quenta, frequentaba, qualquiera, Pasqua, eloquencia, delinquente, conseqüencias, quadernos, quartel, quarenta, quán, quatrocientos, quadrillas, Esquadra*.

8. También entra en vigor en 1815 la norma de eliminar la *x* con valor velar y se sustituye por *g* o *j*, siguiendo la etimología, una regulación que no aparece en la escritura de nuestro autor en la que *x* muestra un uso frecuente en lugar de *j*: *dexarla, exercicios, texedores, dibuxó, desfixaron, traxo, debaxo, exemplares, lexos, quexas, introduxeron, influxos, executase*.

9. Como es de esperar, el vocalismo que se refleja en estas *Memorias* no presenta el conjunto de comportamientos y de fenómenos que se dan en otros textos de carácter popular de la época. Entre los escasos hechos que hay que destacar en este sentido está la ausencia de diptongación en alguna forma verbal: «Hallado el Novio lo apreta para que entregue la Novia...» (339). En lo que se refiere al sistema consonántico, se puede ver el empleo ocasional de *l* por *r*, como es el caso de *almario* y *celebro*: «No quería que los Oratorios fuessen embutidos en las paredes, ni a maneras del almarios, sino que hubiesse quarto separado para ellos» (218); «...un soldado, que llevaba una escopeta para ellos, según constaba de las diligencias, se le disparó casualmente y con el Taco que dio en la Cabeza a un Mozo de 18 años que le quedaba cerca, y lo arrojó de celebro, lo mató» (389).

10. En cuanto al apartado morfosintáctico, cabe señalar que los nombres de naciones o continentes, siguiendo el comportamiento galicista, vienen precedidos del artículo: «No se durmió la Inglaterra en dar la queja a nuestro Soberano por la prissión, en que se tenía a su vasallo...» (166); «...se le decía que el 9 de Febrero se ratificaron los tratados de paz con la Inglaterra y de orden de Su Majestad se le dice que pueda admitir a comercio las embarcaciones de dicha Nación, y queden en libertad las Embarcaciones para salir para la América...» (666). Otro registro en 589.

11. Algunos sustantivos aparecen como masculinos, como es el caso de *coz*, que en el uso actual tienen género femenino: «pero, quando éstos se bolvían para esta Ciudad, huvo la desgracia de que un Caballo dio un coz en la pierna Izquierda al Capitán Don Joseph García de Mesa y se la rompió» (334). Un caso similar es el de *catástrofe*: «Padecía algo de alferecía y el día antecedente se le dio tan fuerte, que no bolbió en sí por lo que sólo se le administró el Sacramento del estrema-unción, sin que sus pocos años, ni el ser bien vista la huviesen preservado de este catástrophe» (507). También se da el caso contrario, como se puede ver en *espía*, que figura como femenino: «...sólo desembarcó de ella un Portugués que quería ajustar alguna orchilla que era su principal carga, como esta mercadería no es regular el traherla a estas islas en donde se coge mucha porción, que es de la más estimada, se sospechó si dicho Francés era alguna espía de los Ingleses» (644)[2].

12. El adjetivo *grande* antepuesto a sustantivos en singular aparece apocopado en algunos casos, pero son manifiestamente más numerosos aquellos en que figura la forma plena: «Havía sí muchos días de Vacaciones en el año, i no havía día, no hora fixa de estudio, principalmente por la mañana, lo que era de grande incomodidad para los que asistíamos fuera del Convento» (85)[3].

13. Los adjetivos ordinales *primero* y *tercero* aparecen con la forma plena cuando preceden a un sustantivo: «El tercero día se hizo una magnífica función en la Iglesia Parroquial de María Santísima de la Concepción» (95)[4].

---

2   Registros de este comportamiento pueden verse en la lengua de Viera y Clavijo. *Hist.*, VII, 15; VII, 17, 31; VII, 47; VIII, 6; y IX, 10.

3   Siguen otras muestras de este comportamiento: «Este lugar que fue de los de mayor riqueza de la isla, y en donde estuvo en auge su Nobleza y Comercio, se halla oy tan destrozado por un grande incendio, un bolcán y varias irrupciones del mar, que está en parangón con los lugares más infelices...» (323); «...como con los años se puso en estado de no poder trabajar cayó en grande infelicidad, y como había huido de instruir a alguno, con su muerte se acabó la Imprenta...»; «Revistó aquel Regimiento aunque con grande incomodidad por lo lluvioso del tiempo...» (378); «No se procuró enseñar a nadie, y en su trato era displicente, y de un semblante adusto, como con los años se puso en estado de no poder trabajar cayó en grande infelicidad...» (568); «...díxose que en Cádiz estaban prevenidos 8.000 hombres y que se pensaba que era para venir a estas Islas, y que los Ingleses hacían un grande armamento» (596); «este socorro de Cacao fue muy apreciable, por la grande falta que había, por ser lo más ordinario el que las gentes de alguna conveniencia y eclesiásticos usen de mañana y tarde de la bebida de Chocolate» (636). Otros registros en 131, 250 y 671.

4   «...y se determinó hazer una Procession general con dichas Imágenes iendo con ellas el primero día que estuviesse bueno al Convento de San Francisco...» (333); «...en su

14. El adjetivo *solo* muestra un comportamiento a mitad de camino entre adjetivo y adverbio: «...se publicó un Breve de nuestro Santísimo Padre Pío VI con fecha 23 de Diziembre del año próximo pasado de 78 en que á súplica de nuestro Católico Monarca Don Carlos 3º concede a los Arzobispos, Obispos, Abades, y Ordinarios de los Reynos de España y de estas Islas den licencia a los habitantes para que en solos tres años siguientes a la publicación de estas Letras puedan comer laticinios y carnes saludables en Quaresma...» (482).

15. El adjetivo *cualquiera* cuando precede al sustantivo presenta, por lo general, la forma plena: «pues aunque fuera a un Alcalde de Monterilla debia participársele qualquiera acto de Jurisdicción, que se quisiese practicar en la suya» (216)[5].

16. Los sintagmas *a (la) casa de* y *en (la) casa de* aparecen en algunos casos como *casa de*: «Luego que comenzé a tener algún discernimiento me pusieron mis Padres casa de algunas Amigas para que fuesse aprendiendo a leer» (80)[6].

Muerte se hallaron tantos guardas y tanta confusión, que estuvo sin enterrársele hasta el tercero día por falta de caudal» (337); «Después del tercero día, que llegaron las noticias por la Ciudad, y el Corregidor que echaba menos los avisos de sus Alcaldes, les escribió cartas» (338); «Un arriero que iba de la Ciudad tarde de la noche fue el que vio el incendio, y llamó gente y tocó en el Convento con lo que despertaron los Religiosos, que estaban al primero sueño, y quizás sin esta diligencia huvieran perecido algunos» (354). Otros registros en 363, 365, 433, 453, 459, 460 y 697.

5 «El día último de este año, en que se había de dar la possessión de los Castillos, no se dio por haber ocurrido en aquella ocasión una Provisión de la Real Audiencia que prohibía a los Regidores presidir la Junta que se había de tener aquel día para la elección de Diputados del Común de la Isla, i Personero, i no estar pronto el Regidor Decano a quien tocaba bajar a falta de la Justicia i estorvar lo lluvioso del día el bajar a qualquiera hora» (219); «Dicho Don Joseph va con algunas pretensiones, que no se duda las consiga; pues su habilidad, literatura, genio festivo, i otras muchas buenas qualidades que le adornan, le hazen acreedor a qualquiera encargo» (250); «Hízoseles nuevo requerimiento y respondieron que qualquiera requerimiento que se les hiciese fuera por escrito» (464); «...se acordó pasasen Diputados por el Lugar de Santa Cruz con los medios de la Ciudad para que con el Comandante como Presidente de la Junta de Sanidad tomasen los medios más oportunos para precaver qualquiera daño» (609); «...y que éste pasó inmediatamente en la casa del Regente a quien se quexó agriamente del modo de proceder de este Tribunal con un Señor Obispo, en el mismo método que si fuese con qualquiera particular» (734).

6 Siguen otros casos: «por la tarde passamos al Lugar de los Silos a visitar a las Monjas, y a las personas que nos havían cumplimentado, refrezcamos casa del Visitador

17. Otro de los rasgos de la lengua de Lope Antonio de la Guerra es el especial comportamiento que muestran los pronombres átonos. Como se sabe, los estudios del español de Canarias realizados los últimos cincuenta años coinciden en destacar a este respecto el empleo del sistema etimológico y la inexistencia de laísmo y leísmo, pero si nos acercamos a la lengua de varios autores canarios de los siglos XVIII y XIX nos muestra un comportamiento particular, porque se sigue de modo mayoritario el uso etimológico, pero hay numerosos casos de desajustes. Uno de estos autores es Lope Antonio de la Guerra, tal y como se puede advertir en los casos que siguen:

> Que en una la quitaron alguna zuela, sacos de añil, y algunas otras cosas, dexando la embarcación libre (594).
>
> ...se aseguró que el sitio de Gibraltar continuaba con mucho más vigor, y que a la Plaza se la hacía un fuego muy vivo de modo que se habían destrozado fortificaciones (596).

Como se puede observar, se trata de un comportamiento con escaso número de frecuencia y que coexiste con los casos que siguen el criterio etimológico y que son los más numerosos. De cualquier forma, no se trata de un hecho aislado y particular de Lope de la Guerra, sino que también se da en la lengua escrita de otros canarios cultos de la época, como Viera y Clavijo (Díaz Alayón 2005). Particularmente amplio es el número de los casos de leísmo, siempre referido a personas:

> Don Joseph va con algunas pretensiones, que no se duda las consiga; pues su habilidad, literatura, genio festivo, i otras muchas buenas qualidades que le adornan, le hacen acreedor a qualquiera encargo (250).
>
> El Comandante General fue hasta la escalera del muelle a recibirle, y juntamente clérigos, Frailes, Militares, Ricos, Pobres y casi todo el Pueblo: luego le conduxo el Comandante en su coche a la Parroquia [...] hizo visitas a los que estubieron a verle, y el 21 a las 8 de la mañana salió para el Lugar de Candelaria a donde iba a dar principio a la visita: El Comandante General le acompañó hasta el Quartel (735)[7].

18. Se da también la presencia de formas verbales personales con posposición de pronombres átonos. La mayoría de los casos se dan a principio de frase o después de pausa, pero también se dan en el interior: «Saliéronles a recebir

---

eclesiástico, i nos bolvimos por la noche...» (159); «apeámonos casa de la Señora Doña María del Carmen...» (160); «...como porque la Madama Monteverde estaba emparentada con los más de allí, i asistía casa de Don Manuel de Monteverde su deudo, en donde se vieron juntas...» (179); «Los principales asistentes pasaron casa del Comandante donde se les sirvió un expléndido Refrezco...» (640); «...se tocó la llamada, ocurrieron los oficiales casa del Coronel se les comunicó la orden...» (644).

7 Otros registros pueden verse en 277, 454, 455, 494, 495, 500, 503, 508, 509, 510, 560, 579, 601, 603, 607, 630, 632, 636, 650, 663, 668, 670, 671, 677, 678, 680, 681, 688, 690.

algunos Militares de la Ciudad, hospedóseles en una Casa en la calle de la Carrera» (549)[8]. Como se puede ver en este último ejemplo, también el mismo comportamiento se da en las estructuras que presentan forma verbal + *se* + pronombre y forma verbal + *se*: «descubrióse toda la cañería, argamasáronse de nuevo todos los caños, pusiéronse los que faltaban [...] tapóse todo con tejones...» (578)[9].

19. De igual modo, se puede apreciar que nuestro autor se sirve del futuro imperfecto de subjuntivo, una forma que en la actualidad es muy difícil de encontrar en la lengua hablada y que, todavía, se mantiene en la lengua escrita, particularmente en textos administrativos y de registro solemne: «...i con su ayuda, i continuando con salud, pienso proseguir estas memorias, por si en algún tiempo pudieren servir de utilidad» (252); «...he tenido el gusto de que en mi casa hemos gozado de salud: si Dios me la continuare, y los conocimientos no dejaré con su ayuda de continuar las memorias...» (442); «Si Su Majestad me concediere la salud pienso continuar estas Memorias en el siguiente año...» (472).

20. En el imperfecto del verbo *ver* se mantiene la forma arcaica *vía*[10].

21. El verbo *haber* se emplea para indicar tiempo: «porque no havía dos años de intermedio que lo fue Herrera, o porque no salió el que Franco pretendía...» (210); «...i que sólo había obrado a impulsos de las persuaciones del expresado Don Salvador Morera, que muchos tiempos ha que aspiraba a dicho empleo...» (215)[11].

---

8 «Hállome al presente en la casa de mis Padres, con salud, i en la florida edad de 22 años...» (76); «Enseñábala Don Joseph Domingo de Arias Clérigo presbítero por elección del Ayuntamiento...» (81); «Participólo a la del Sacramento de la Concepción, con la que acostumbraba salir a aquella hora a visitar los Sagrarios» (92); «Convidónos Don Martín de Salazar...» (155).

9 «Han puéstose corrientes sus cañerías, héchose tanques nuevos y muros...» (398); «han cumplídose en este mes tres siglos en que vino a estas Islas el general Pedro de Algaba...» (512).

10 «pero el Vicario, que por contemplación havía dado qüenta al Provisor le detuvo hasta el 26, que dicho Provisor tuvo a bien se le libertase, i le hizieron bolver a dar las gracias al Comandante que le dixo que ya podía conocer cómo se havían de venerar sus órdenes, que ya vía lo executado con los Marqueses, i que lo mismo executaría con otros, i que el Rey lo aprobaba todo» (298). Otros registros en 306 y 697.

11 «Havía tiempo que estaba sobre cogido de enfermedades habituales» (245); «También puede serlo otra que varó en la Palma, y no hay muchos años que por Abona llegó una Embarcación con Madera y otras cosas...» (333). Otros registros en 326, 332, 369, 378,

A estas características hay que sumar los rasgos del léxico, que nos acercan al vocabulario de un canario culto del siglo XVIII, formado por aportes de distinta naturaleza. Vemos términos de uso general en el español de la época, pero en la actualidad desusados o relegados a ámbitos determinados, como es el caso de *inficionar* 'infectar', *ocurrir* 'pedir, acudir' y *plantificar* 'fundar, instituir'. Junto a esto, otro destacado componente lo configuran las voces características de la norma insular. Aquí podemos ver un amplio conjunto de occidentalismos, del que forman parte formas como *talla* y *arruado*, junto a voces americanas como *mamey*, *anón*, *achote* y *papaya*. Pero esto va a quedar para otra ocasión.

Referencias bibliográficas

ALMEIDA, Manuel y Carmen DÍAZ ALAYÓN (1988): *El español de Canarias*, Santa Cruz de Tenerife.

ALVAR, Manuel (1959): *El español hablado en Tenerife*, Anejo LXIX de la *RFE*.

ANCHIETA Y ALARCÓN, José Antonio de (1920): *Del Diario del regidor Anchieta y Alarcón*, notas recopiladas por Buenaventura Bonnet, Santa Cruz de Tenerife: Librería Hespérides.

ANCHIETA Y ALARCÓN, José Antonio de (2001): *Del Diario del regidor Anchieta y Alarcón*, notas recopiladas por Buenaventura Bonnet, prólogo de Francisco Javier Macías Martín, Santa Cruz de Tenerife: Leoncio Rodríguez.

ANCHIETA Y ALARCÓN, José Antonio de (2011): *Diario*, 2 vols., edición de Daniel García Pulido, prólogo de Manuel de Paz, Santa Cruz de Tenerife: Idea.

BUESA OLIVER, Tomás, (1981): «Canarias y el *Concolorcorvo*», *I Simposio Internacional de Lengua Española*, Las Palmas: Ediciones del Cabildo Insular de Gran Canaria, 325–347.

CANO AGUILAR, R. (coord.) (2008): *Historia de la lengua española*, Barcelona: Ariel.

CASTILLO, Francisco Javier y Carmen DÍAZ ALAYÓN (2009): *Canarias en la Europa ilustrada. El legado de George Glas*, La Laguna: Centro de la Cultura Popular Canaria.

DÍAZ ALAYÓN, Carmen (1993): «El vocabulario de dos autores canarios del siglo de las Luces: Cristóbal del Hoyo y José de Viera y Clavijo», en G. Díaz Padilla

381, 417, 430–431, 435, 438, 451, 454, 494, 500, 509, 511, 546, 555, 559, 578, 579, 587, 636, 662, 690, 697, 732.

y F. González Luis (eds.): *Strenae Emmanvelae Marrero Oblatae*, La Laguna: Servicio de Publicaciones de la Universidad de La Laguna, Tomo I: 299–322.

Díaz Alayón, Carmen (2004): Reseña de *Cartas de medianeros de Tenerife (1769–1893)*, de José Manuel Hernández Hernández, *Revista de Filología de la Universidad de La Laguna* 22: 338–341.

Díaz Alayón, Carmen (2005): «Sobre el comportamiento de los pronombres átonos en autores canarios de los siglos XVIII y XIX», *Revista de Filología de la Universidad de La Laguna* 23: 79–96.

Frago Gracia, Juan Antonio (1996): «Las hablas canarias: documentación e historia», en Javier Medina López y Dolores Corbella Díaz (eds.): *El español de Canarias hoy: análisis y perspectivas*, Madrid: Iberoamericana, 231–253.

Frago Gracia, Juan Antonio (2003): «Origen peninsular e influjos americanos del español de Canarias», en Carmen Díaz Alayón, Marcial Morera y Gonzalo Ortega Ojeda (eds.): *Estudios sobre el español de Canarias*, Islas Canarias: Academia Canaria de la Lengua, vol. I: 63–84.

Galmés de Fuentes, Álvaro (1964): «Algunos dialectalismos canarios en el habla güimarera del siglo XVIII», *Archivum* XIV: 61–74.

Glas, George (1764): *The history of the discovery and conquest of the Canary Islands translated from a Spanish manuscript lately found in the island of Palma, with an Inquiry into the origin of the ancient inhabitants to which is added a Description of the Canary Islands, including the modern history of the inhabitants, and an account of their manners, customs, trade, &*, Londres.

Guerra y del Hoyo, Fernando de la (1976): *Diario*, 2 vols., Santa Cruz de Tenerife: Aula de Cultura del Cabildo de Tenerife.

Guerra y Peña, Lope Antonio de la (1951–1959): *Memorias (Tenerife en la segunda mitad del siglo XVIII)*, 4 vols., proemio y edición de Simón Benítez Padilla, Las Palmas: El Museo Canario.

Guerra y Peña, Lope Antonio de la (2002): *Memorias. Tenerife en la segunda mitad del siglo XVIII*, estudio y notas de Enrique Roméu Palazuelos, Las Palmas de Gran Canaria: Ediciones del Cabildo de Gran Canaria.

Hernández Hernández, José Manuel (2003): *Cartas de medianeros de Tenerife (1769–1863)*, Islas Canarias: Academia Canaria de la Lengua.

Hoyo, Cristóbal del (1983): *Madrid por dentro*, edición de Alejandro Cioranescu, Santa Cruz de Tenerife: Aula de Cultura del Cabildo de Tenerife.

Hoyo, Cristóbal del (1985): *Soledad escrita en la isla de la Madera*, edición e introducción de Andrés Sánchez Robayna, La Laguna: Instituto de Estudios Canarios.

Hoyo Solórzano, Cristóbal del (1986): *Carta del Marqués de San Andrés y Vizconde de Buen Paso, escrita de Lisboa a un amigo suyo*, edición, introducción y notas de Miguel Pérez Corrales, La Laguna: Universidad de La Laguna e Instituto de Estudios Canarios.

[Hoyo, Cristóbal del] Vizconde de Buen Paso (1988): *Carta del Marqués de la villa de San Andrés y Vizconde de Buen Paso respondiendo a un amigo suyo lo que siente de la corte de* Madrid, edición de Miguel Ángel Hernández González, Biblioteca Básica Canaria n.º 8, Vicenconsejería de Cultura y Deportes del Gobierno de Canarias.

Lapesa, Rafael (1981⁹): *Historia de la lengua española*, Madrid: Gredos.

Medina López, Javier (1996–1997): «Historia del español en Canarias: estado de lengua en algunos documentos eclesiásticos (siglos XVI–XVIII)», *Anuario de Lingüística Hispánica. Homenaje al Dr. Germán de Granda*, vols. 12–13: 113–123.

Ossuna y van Den-Heede, Manuel de (1914): *Cultura social de Canarias en los reinados de Carlos III y Carlos IV*, [Santa Cruz de Tenerife] Imp. de A. J. Benítez.

Pérez Corrales, Miguel (1987): «Las *Cartas diferentes* del marqués de San Andrés», en *In memoriam Inmaculada Corrales*, La Laguna: Universidad de La Laguna, Tomo II: 225–261.

Pérez Vidal, José (1991): *Los portugueses en Canarias. Portuguesismos*, Las Palmas: Ediciones del Cabildo Insular de Gran Canaria.

Régulo Pérez, Juan (1950): «La lengua de Viera y Clavijo», en *Noticias de la Historia General de las Islas Canarias*, ed. bajo la dirección de Elías Serra Ràfols, Santa Cruz de Tenerife, Tomo I: XCI–CVIII.

Reyes Martín, Juan (s.a. [1818]): *Serie de barbarismos, solecismos, aldeanismos y provincialismos que se refieren especialmente al vulgo tinerfeño*, Santa Cruz de Tenerife.

Roméu Palazuelos, Enrique (2002): «Lope Antonio de la Guerra y Peña. La vida, la ciudad, los hombres, sus trabajos, las Memorias», en Lope Antonio de la Guerra y Peña (2002): *Memorias. Tenerife en la segunda mitad del siglo XVIII*, 7–64.

VIERA Y CLAVIJO, José de (1976): *Viaje a la Mancha*, en José de Viera y Clavijo y Tomás de Iriarte, *Dos viajes por España*, edición introducción y notas por Alejandro Cioranescu, Santa Cruz de Tenerife: Aula de Cultura de Tenerife.

VIERA Y CLAVIJO, José de (1982⁸a): *Noticias de la Historia General de las Islas Canarias*, 2 vols., introducción y notas de A. Cioranescu, Santa Cruz de Tenerife: Goya Ediciones.

VIERA Y CLAVIJO, José de (1982b): *Diccionario de Historia Natural de las Islas Canarias*, edición dirigida y prologada por M. Alvar, Las Palmas de Gran Canaria: Mancomunidad de Cabildos de Las Palmas.

VIERA Y CLAVIJO, José de (1983): *Vida del Noticioso Jorge Sargo*, Santa Cruz de Tenerife: Goya Ediciones.

Clara Curell
José M. Oliver
(Universidad de La Laguna)

Entre lirismo y exotismo: el reto de traducir a Ernest Pépin

Interpréter est une suite sans fin de décisions parfois hasardeuses
Yves Bonnefoy (2000: 13)

Cuando uno se enfrenta a la traducción de una obra literaria sabe de antemano que no solo debe tratar de trasladar la información semántica que contiene, sino que ha de reparar especialmente en sus rasgos lingüístico-formales y tener bien presente el nivel pragmático-estilístico para que el impacto producido por la traducción sea lo más análogo posible al del original. Si a estas dificultades se le añade la de tener que transmitir unas referencias culturales lejanas y trasvasar un lenguaje marcado diatópicamente, la labor del traductor se complica de manera considerable.

Este reto se nos planteó al emprender la versión española de unos textos inéditos[1] del novelista y poeta franco-antillano Ernest Pépin (Guadalupe, 1950), figura singular y comprometida de la actual cultura caribeña y defensor de una «identité-mosaïque» abierta al mundo. Como es de suponer, este escritor se expresa en su lengua vernácula, el francés antillano: una lengua diferente del francés metropolitano, esa lengua extranjera que le obligaban a aprender en la escuela, la lengua colonial de los «Grands-Blancs», pero que tampoco es ese «français-banane» de las clases populares analfabetas. Esta variedad lingüística, que algunos estudiosos (Prudent 1981 y Hazaël-Massieux 1996) consideran una «interlengua» entre el francés de Francia y el *créole*, se caracteriza esencialmente, desde el punto de vista léxico, por la pervivencia de arcaísmos y regionalismos del francés traído por los colonos del siglo XVII y por la presencia de préstamos

---

1 Estos textos, titulados *Solo d'Îles* y *Odyssée de la ville*, fueron publicados, junto a nuestra versión española y a la portuguesa realizada por Ana Moniz y Thierry Poroeça dos Santos y con ilustraciones del pintor guadalupeño Michel Rovelas, en 2010 dentro del proyecto *Horizontes insulares* del programa Septenio del Gobierno de Canarias. Con posterioridad, Amparo Salvador Alcober, Joan Navarro y Elisa Andrade Buzzo han publicado sus respectivas traducciones al español, catalán y portugués en la revista electrónica valenciana *sèrieAlfa* (n° 47, septiembre de 2010).

del *créole* referidos a los *realia* del mundo caribeño, de adaptaciones de palabras españolas, inglesas, amerindias y africanas, así como de innovaciones propias. En lo relativo al plano morfosintáctico, presenta ciertos rasgos de la lengua hablada, del mismo modo que numerosos calcos del *créole* (confusión de género, número, persona, tiempos y modos verbales; adición u omisión de determinantes, pronombres, conjunciones o preposiciones…).

Las particularidades que suscita la traducción de textos escritos en variedades lingüísticas no estándares ha despertado, en las últimas décadas, el interés de un buen número de expertos. A grandes trazos, podemos decir que los planteamientos al respecto se enmarcan dentro del debate clásico en los estudios traductológicos entre *sourciers* y *ciblistes* (Ladmiral 1986), esto es, entre los que priorizan la equivalencia formal del original y aquellos otros que privilegian la reexpresión del significado en el texto de llegada. De este modo, algunos estudiosos (Julià Ballbé 1997, Hurtado Albir 2001 o Marco Borillo 2002) defienden la reproducción, de forma parcial o total, de los rasgos dialectales originales, pese a la dificultad de encontrar una verdadera equivalencia. La opinión contraria, que es mayoritaria –y entre los que se cuenta a House (1973), Newmark (1988), Mayoral (1990), Rabadán (1991), Muñoz (1995) o Carbonell i Cortés (1999)–, defiende una traducción sin marcas o neutralizada, aun a costa de renunciar a determinados aspectos connotativos del original, especialmente cuando la variedad vernácula es la lengua de narración de la obra entera.

Este es, precisamente, el caso de los textos que nos ocupan, por lo que hemos optado por trasladarlos a un español estándar, convencidos de que traducir una variedad dialectal extranjera por un equivalente local, además de ser una solución artificial, puede, como bien dice Antoine Berman (1985: 79), llegar a ridiculizar el original.

Como botón de muestra de nuestro trabajo y para ilustrar algunos de los problemas traductológicos que nos surgieron a lo largo de la labor de traslación, hemos elegido uno de los textos que hemos traducido, el poema *Solo d'îles*, conjunto de 222 versos blancos heterométricos distribuidos en seis estrofas de dimensión variable, en el que Pépin evoca, con ecos de la tradición oral y musical antillana, sus ancestros africanos, el mestizaje, la naturaleza o el sufrimiento de los pueblos e islas del Caribe.

Como en cualquier traducción, y tras documentarnos debidamente acerca del contexto cultural y textual de la obra, hemos adoptado una serie de medidas de distinta naturaleza en consonancia con las diferentes fases del proceso traslativo.

En primer lugar, y en lo que concierne al plano estilístico-formal, nos hemos decantado por mantener la misma estructura en cuanto a número de versos y

estrofas, así como por reproducir el verso blanco del original y respetar la hete-
rometría, adaptándola a los patrones más comunes de la versificación española.
Todo ello con el objetivo de tratar de conservar la obligada correspondencia entre ritmo y sentido del texto poético.

Ya en el nivel lexemático, hemos tenido que identificar los falsos amigos y
las particularidades regionales, distinguiéndolos de las especificidades propias
del idiolecto del autor. Para ello hemos recurrido a herramientas bibliográficas
y lexicográficas específicas (Telchid 1997, BDLP) con el fin de reconocer y comprender las palabras del francés antillano que, muchas veces, están ausentes de
los diccionarios generales del francés.

Nos detendremos a continuación en señalar algunos de estos diatopismos y
presentar nuestras propuestas de traducción.

La acepción más común del verbo *amarrer* en el francés metropolitano pertenece al ámbito de la náutica, mientras que en las Antillas es un regionalismo
del Oeste francés, exportado a ultramar en el siglo XVII (Telchid 1997), que se
emplea con el significado general de 'atar'. En nuestra versión, los imperativos de
la métrica nos han llevado a traducirlo en el primer caso por 'atar' y, en el segundo, por un sinónimo que comparte la misma etimología que el término francés:

Une langue nous **amarre** au feuillage (v. 57)
Una lengua nos ata a la espesura
Un conteur veille le rêve
[…]
Nous **amarre** au créole (vv. 96–104)
Un cuentacuentos vela el sueño
[…]
Nos amarra al criollo

Tanto en los diccionarios del francés general (TLF) como en los repertorios diferenciales (Telchid 1997, BDLP) se considera el verbo *déparler* como un diatopis-
mo registrado en el francés norteamericano y antillano, que se utiliza únicamente de forma intransitiva con el sentido de 'hablar atropelladamente y de manera
confusa'. En *Solo d'îles* Pépin le da un uso particular al emplearlo como verbo
transitivo, y así lo hemos traducido:

Les fleuves en transe **déparlent** des langues (v. 70)
Los ríos en su trance farfullan unas lenguas

Un gran experto en el francés de ultramar, André Thibault (2010: 48), apunta
que *marron* constituye una de las palabras esenciales acuñadas por el francés
de las Antillas. Aunque su étimo último es el español *cimarrón* 'esclavo que se
refugiaba en los montes buscando la libertad' (DRAE), se introduce a través del

habla de los indios caribes. Los derivados *marronage* y *marroner* son innovaciones lexemáticas francesas que se documentan ya en el siglo XVII. La ausencia de términos correspondientes en español nos ha llevado a traducir el sustantivo *marronage* por una perífrasis explicativa:

Les **marronages** les plus secrets (v. 121)
[…]
La belle parole est un **nègre marron** (v. 127)
Las más secretas fugas de esclavo
[…]
Es la palabra hermosa un negro cimarrón

El compuesto *poux de bois*, literalmente 'piojo de la madera', es una lexía bien documentada en los diccionarios y enciclopedias de los siglos XVII y XVIII, que se usa habitualmente en el francés antillano (Zanoaga 2012) en lugar del término no marcado *termita*. De ahí que se le considere un regionalismo de frecuencia, que carece de equivalencia en español. Es preciso señalar, además, que en la cultura popular guadalupeña, y en concreto en las fiestas de Carnaval, no es raro encontrar mujeres con *mas a poulbwa*, es decir, disfrazadas de mujer termita[2]:

En résistance de femmes **poux de bois** (v. 130)
Con fuerza de mujer termita

En el siguiente ejemplo nos encontramos ante una palabra, *roche*, que fácilmente puede actuar como un falso amigo, puesto que en no pocas variedades diatópicas, tanto metropolitanas como de ultramar, su significado no corresponde a 'roca', sino a 'piedra' o 'guijarro' (BDLP).

Des **roches** gravées chantaient la mort (v. 180)
Unas piedras grabadas cantaban a la muerte

Según Thibault (2010: 50), el sustantivo *morne* es una de las lexías más emblemáticas del francés antillano, la cual se extendió rápidamente a las hablas vernáculas de la Reunión y de Haití, así como a otras variedades regionales del francés (Canadá, Océano Índico). Se emplea especialmente con referencia a una isla o un litoral para designar una 'colina o monte pequeño' (BDLP), y aunque su origen es incierto, se apunta que podría proceder del español *morro*:

---

2   Los disfraces tradicionales de Guadalupe son de reminiscencia africana y eran usados por los esclavos durante el Carnaval para hacer creer a sus amos que participaban en la fiesta, cuando realmente les servían para sus prácticas religiosas de carácter animista (cf. «Voukum», in *Potomitan. Site de promotion des cultures et des langues créoles.* Documento en línea: http://www.potomitan.info/gwadloup/voukoum.php).

Nous avons choisi de renaître
De ressusciter la tête des **mornes** (vv. 193–194)
Hemos elegido renacer
Resucitar la cima de los cerros

Por su parte, el sintagma *arbre-à-pain* es una innovación léxica del francés antillano a partir de la lengua estándar que alude a un árbol de gran altura, típico de la región, que proporciona unos frutos comestibles de color blanco (BDLP). Como pueden ver, lo hemos traducido por la locución española equivalente:

Solo d'îles affamées d'**arbre à pain** (v. 212)
Solo de islas hambrientas de árbol del pan

Una vez vistos algunos diatopismos, nos ocuparemos de las voces no marcadas que, por regla general, se han traducido por aquellas que mejor se corresponden con las originales. Sin embargo en algunos casos las necesidades métricas y acentuales nos han llevado a hacer algunos ajustes, como veremos seguidamente.

Así, por ejemplo, en lugar de emplear el equivalente exacto, nos hemos servido del hipónimo *mercante* en lugar de *barco* en «Les bateaux négriers» (v. 13), o del hiperónimo *aves* por *pájaro* en «Du nid des oiseaux migrateurs» (v. 44). Asimismo, hemos recurrido a palabras gemelas, en vez de a su correspondiente etimológico, como ocurre con *ritual* por *sacrificio* en «Que nous sommes l'offrande du sacrifice» (v. 88), con *deleite* por *placer* en «Un plaisir tient la nuit debout» (v. 112), o con *flamantes* por *nuevas* en «Comme un tir de billes neuves» (v. 171). En otros momentos hemos acudido a sinónimos contextuales, como *soñar* por *inventar* en «Et demande aux arbres / D'inventer de nouvelles racines» (vv. 29–30), que da como resultado «Y a los árboles pide soñar nuevas raíces». El mismo caso se produce con la elección de *historia* en lugar de *memoria* en «Répandre leurs couleurs dans la mémoire de la mer» (v. 34), que hemos trasladado como «A expandir sus colores en la historia del mar».

Siempre con el fin de preservar la cadencia del verso, hemos debido recurrir también a las distintas técnicas de traducción oblicua, como son la elisión, la explicitación, la transposición o la modulación. De esta manera, nos hemos visto obligados a omitir algunas palabras con poca carga semántica, como es el caso de los artículos determinado e indeterminado en «Sont des voyages dans les miroirs» (v. 78), que hemos traducido como «Son viajes entre espejos», o del demostrativo en «Cette liberté qui dévoile les soleils intérieurs» (v. 120), que pasa a «Libertad que desvela los soles interiores». Igualmente, se ha dado el caso contrario, es decir, tener que añadir o explicitar algún elemento poco significativo, como ocurre en «Dans l'épicentre de la douleur» (v. 81), que trasladamos a «Justo en el epicentro del dolor», o en «Îles ouvertes à tout langage divin» (v. 90), que hemos convertido en «Somos islas abiertas al lenguaje divino».

Ya desde el punto de vista morfosintáctico, ha sido preciso alterar el orden en determinadas cláusulas, como podemos apreciar en los siguientes ejemplos:

Une salaison d'îles prophétiques (v. 11) > *Una salazón de proféticas islas*
Avec aux yeux un arc-en-ciel (v. 17) > *Con un arco iris en los ojos*
Et le parfum des peuples anciens (v. 89) > *El perfume de antiguos pueblos*
Et c'est sésame pour nos âmes (v. 108) > *Y para nuestras almas es el sésamo*

Asimismo, hemos tenido que llevar a cabo algunas transposiciones, como sustituir una frase nominal por una verbal:

Au chant de la lumière (v. 40) > *Cuando canta la luz*

Cambiar una frase adjetiva por otra verbal:

De toutes ces îles voraces du sang noir (v. 51) > *De todas esas islas que ansían sangre negra*

Pasar adjetivos a complementos preposicionales:

Corps souterrains (v. 59) > *Cuerpos bajo la tierra*

Modificar el número del sustantivo original:

[…] l'éloquence de la conque (v. 45) > *La elocuencia de nuestras caracolas*

O convertir un artículo determinado en indeterminado:

La belle parole avale le soleil (v. 126) > *Una palabra hermosa engulle al sol*

También hemos acudido excepcionalmente a una de las técnicas más extremas de la traducción oblicua, la modulación, y al consiguiente cambio de punto de vista que supone. Así se explica la hipálage que resulta al traducir «Nous sommes nés de tout le bleu / De tout le deuil de l'avant (vv. 47–48)» por «Nacimos por entero del azul / Por entero del duelo del ayer».

En otro orden de cosas, queremos señalar algunos casos relacionados con la dimensión connotativa, que requieren conocer las referencias culturales de la realidad que representa el texto y que, por tanto, influyen en la traducción. Así, por ejemplo, la palabra *répondeur* (v. 100), cuyo significado estándar es 'contestador telefónico', se emplea habitualmente en la narración pública de los cuentos antillanos para referirse a aquellos oyentes que participan dando la réplica al cuentacuentos. De ahí que nuestra propuesta de traducción de este sustantivo sea «el público».

Un conteur veille les rêves
[...]
Et nous **répondeurs**
Nous entrons dans la ronde des îles
Un cuentacuentos vela el sueño
[...]
Y nosotros, el público,
Entramos en el corro de las islas

En el v. 198, la oración «gouverner la rosée» es un guiño a la novela *Gouverneurs de la rosée* (1944) del escritor haitiano Jacques Roumain, cuyo título se refiere a los campesinos encargados de todo lo relacionado con el riego en las plantaciones (Hoffmann 2003). En nuestra versión hemos coincidido con la propuesta de los distintos traductores de esta novela al español[3]:

Nous avons choisi de renaître (vv. 192–198)
[...]
De **gouverner la rosée**
Hemos elegido renacer
[...]
Gobernar el rocío

El v. 185, «Et d'enterrer des jarres pour nos rêves» (que hemos traducido por «Y enterrar vasijas para nuestros sueños»), es una alusión a la leyenda caribeña según la cual, durante las revueltas de los esclavos, los amos de las plantaciones obligaban a su criado más fiel a enterrar en unos recipientes el oro que poseían, para luego matarlo y sepultarlo allí mismo con el fin de que su espíritu vigilara ese tesoro.

Para terminar, queremos ilustrar la imposibilidad que suele darse en la traducción literaria de reproducir algunos efectos estilísticos. En el poema hemos encontrado dos ejemplos de juegos fónicos bastante perceptibles y que no hemos podido trasladar a nuestra versión española. Así, el v. 93, «Dit d'îles créoles» ('dicho de islas criollas') presenta homofonía con «d'idylles créoles» ('de idilios criollos'). El v. 108, «Et c'est sésame pour nos âmes» ('y es sésamo para nuestras almas') nos brinda un caso similar al sonar de la misma forma que «et c'est ses âmes pour nos âmes» ('y son sus almas para nuestras almas').

---

3 En efecto, las cuatro versiones españolas de las que tenemos constancia (Buenos Aires, Lautaro, 1951, trad. Fina Warschaver; La Habana, Casa de las Américas, 1971, sin mención del traductor; Caracas, Biblioteca Ayacucho, 2004, trad. Michaelle Ascencio y Santo Domingo, Funglode, 2007, sin mención del traductor) han optado por el título *Gobernadores del rocío*.

Como decíamos al principio de estas páginas, a la hora de traducir poesía no solo hay que tener en cuenta la dimensión referencial, sino también, y muy especialmente, la dimensión estética y rítmica. Con este muestrario hemos querido ilustrar mínimamente el ejercicio de equilibrio entre forma y sentido que hemos llevado a cabo con el propósito de recrear efectos y emociones similares a las que provoca la obra original. Asimismo, hemos podido constatar que ante un texto escrito en una variedad geolectal, el traductor, además de considerar el aspecto denotativo, debe prestar una particular atención a los sentidos connotativos. En cuanto al plano del contenido, una sólida documentación y el recurso a las oportunas fuentes lexicográficas diferenciales –cuando existen– pueden ayudar a identificar los diatopismos, evitar el empleo de falsos amigos, calibrar el registro y la frecuencia de uso de las voces en cuestión, etc., y alcanzar, así, la mayor equivalencia semántica posible. Sin embargo, resulta más difícil –cuando no imposible– reproducir los matices connotativos que esas formas marcadas evocan. El traductor puede salir más o menos airoso de este trance completando la traducción, siempre que el tipo de edición lo permita, con enunciados paratextuales (prólogo, notas, apostillas, paráfrasis explicativas, etc.) con los que, en cierta medida, se hace visible algo de lo que se pierde en una traducción en la que los diatopismos aparecen neutralizados.

Referencias bibliográficas

AGENCE UNIVERSITAIRE DE LA FRANCOPHONIE y TRÉSOR DE LA LANGUE FRANÇAISE AU QUÉBEC (2001–2011): *Base de données lexicographiques panfrancophone* [BDLP]. En línea: http://www.tlfq.ulaval.ca/bdlp.

BERMAN, Antoine (1985): «La traduction et la lettre ou l'auberge du lointain», en A. Berman *et al.* (eds.): *Les Tours de Babel: essais sur la traduction*, Mauvezin: Trans-Europ-Repress, 35–150.

BONNEFOY, Yves (2000): *La communauté des traducteurs*, Estrasburgo: Presses Universitaires de Strasbourg.

CARBONELL I CORTÉS, Ovidi (1999): *Traducción y cultura. De la ideología al texto*, Salamanca: Ediciones Colegio de España.

HAZAËL-MASSIEUX, Marie-Christiane (1996): «Du français, du créole et de quelques situations plurilingues: données linguistiques et sociolinguistiques», en B. Jones, A. Miguet, et P. Corcoran (eds.): *Francophonie. Mythes, masques et réalités. Enjeux politiques et culturels*, París: Editions Publisud, 127–157.

HOFFMANN, Léon-François (2003): «Présentation de *Gouverneurs de la rosée*». *Portraits d'îles*. Documento en línea: http://www.lehman.cuny.edu/ile.en.ile/paroles/roumain_gouverneurs.html.

HOUSE, Juliane (1977): *A Model for Translation Quality Assessment*, Tubinga: Narr.

HURTADO ALBIR, Amparo (2001): *Traducción y traductología. Introducción a la traductología*, Madrid: Cátedra.

JULIÀ BALLBÉ, Josep (1997): «Dialectes i traducció: reticències i aberracions», en M. Bacardí (ed.): *Actes del II Congrès Internacional sobre Traducció*, Bellaterra: Servei de Publicacions de la Universitat Autónoma de Barcelona, 561–574.

LADMIRAL, Jean-René (1986): «Sourciers et ciblistes», *Revue d'esthétique* 12: 33–42.

MARCO BORILLO, Josep (2002): *El fil d'Ariadna. Anàlisi estilística i traducció literària*, Barcelona: Eumo.

MAYORAL, ROBERTO (1990): «Comentario a la traducción de algunas variedades de lengua», *Sendebar* 1: 35–46.

MUÑOZ MARTÍN, Ricardo (1995): *Lingüística para traducir*, Barcelona: Teide.

NEWMARK, Peter (1995): *Manual de traducción*, Madrid: Cátedra [Versión española de Virgilio Moya. Edición original inglesa: 1988].

PRUDENT, Lambert-Félix (1981): «Diglossie et interlecte», *Langages* 61: 13–38.

RABADÁN, Rosa (1991): *Equivalencia y traducción. Problemática de la equivalencia translémica inglés-español*, León : Universidad de León.

REAL ACADEMIA ESPAÑOLA (2001²²): *Diccionario de la lengua española*, Madrid: Espasa Calpe, [DRAE]. En línea: http://www.rae.es/recursos/diccionarios/drae.

TELCHID, Sylviane (1997): *Dictionnaire du français régional des Antilles: Guadeloupe, Martinique*, París: Bonneton.

THIBAULT, André (2010): «L'œuvre d'Aimé Césaire et le *français régional antillais*», en M. Cheymol y Ph. Ollé-Laprune (eds.): *Aimé Césaire à l'œuvre*, París: Édition des Archives Contemporaines, 43–86.

Trésor de la langue française. Dictionnaire de la langue du XIXe et du XXe siècle (1789-1960), París: CNRS, 1971-1994 [TLF]. En línea: http://atilf.atilf.fr/tlf.htm.

Zанoаga, Florin (2012): *Contribution à la description des particularités lexicales du français régional des Antilles. Étude d'un corpus de littérature contemporaine: les romans* L'Homme-au-Bâton *(1992) et* L'Envers du décor *(2006) de l'auteur antillais Ernest Pépin*, Tesis doctoral dirigida por André Thibault, París: Université de Paris IV-Sorbonne.

Marwane Sabir
(Universidad de La Laguna)

Materiales lingüísticos del sur de Marruecos en textos españoles (1940-1970)

Como se sabe, la presencia colonial de España en el Magreb se inicia en 1913, fruto del Tratado de Fez de marzo de 1912 y del acuerdo franco-español de 27 de noviembre del mismo año. Nace así el Protectorado español de Marruecos, for- mado por dos territorios geográficamente separados: de un lado, la zona norte, que incluye la región del Rif y Yebala; y, del otro, en el sur, el «África Occidental Española», figura jurídica en la que se agrupan distintos territorios: la zona de Ifni, la de Cabo Juby, la de Saguia El Hammra y la de Río de Oro. La ocupación de estos territorios requería la presencia de personal militar, de civiles y de cien- tíficos de campos diversos, para poder estudiar y conocer en profundidad estas áreas, lo cual dio lugar a un número importante de publicaciones de diversa na- turaleza, que aparecieron en forma de artículos de revista y series científicas o en monografías ocasionales.

A este respecto, entre las revistas destaca *África Occidental Española (A.O.E.)*, un semanario que se publicó en Ifni entre 1945 y 1968; luego viene toda una serie de publicaciones editadas por el CSIC en las secciones del *Instituto de Estudios Africanos* (1945-1975), el *Archivo del Instituto de Estudios Africanos* (1947-1966) y los *Cuadernos de Estudios Africanos* (1946-1953). A ello hay que añadir otro tipo de monografías no integradas en series, sino debidas a iniciativas e investi- gaciones personales, como es el caso de las siguientes obras: *Estudios saharianos*, de Julio Caro Baroja; *Del territorio de Ifni. Algunos de sus aspectos*, de Ángel Domenech Lafuente; *Los territorios españoles del Sáhara y sus grupos nómadas*, de Manuel Mulero; etc. Lo verdaderamente relevante de estas publicaciones es la diversidad de aspectos que tratan: las actividades militares y las construcciones españolas en estos territorios, la cultura de estas zonas, los modos de vida y las costumbres de la población, la geografía y el paisaje, etc. Junto a todo ello, estas publicaciones ofrecen un material lingüístico autóctono importante, el cual for- ma un corpus que constituirá mi objeto de estudio en esta ocasión.

El análisis del corpus recogido en estas obras revela voces procedentes de tres normas lingüísticas, dos árabes y uno bereber, a saber: el árabe marroquí, el ta- shelhit, que es la lengua de los bereberes de la zona de Sus y Ait Baamrán, y el árabe hasaní, un dialecto árabe con influencia del zenaga, que es una lengua bereber de Mauritania. La mayoría de las voces autóctonas recopiladas por los españoles son bereberes y hasaníes, pero, como gran parte del vocabulario hasaní es de origen árabe, ello explica que pueda hablarse de tres normas, reflejo de dos sistemas lingüísticos diferentes. En suma, puede decirse que el léxico recogido en los textos españoles está constituido por palabras bereberes y hasaníes, si bien entre estas últimas hay muchos préstamos del árabe. Esto se justifica y explica por el origen de la población de estos territorios: bereberes, hablantes de bereber, y saharauis, hablantes de hasaní.

Al analizar el material lingüístico autóctono que nos han transmitido los textos españoles, resulta evidente que estamos ante dos lenguas y dos culturas distintas, de manera que, a partir de este corpus, se pueden estudiar varios aspectos de estas culturas, que proporcionan una información muy interesante. Además, este corpus lingüístico es muy importante por otra razón: da fe tanto del conocimiento como del desconocimiento lingüístico (y cultural) de los autores de estos textos, lo cual suele constituir un argumento sólido a favor (o en contra) de su credibilidad.

A continuación reproduzco literalmente algunas de las voces y expresiones representativas del mencionado corpus, respetando tanto la transcripción como las definiciones: copio, pues, íntegramente las fuentes, sin corregir nada. En este sentido, aunque se trata de un material que no es correcto en su totalidad, ya sea en cuanto a la forma o en cuanto al significado, aquí se presenta tal cual está en los textos sin intervención ni modificación alguna. Sin embargo, no he incluido en esta muestra voces que no son genuinas de estos territorios, aunque aparezcan de modo frecuente en los textos de referencia e, incluso, en algunos de ellos se presenten como propias de la zona: tal es el caso, por ejemplo, de la forma *majarrero* 'artesano especializado en el trabajo del cuero y del metal, así como en la fabricación de pulseras y otros adornos' (*A.O.E.* 1949, 1951, 1954, 1955), voz acuñada por los residentes españoles. O del verbo *barracar* 'sentarse el camello' (*A.O.E.* 1947, 1949, 1950; Mulero 1945), que es el resultado de la castellanización de la voz hasaní correspondiente. También se han evitado formas que proceden de la terminología científica internacional, como es el caso de la voz de procedencia asiática *barján* 'duna viva en forma de luna creciente' (Carnero 1955), que aparece sobre todo en plural: *barjanes* 'grandes dunas con característica forma de media luna, de extremos alargados y centro prominente, con suave pendiente en la parte convexa y brusca en la cóncava' (*A.O.E.* 1955; Mulero 1945; Carnero 1955).

Veamos a continuación una muestra de voces y expresiones sacadas del corpus que manejo, incluidas tres que forman parte del léxico español corriente, como *jaima*, *yilaba* (por *chilaba*) y *zoco*:

asoca. sust. Tuya. Forma bereber (*A.O.E.* 1943).

baracalofi. expr. Que Dios te bendiga. Expresión árabe y hasaní (*A.O.E.* 1949).

cheloj. sust. Habitantes de la zona de Sus y hablantes de tashelhit. Forma árabe (*A.O.E.* 1950).

cohol, cohl. sust. Polvo mineral que se utiliza con una mezcla compuesta principalmente de plomo y grasas de animales, que sirve de maquillaje y colirio. Forma árabe y hasaní (*A.O.E.* 1950, 1954).

cudia. sust. Montaña baja y prologada. Forma árabe y hasaní (*A.O.E.* 1949, 1950; Mulero 1945; Carnero 1955).

dbaly. sust. Pulseras. Forma árabe y hasaní (*A.O.E.* 1954).

derua. sust. Giba del camello. Forma hasaní (*A.O.E.* 1947; Mulero 1945).

dib. sust. Chacal. Forma árabe y hasaní (Caro Baroja 1955).

eblis. sust. Demonio. Forma árabe, hasaní y bereber (*A.O.E.* 1955).

el hamdu lil-lah. expr. Alabado sea Dios, gracias a Dios. Expresión árabe y hasaní (*A.O.E.* 1949; *A.O.E.* 1954).

embuqec. sust. Camello amarillo dorado. Forma hasaní (Mulero 1945).

ftar. sust. Camello de nueve años. Forma hasaní (Caro Baroja 1955).

flus. sust. Dinero. Forma árabe (*A.O.E.* 1947, 1949).

ganga. sust. Tipo de tambor. Forma bereber (*A.O.E.* 1951).

gar. sust. Cueva; cueva en la arena. Forma árabe y hasaní (*A.O.E.* 1950; Carnero 1955).

guerba. sust. Odre. Forma hasaní (*A.O.E.* 1947).

jaima. sust. Especie de tienda de campaña, hecha de pelo de camello y de cabra, usada en el Sahara. Forma árabe y hasaní (*A.O.E.* 1941, 1947, 1950, 1951, 1955).

náama. sust. Avestruz. Forma árabe y hasaní (Caro Baroja 1955).

tagorit. sust. Gritos guturales aflautados, como manifestación de alegría. Forma bereber (*A.O.E.* 1949).

uad. sust. Río; cauce del río. Forma árabe y hasaní (*A.O.E.* 1950, 1951).

yilaba. sust. Vestido típico largo de distintos colores para mujeres y para hombres. Forma árabe (*A.O.E.* 1950).

yen. sust. Fantasma. Forma árabe y hasaní (*A.O.E.* 1959).

yenún, yennún, yen-nun. sust. Fantasmas; demonios. Forma árabe y hasaní (*A.O.E.* 1949, 1950, 1951, 1959).

yenuna. sust. Endemoniada. Forma árabe (*A.O.E.* 1950).

yihás. sust. Regalos que ha de ofrecer el novio a su futura esposa. Forma árabe (*A.O.E.* 1949).

zdaz. sust. Camello de siete años. Forma hasaní (Caro Baroja 1955).

zembil. sust. Cajita en la que se guarda el té. Forma árabe y bereber (*A.O.E.* 1945).

zoco. sust. Mercado. Forma árabe (*A.O.E.* 1947, 1950).

Desde un punto de vista lingüístico, este material constituye una aportación bastante importante, sobre todo en lo que se refiere al origen de las palabras, al uso de voces árabes en el hasaní y a los cambios estructurales de forma y significado que realizan los viajeros y autores que manejo. Gran parte de las voces o expresiones que aquí se presentan tiene definiciones correctas, aunque su definición o significado pueda cambiar de una zona a otra y su transcripción varíe según el autor que la registre, lo cual puede depender, de forma directa o indirecta, del informante o de la fuente. En este sentido, y de modo general, lo que suele originar tanto un mal uso de una palabra o expresión autóctona como su mala comprensión y definición es la falta de entendimiento entre los viajeros y los informantes. Así, a veces la ambigüedad se debe a que existen dos palabras totalmente distintas en su significado, pero muy parecidas en su significante; otras, a lo que el autor cree haber oído o entendido. Muchos malentendidos de este tipo se podrían haber evitado mediante una labor de verificación tanto del significado como de la significante de la palabra o expresión recogida. Y, evidentemente, la razón última de estas confusiones y errores no es otra que un deficiente conocimiento del bereber y del árabe por parte de los viajeros españoles, a los que, por otra parte, no se les puede exigir que sean especialistas en lingüística.

El análisis de este material lingüístico me ha permitido hacer observaciones específicas relativas tanto a su estructura como a su significado. Por estructura entiendo la forma significante de las voces o expresiones, que, en este caso, presenta variaciones en la grafía, según la transcripción que hace cada autor de los sonidos que cree haber oído: estas variaciones y alternancias de consonantes y vocales suelen repetirse en la mayoría de las palabras registradas. En cuanto al significado, observo que la mayoría de las definiciones erróneas suelen aparecer en casos en que el autor que las registra no ha contrastado suficientemente la información que aporta, lo cual suele suceder cuando se trata de temas de los que solo se ha ocupado un autor, cosa que posibilita un amplio margen de error. Por el contrario, se revela correcta la práctica totalidad de las voces definidas por varios autores, siendo que no solo coinciden las definiciones, sino que se complementan, aportando cada una de ellas un detalle más, lo que enriquece la definición.

A continuación daré algunos ejemplos de los aspectos lingüísticos más relevantes de este material, empezando por algunas palabras que presentan diversas transcripciones.

A. Mismas palabras transcritas de forma diferente[1]:
aderraa / derrah; attai / atai; baraka / baraca / báraca; bumehand / bu mehén; cheij / chej; debbus / deb-bus; fakih / faquih / fquih; frig / fric; gueedra / guidra; guembri / guimbri; hassi / hasi; jarrub / jarroob; sedac / sedak / sedag; soco / soko / zoco; sulham / sulhan; tallín / tayín; tasufra / tassufra / taxufra; tebib / tebid.
Respecto a la grafía de estas voces, observamos lo siguiente:

a. a veces se elimina la *a* inicial en la transcripción de algunas voces, sobre todo bereberes, a pesar de que es, precisamente, esta *a-* un morfema de género en esta lengua, indicándonos que se trata de un sustantivo masculino;

b. alternancia entre las vocales *a* y *e*; *e* e *i*; *o* y *oo*. En este punto, hay que decir que el sistema fonológico árabe y bereber consta de tres vocales (*a, i, u*), mientras que el español consta de cinco, y que para el oído de un español una /a/ bereber puede sonar, unas veces, como /a/ y, otras, como /e/; y lo mismo ocurre con la /e/ y la /i/ o la /o/ y la /u/ (siendo que aquí vemos la /u/ transcrita como *oo*);

c. frente a sus escasas tres vocales, el árabe y el bereber tienen numerosas consonantes: más de diez más que el español, el cual, dependiendo de las zonas, cuenta con 17, 18 o, todo lo más, 19 fonemas consonánticos, que, además, suelen neutralizarse en posición implosiva, cosa que no sucede en árabe o en bereber. Por ello no sorprenden las alternancias que presentan las transcripciones entre *b* y *d*; *g* y *c*; *ll* y *y*; *m* y *n*; *s* y *x*. En otros casos, se trata de una mera cuestión gráfica del español, como ocurre con la *c* y la *k*, incluso cuando nos encontramos ante parejas como *k* y *q*, par mínimo opositivo que tanto el árabe como el bereber distinguen fonológicamente (/q/ / /k/), pero que, en español, son simplemente distintas grafías para el mismo sonido;

d. a veces se consigna en la escritura la alternancia (fonológica en bereber, no en español) entre consonantes simples y tensas (que no hay que confundir con las enfáticas), de manera que la misma palabra aparece, unas veces, transcrita con una consonante y, otras, con dos: *b* y *bb*; *s* y *ss*; *t* y *tt*;

---

1 Como, en este caso, solo interesa la forma gráfica, me limito a consignar el significante de estas palabras, sin hacer mención al significado. Además, algunas de estas palabras no resultan extrañas a un hispanohablante, como *baraka, cheij* (*jeque*), *zoco* o *tayin* (*tajín*), todas ellas recogidas en el DRAE (*jeque* y *tajín* bajo esta forma).

e. por último, no creemos necesario insistir en que los problemas de transcripción se deben, sobre todo, a la diferencia entre los sistemas fónicos del árabe y del bereber, por un lado, y del castellano, por el otro[2].

Sin embargo, a pesar de que estas palabras aparecen transcritas de manera diversa por distintos autores, sí que suelen presentar el mismo significado en todos ellos, por lo que forman parte de la palabras mejor y más exactamente definidas: sin duda, el hecho de que la misma palabra sea mencionada y definida por más de un autor minimiza las posibilidades de equivocación respecto a su significado. Por otra parte, no solo las distintas definiciones de los diversos autores van en el mismo sentido, sino que, incluso, suelen complementarse.

B. Palabras mal transcritas o transformadas:

frika. Es la misma palabra que *frig*, *fric*, que significa 'conjunto de jaimas (cuyos habitantes forman parte del mismo linaje)'.

borch. En este caso la transcripción refleja un fonema sordo en vez de uno sonoro (grafía *ch* en vez de *j*). La transcripción correcta debió haber sido *borj*.

habar. Aunque, en algunas variedades del español, a veces la *h-* se pronuncie aspirada, aquí se debió haber transcrito esta voz como *jabar* para evitar confusiones, ya que su pronunciación es /xabár/. Esta alternancia entre *h* y *j* como transcripción del fonema /h/ árabe o bereber (donde, además, es distinto al fonema /x/) es poco común en el material que manejo.

havach. Esta palabra está privada de su *a-* inicial, el morfema de masculino en el bereber; y, además, se sustituyó *w* por *v*, transformación poco común en «mi» corpus. *Ahwach* es la transcripción correcta.

mesmar, mesmak. La forma correcta de esta voz es *meŷmer*, de manera que aquí constatamos una transformación «rara», que se debe, en este caso, a la escasez de consonantes implosivas en español.

mizziano. Respecto de la transcripción más frecuente de esta palabra bereber en alfabeto latino, que es *mezyan*, se observa lo siguiente: sustitución de la vocal *e* por *i*; duplicación de la *z*, lo que es un signo de tensión, que en este caso no existe; y adición de la vocal *-o* al final, lo que le da un aspecto más español.

mug-gar. En este término bereber, que es *almuggar*, se ha suprimido la sílaba inicial *al*, pensando seguramente que era el artículo árabe. Se trata de un error que aparece repetidas veces.

---

2 Es, *mutatis mutandis*, el mismo problema que se presenta con los topónimos canarios de origen bereber: su transcripción y adaptación al español dificultan enormemente una interpretación inequívoca de su significado desde el bereber.

rexa, ressa. En este término se da tanto la alternancia *z* y *s*, como la *x* y *s*. La transcripción correcta es ***rezza***, para que pueda apreciarse que la silbante es tensa y sonora.

rumis. Este término, que es el plural de **rumí** (voz que, por supuesto, también aparece en el corpus), sirve como ejemplo de una palabra que ha sido completamente transformada e hispanizada, pues se ve privada del morfema inicial de género (***i**-rumin* o ***a**-rumi*, en el caso del singular) y de la *-n* final, que es el morfema de plural, siendo que, además, muestra la adición de una *-s* final, que no es otra cosa que el morfema de plural en español. Todos estos cambios se constatan claramente ante la forma auténtica del término: ***irumin***.

C. Palabras con definiciones correctas, mencionadas por más de un autor.

Hay varios ejemplos, entre los que se cuentan **adrar, aduar, aid el quebir, derua**, etc. Como he dicho, el ser voces definidas por más de un autor garantiza la exactitud de su significado y, además, las informaciones que aportan los autores suelen ser complementarias.

D. Palabras con definiciones poco exactas o erróneas, mencionadas por un solo autor:

ahlal. sust. La luna. Forma bereber (Domenech Lafuente 1951). En este caso, *ahlal* no significa exactamente 'luna', sino 'luna creciente'.

dib. sust. Chacal. Forma árabe y hasaní (Caro Baroja 1955). *Dib* no significa 'chacal', sino 'lobo'.

chua. sust. Tercer plato de una comida, normalmente cordero asado al horno o cuscús. Forma bereber, árabe y hasaní (Laarbi 1954). Respecto a esta voz, significa toda 'carne asada (en general, pero sobre todo de ternera, cordero o cabra)', y que efectivamente, como dice el autor se sirve sobre todo en las casas de gente rica.

hartani. sust. Mestizo. Forma árabe y hasaní (G 1959). Con este término, se denomina a una 'persona de color'.

uchchen. Chacal (Osnola 1950). Aquí vemos otra vez la palabra 'lobo' definida como 'chacal', pero en su forma bereber.

En conclusión, hay que señalar que la equivocación a la hora de definir una o unas palabras o voces de lenguas extranjeras, es una cosa muy corriente, y en el caso de este estudio sobre los viajeros, lo es aún más, porque a veces los autores están en un país que visitan por primera vez y no tienen un verdadero conocimiento de la lengua local, porque no son lingüistas, o porque las personas que les facilitan la información se equivocan debido a un mal entendimiento entre ambos; por otro lado, y para tener unas buenas informaciones, estos viajeros tenían que comprobar las informaciones y datos que recibían, comprobarlas preguntando a más personas, o a gente especializada en el tema, lo que no fue el caso en muchas publicaciones que he podido consultar; pero todo esto no quita que el material lingüístico sacado de las fuentes utilizadas en esta investigación es de gran utilidad, de un lado para darnos una idea sobre aspectos de dos lenguas y por ello de dos culturas que son, en este caso, la bereber y la saharaui, mediante unas definiciones de aspectos relacionados tanto con el hombre como con el medio natural; y de otro lado para tener una idea sobre hasta qué punto estos autores han podido conocer y estudiar estos pueblos, y sobre la fiabilidad de la información que ofrecen sus publicaciones.

Referencias bibliográficas

ÁFRICA OCCIDENTAL ESPAÑOLA (*A.O.E.*), Revista ilustrada (1943–1968): Sidi Ifni.

ALÍA MEDINA, Manuel (1949): *Contribución al conocimiento geomorfológico de las zonas centrales del Sahara español*, Instituto de Estudios Africanos.

ARCHIVO DEL INSTITUTO DE ESTUDIOS AFRICANOS (1947–1966): Madrid: Consejo Superior de Investigaciones científicas.

CARNERO RUIZ, Ismael (1955): *Vocabulario geográfico sahárico*, Madrid: Consejo Superior de investigaciones científicas, Instituto de Estudios Africanos.

CARO BAROJA, Julio (1955): *Estudios saharianos*, Madrid: Ediciones Júcar.

CUADERNOS DE ESTUDIOS AFRICANOS (1946–1953). Madrid: CSIC, Instituto de Estudios Políticos.

DOMENECH LAFUENTE, Ángel (1946): *Del territorio de Ifni. Algunos de sus aspectos*, Madrid: Ediciones del gobierno del A.O.E.

DOMENECH LAFUENTE, Ángel (1952): *Cuentos de Ifni*, Tetuán: Editora Marroquí.

GUINEA, Emilio (1945): *Aspecto forestal del desierto. La vegetación leñosa y los pastos del Sáhara español*, Madrid: Instituto Forestal de Investigaciones y Experiencias.

HERNÁNDEZ-PACHECO, Eduardo, Francisco HERNÁNDEZ-PACHECO, Manuel ALÍA MEDINA, Carlos VIDAL BOX y Emilio GUINEA LÓPEZ (1949): *Sáhara español. Estudio geológico, geográfico y botánico*, Madrid: CSIC, Instituto de Estudios Africanos.

IBÁÑEZ, Esteban (1954): *Diccionario español-baamrani*, Madrid: Instituto de Estudios Africanos.

INSTITUTO DE ESTUDIOS AFRICANOS (1945-1975). Madrid: Consejo superior de investigación científica.

LAARBI, Fadel Mohammed (1954): «Alimentación baamrani», *A.O.E.*, 12 de diciembre.

LARREA PALACÍN, Arcadio de (1956): *Canciones juglarescas de Ifni*, Madrid: CSIC, Instituto de Estudios Africanos.

MULERO CLEMENTE, Manuel (1945): *Los territorios españoles del Sáhara y sus grupos nómadas*, Las Palmas: Estado Mayor Central del Ejército.

OSNOLA (1950): «Ifni, país ganadero», *A.O.E.*, 22 de octubre.

Pedro Martín Martín
Isabel K. León Pérez
(Universidad de La Laguna)

Estrategias retóricas para la publicación en inglés de artículos de investigación en Medicina

1. Introducción

Debido a una serie de factores socio-económicos y políticos, el discurso académico ha experimentado en las últimas décadas una tendencia creciente a la globalización (Ammon 2001; Ferguson 2007). De hecho, en algunos campos, como el de las Ciencias de la Salud, la cantidad de revistas de divulgación científica publicadas en otras lenguas distintas del inglés ha disminuido de forma progresiva y llamativa hasta su casi total extinción en ciertas especialidades. Como consecuencia de esta situación, los investigadores españoles de las diversas áreas de conocimiento relacionadas con las Ciencias de la Salud se ven obligados, cada vez más, a publicar los resultados de sus trabajos en revistas cuya lengua vehicular es el inglés, sobre todo si desean ascender profesionalmente a la vez que obtener reconocimiento y difusión internacional (Lillis & Curry 2010, Martín & Léon Pérez 2014). Esta tendencia se ha visto acrecentada en los últimos años en nuestro país debido a que la Agencia Nacional de Evaluación y Acreditación (ANECA) está otorgando mayor valor a las publicaciones en revistas de alto índice de impacto (Moreno et al. 2012), que suelen estar escritas en inglés. No obstante, aunque muchos de estos investigadores poseen las competencias lingüísticas necesarias para poder escribir en dicho idioma, suelen tener dificultades a la hora de redactar y estructurar la información de sus artículos por no estar familiarizados con las convenciones retóricas que caracterizan a este tipo de textos. Así lo han puesto de manifiesto diversos estudios (por ej., Salager-Meyer 2008; Pérez-Llantada et al. 2010), que han desvelado que uno de los motivos principales por los que los evaluadores y editores de revistas internacionales rechazan gran parte de los artículos es la falta de conocimiento de las prácticas retóricas establecidas por la comunidad científica internacional, las cuales se rigen por las normas discursivas de las publicaciones anglosajonas imperantes en la actualidad.

En los últimos años, una gran parte de los estudios sobre géneros académicos se ha centrado en examinar la organización textual de los artículos de investigación para su aplicación en la enseñanza de lenguas con fines académicos y profesionales. Cabe destacar el trabajo pionero de Swales (1990, ampliado y revisado en 2004) sobre la estructura retórica de la sección *Introducción* de los artículos escritos en inglés pertenecientes a diversas disciplinas. Su análisis reveló la existencia de unos patrones discursivos prevalentes en este tipo de textos académicos, que reflejan claramente las diversas estrategias retóricas que utilizan los investigadores para expresar una función comunicativa. Estudios posteriores han extendido este enfoque al análisis de otras secciones del artículo: Lim (2006), por ejemplo, examinó la sección de *Métodos* en el área de Empresariales; Brett (1994) la de *Resultados* en Sociología; y Stoller & Robinson (2013) la de *Discusión* en la disciplina de Química. Sin embargo, pocos estudios han analizado las diversas secciones de un artículo en su totalidad, con la excepción de trabajos como el de Posteguillo (1999) en el área de la Informática o Yang & Allison (2004) en Lingüística Aplicada.

El presente estudio pretende ampliar este área de investigación mediante el análisis cualitativo de las unidades funcionales que utilizan con más frecuencia los autores para expresar una intención comunicativa en cada una de las secciones macro-estructurales que conforman un artículo de investigación escrito en inglés en el campo de la Medicina.

2. Metodología

Partimos de un corpus compuesto por un total de 30 artículos, publicados en inglés durante el periodo de cinco años comprendido entre 2009 y 2013 y seleccionados aleatoriamente de entre revistas de máximo índice de impacto en las especialidades de Cardiología, Inmunología, Neurología, Obstetricia y Ginecología, Oftalmología y Oncología.

El análisis de la estructura retórica se realizó en dos fases. En la primera se delimitan las unidades macro-estructurales de los textos, o sea: Introducción, Métodos, Resultados y Discusión/Conclusión. La segunda fase del análisis comprende el estudio más detallado de las unidades funcionales prevalentes en cada uno de estos elementos macro-estructurales, siguiendo un enfoque basado en el análisis del género (*move analysis*) propuesto por Swales (1991, 2004).

El procedimiento llevado a cabo consistió en un análisis independiente de los textos de cada autor y su comparación posterior hasta alcanzar un alto grado de consenso. En relación a los criterios utilizados para la identificación de las unidades funcionales, nos basamos fundamentalmente en criterios semánticos, aunque en las ocasiones en las que hubo ambigüedad, los elementos léxicos nos sirvieron para identificar la función prevalente de las unidades estructurales. En aquellos casos en que hubo discrepancias, recurrimos al asesoramiento de un experto en el área de Medicina.

3. Resultados

El análisis de los elementos macro-estructurales de los textos confirmó que el esquema predominante en Medicina es el IMRD (Introducción + Métodos + Resultados + Discusión), que se manifestó tal cual en 20 de los textos (66,7%), además de revelarse en otros 9 (30%) con alguna alteración: solo un artículo (3,3%) mostró una estructura distinta del esquema habitual. Entre los nueve casos que exhiben variantes estructurales respecto al patrón regular IMRD figuran: 2 artículos de Inmunología, con la sección de *Métodos* al final (IRDM), 6 artículos (5 de Neurología y 1 de Inmunología) con un esquema compuesto por una extensa sección de *Introducción* y otra de *Conclusiones* precedida de diversas secciones de título libre (I _ _ _C) y un artículo de Inmunología que solo presenta la *Introducción* de las secciones estructurales clásicas del esquema IMRD. Por otra parte, en algunas especialidades, generalmente por exigencias de las normas de redacción de la revista, se anexionan al artículo otras secciones, denominadas *Supplemental/Supplementary Material(s)* en Cardiología e Inmunología y *Open Peer Commentary* y *Author's Response* en Neurología.

El análisis pormenorizado de cada una de las secciones prevalentes reveló que la estructura retórica prototípica de los artículos en Medicina en inglés está organizada en seis unidades funcionales básicas y que los investigadores-autores disponen de una serie de estrategias retóricas (subunidades) para expresar las funciones comunicativas de cada unidad. Este modelo estructural se presenta en la Tabla 1:

Tabla. 1: Propuesta de modelo estructural para el análisis de la organización retórica de los artículos de investigación en la especialidad de Medicina.

MODELO RETÓRICO DEL ARTÍCULO DE INVESTIGACIÓN EN MEDICINA		
SECCIONES RETÓRICAS y UNIDADES que contienen (partes estructurales/unidades funcionales)	SUBUNIDADES (estrategias retóricas para expresar las funciones comunicativas de cada unidad)	
INTRODUCCIÓN		
FUNCIONES	*SE EXPRESAN...*	
Unidad 1 *Creación del contexto de la investigación*	1A	Reivindicando la importancia del tema de investigación (con o sin citas bibliográficas)
	1B	Expresando el conocimiento del tema
	1C	Revisando la bibliografía existente
Unidad 2 *Justificación de la investigación*	2A	Indicando un vacío metodológico o conceptual
	2B	Criticando explícitamente a otros autores
	2C	Criticando trabajos anteriores (referencia generalizada)
	2D	Ampliando el área de investigación
Unidad 3 *Presentación de la investigación*	3A	Describiendo las principales características u objetivos
	3B	Presentando hipótesis
	3C	Resumiendo los resultados principales
	3D	Anunciando el valor de la investigación
MÉTODOS		
FUNCIONES	*SE EXPRESAN...*	
Unidad 4 *Descripción de la metodología*	4A	Describiendo los procedimientos de recopilación de datos
	4B	Describiendo los procedimientos experimentales
RESULTADOS		
FUNCIONES	*SE EXPRESAN...*	
Unidad 5 *Exposición de los resultados*	5A	Señalando la localización de los datos (en tablas, gráficos)
	5B	Analizando los resultados
	5C	Comparando con trabajos anteriores

184

MODELO RETÓRICO DEL ARTÍCULO DE INVESTIGACIÓN EN MEDICINA		
SECCIONES RETÓRICAS y UNIDADES que contienen (partes estructurales/unidades funcionales)	SUBUNIDADES (estrategias retóricas para expresar las funciones comunicativas de cada unidad)	
DISCUSIÓN		
FUNCIONES	*SE EXPRESAN...*	
Unidad 6 *Explicación del significado de los resultados*	6A	Interpretando los resultados principales
	6B	Resaltando la importancia de los resultados
	6C	Indicando las limitaciones del estudio
	6D	Sugiriendo futuras investigaciones
	6E	Extrayendo las conclusiones finales

3.1 La sección de *Introducción*

En esta primera sección del artículo, altamente rica y compleja desde el punto de vista retórico, el autor comienza estableciendo el contexto en que se ubica su trabajo (Unidad 1). Según el modelo que presentamos, para realizar esta intención comunicativa, puede usar tres estrategias retóricas diferentes o combinarlas: resaltando el interés e importancia del tema de la investigación (Subunidad 1A), describiendo lo que se conoce hasta el momento sobre el tema (Subunidad 1B) y/o reseñando los trabajos llevados a cabo anteriormente, es decir, citando a otros autores que refuercen la importancia del estudio realizado (Subunidad 1C), como se puede observar en los ejemplos siguientes:

(1A) reivindicando la importancia del tema de investigación:
Catheter ablation **is an important** therapeutic **option** for controlling recurrent ventricular tachycardia (VT) late after acute myocardial infarction (AMI). (Card. 2)

There has been a longstanding controversy about the role of pelvic lymphadenectomy in the management of endometrial cancer. (Gin. 5)

(1B) describiendo lo que se conoce hasta el momento sobre el tema:
Recently, methods have been developed to characterize the VT substrate that are based on bipolar electrogram characteristics during sinus or paced rhythm. (Card. 2)

It is now recognized that vascular risk factors (e.g., hypertension) **may also have crucial roles in** the pathogenesis of OAG3-7 and its progression. (Oft. 5)

(1C) citando otros trabajos llevados a cabo anteriormente:
A broad spectrum of mutations has been identified in human PIDcausing genes, and
this genotypic heterogeneity is often associated with phenotypic diversity that cannot
be easily recapitulated in animal models. (Inm. 1)

Traditionally, hysterectomy has been performed abdominally through a laparotomy
incision, vaginally, or laparoscopically. Over the past 25 years, technologic advances,
coupled with changes in practice patterns regarding route of hysterectomy, have led to
an increase in minimally invasive options. (Gin. 1)

Del mismo modo, el escritor puede justificar su estudio (Unidad 2) mediante
el uso de otras cuatro estrategias comunicativas, a saber: señalando las lagunas
existentes en las investigaciones realizadas hasta el momento (Subunidad 2A);
criticando explícitamente los puntos débiles de los trabajos de otros autores (Subunidad 2B); criticando a la comunidad científica en general (Subunidad 2C);
y señalando que el estudio constituye una ampliación o continuación de lo ya
realizado (Subunidad 2D):

(2A) indicando un vacío metodológico o conceptual:
Furthermore, there is limited information about the natural history of pregnancy in
women who carry inherited thrombophilias but have not demonstrated any symptoms
related to these thrombophilias. (Gin. 4)

Although the effect of PCO on the straylight (largeangle) domain of VF has been asses-
sed clinical studies of the effect of PCO morphology on straylight are lacking. (Oft. 3)

(2B) criticando explícitamente los puntos débiles de trabajos de otros autores:
However, recent studies have forced us to rethink these paradigms because they have
been unable to demonstrate a survival benefit from the use of either lymphadenectomy
or adjuvant pelvic radiation, and chemotherapy may benefit some patients even in the
absence of metastatic nodal disease. (Gin. 5)

However, glare sensitivity was tested using a CS test with and without a brightness acuity
tester glare source, a technique with limited discriminative ability and validity. (Oft. 3)

(2C) criticando a la comunidad científica en general:
Indeed, no one has accurately estimated the fraction of the positively selected repertoi-
re that is clonally deleted. (Inm. 3)

However, the majority of the published data from observational studies and clinical
trials come from highly experienced surgical centers. These results may not be genera-
lizable as the procedure diffuses into wider practice. (Gin. 1)

(2D) señalando que el estudio constituye una ampliación de lo ya realizado:
Here, we update previously published meta-analyses of community risk (that considered only the first 4 and 8 studies, respectively) by adding more studies and accoun-
ting for the length of follow-up. (Card. 1)

En la última parte de la *Introducción* es donde el escritor presenta su trabajo (Unidad 3) indicando su objetivo o describiendo sus principales características (Subunidad 3A), planteando sus hipótesis (Subunidad 3B), resumiendo los resultados principales (3C) y enfatizando la contribución o méritos principales de la investigación (Subunidad 3D):

(3A) indicando el objetivo o describiendo las principales características:
The aim of this study was to estimate prospectively the risk of adverse pregnancy outcomes in asymptomatic carriers of inherited thrombophilia polymorphisms including factor V Leiden, prothrombin gene mutation, MTHFR C677T and A1298C polymorphisms, and thrombomodulin C1418T polymorphism. (Gin. 4)

In this phase 2 **study, we aimed to assess the efficacy and safety of** two different schedules of etirinotecan pegol in patients with metastatic breast cancer **to provide further evidence for** the best possible dosing schedule **for future** phase 3 **investigations.** (Onc. 2)

(3B) presentando hipótesis:
In the current study we hypothesized that imatinib **reduces** edema formation via direct preservation of endothelial barrier integrity. (Card. 4)

Given the assumption of constant PCO density, **the relation** between PCO fraction and straylight **is expected to be** linear, **whereas the relation** between PCO fraction and VA **is expected to be** nonlinear. (Oft. 3)

(3C) resumiendo los resultados principales:
The present analysis demonstrates that the community risk reduction associated with smoke-free laws grows with time and is consistent with a wide range of actual observed individual risk and exposure scenarios. (Card. 1)

Herein, significant corneal nerve diminishment **is demonstrated**, not only in the clinically affected eyes in patients with unilateral HZO, but also in their unaffected contralateral eyes. (Oft. 4)

(3D) enfatizando la contribución principal o los méritos de la investigación:
Our findings indicate a previously unrecognized mechanism for the induction of IL-9 from ILC and a potential involvement of IL-9 in allergic lung diseases via the promotion of IL-5 and IL-13 production in ILC. (Inm. 5)

In this yearly report, we provide the most recent data on adult cancer screening rates and trends. (Onc. 5)

3.2 La sección de *Métodos*

En esta sección se detalla la metodología seguida en la investigación (Unidad 4), mediante la descripción del procedimiento para la recopilación de datos (Subunidad 4A), que incluye la composición del corpus o la población seleccionada para el estudio (el tamaño, criterios de inclusión/exclusión, etc.) y la descripción del procedimiento experimental (Subunidad 4B), es decir, lo relativo al recuento y análisis de los datos, las pruebas realizadas, el análisis estadístico, etc.

(4A) descripción del procedimiento en la recopilación de datos:
Analysis was limited to singleton live births **between** 37 **and** 41 completed weeks of gestation. (Gin. 3)

Patients with significant coronary artery stenosis and reversible ischemia on nuclear perfusion imaging, with a mobile LV thrombus, or with New York Heart Association heart failure class IV symptoms **were excluded from the study.** (Card. 2)

(4B) descripción del procedimiento experimental:
Bivariate and multivariate linear regression was used to characterize the relationship between RV parameters and demographics. (Card. 3)

Breast **imaging studies were done at investigator discretion according to** institutional standards. (Onc. 1)

3.3 La sección de *Resultados*

Para la descripción de los resultados obtenidos en el estudio (Unidad 5), los autores frecuentemente utilizan elementos retóricos que hacen referencia a la localización de los datos en tablas o gráficos (Subunidad 5A), analizando y haciendo observaciones objetivas sobre los datos (Subunidad 5B) y comparando los resultados con los obtenidos en trabajos anteriores (Subunidad 5C):

(5A) refiriéndose a la localización de los datos en las tablas o gráficos:
Figure 1 shows the random-effects meta-analysis of the resulting values adjusted to 12 months. (Card. 4).

The results of the analysis of the experimental alterations of the immune system are presented in Table 1. (Inm. 2)

(5B) analizando y haciendo observaciones objetivas sobre los datos:
We found that persons in the lowest quartile of retinal arteriolar caliber at baseline had around a 4-fold higher risk of developing OAG. (Oft. 1)

No significant differences were found between the responses achieved in the two groups. (Onc. 2)

(5C) comparando los resultados con los obtenidos en trabajos anteriores:
These findings are **consistent with** results from other studies. (Onc. 4)

In contrast to earlier findings, however, no evidence of side effects from IOL implantation was found. (Oft. 2)

3.4 La sección de *Discusión*

En esta última sección, para explicar el significado de los hallazgos de la investigación (Unidad 6) es donde los autores realizan un mayor esfuerzo retórico, interpretando los resultados principales (Subunidad 6A), resaltando la importancia de los mismos (Subunidad 6B), indicando las limitaciones que impiden que los resultados sean generalizables o universales (Subunidad 6C), sugiriendo posibles investigaciones futuras (Subunidad 6D) y extrayendo, finalmente, una o varias conclusiones (Subunidad 6E):

(6A) interpretando los resultados principales:
The results of this study **suggest that** uterine risk factors should be considered when offering systematic therapy to maximize survival outcomes. (Gin. 3)

These findings indicate that prothrombin gene mutation confers an increased risk for the development of adverse pregnancy outcomes. (Gin. 4)

(6B) resaltando la importancia de los resultados:
These data provide **crucial insights to understand** the regulatory mechanisms of complement activation and the wide range of evasion strategies that can be used by pathogenic microorganisms. (Inm. 4)

These results **further emphasize the functional importance** of the distinct responses of the RV to cardiopulmonary disease. (Card. 3)

(6C) indicando las limitaciones de los resultados:
An important limitation of our study refers to the failure to include other potential confounders not documented in our study such as the measurement of central corneal thickness or of optical coherence tomography parameters. (Oft. 2)

However, **with a small sample size, caution must be applied** as the findings might not be extrapolated to all patients. (Inm. 5)

(6D) sugiriendo posibles investigaciones futuras:
Further research should be undertaken to investigate the potential of this tumor-specific synthetic lethal strategy against cancers with similar molecular effects but diverse anatomical origins. (Onc. 5).

Future studies on the current topic are therefore **recommended**. (Neu. 1)

(6E) extrayendo una o varias conclusiones:
Therefore, **it may be concluded that** although survival is the only currency of natural selection, the exchange rate with truth is likely to be fair in most circumstances. (Neu. 3).

As a conclusion, we may argue that loss of corneal sensation strongly correlates with subbasal nerve plexus alterations as shown by IVCM. (Oft. 2)

4. Conclusiones finales

En el presente estudio hemos analizado los elementos estructurales que caracterizan a los artículos de investigación publicados en inglés en el campo de la Medicina, a la vez que hemos propuesto un modelo de organización retórica para cada una de las secciones que típicamente conforman este tipo de textos.

Considerando la importancia actual de publicar en inglés para los investigadores en Medicina y las dificultades que conlleva escribir en una lengua distinta a la nativa, esperamos que, en alguna medida, nuestra propuesta pueda tener algunas aplicaciones pedagógicas útiles no solo para estos investigadores, sino también para los profesores y estudiantes de inglés con fines académicos y profesionales, pues pretendemos contribuir a explicar mejor la forma de redactar un artículo de investigación de acuerdo con las expectativas de la comunidad científica internacional y las revistas de difusión científica de mayor repercusión. En este sentido, la creación de ejercicios y tareas en los cursos o talleres diseñados para este fin podría potenciar la comprensión y producción de textos científicos.

Así, el estudio cualitativo y cuantitativo de las divisiones estructurales de un artículo y de las estrategias retóricas mediante las que se expresan sus principales funciones comunicativas puede, por un lado, permitir a los profesores informar a los alumnos sobre las unidades funcionales más recurrentes en este tipo de textos, las secuencias típicas en las que estas unidades se presentan y las preferencias por el uso de ciertas estrategias retóricas para expresar determinados contenidos y, por otro, facilitar a los investigadores la labor de estructurar las unidades informativas de sus artículos de una forma que resulte aceptable para los evaluadores y editores de las revistas internacionales de referencia en su especialidad publicadas en lengua inglesa.

Consideramos que facilitar el acceso a un repositorio de ejemplos clasificados por unidades y subunidades retóricas a los autores de artículos de investigación sería una aplicación posible del presente trabajo tras el procesamiento de los casos extraídos del corpus. Asimismo existen referentes on-line con muestras de discurso «aceptable» a fin de facilitar el proceso de redacción de textos y su publicación en revistas internacionales: entre ellos podemos mencionar a *TYOS* (*Type Your Own Script*), una herramienta on-line de ayuda para la redacción de textos científicos desarrollada en Burdeos que aún está siendo perfeccionada para mejorar su potencial automático e interactivo. Contiene una selección de artículos y otros géneros (Cooke & Birch-Becaas 2009) que proporcionan valiosa información sobre formas verbales, conjunciones, expresiones útiles y conceptos gramaticales, terminológicos o discursivos que suelen plantear dificultades a autores que necesitan expresar en inglés los resultados de su investigación. Otro recurso on-line es el *Manchester academic phrase bank*, que ofrece ejemplos de frases usuales en los diversos apartados de trabajos científicos, tesis y memorias de investigación, las cuales expresan funciones comunicativas características, como son, por ejemplo, establecer la importancia de un tema o presentar conclusiones.

Finalmente, una posible línea de desarrollo posterior de esta investigación podría ser el perfeccionamiento de la definición de las estrategias retóricas (subunidades estructurales) de las diversas secciones, especialmente de las de Métodos y Resultados. A la luz de los datos encontrados, ambas admiten una descripción más minuciosa, dado su carácter heterogéneo, estrechamente vinculado a la naturaleza del estudio, al tema y, en muchos casos, a la subdisciplina. Una ampliación refinaría el alcance y la eficacia del repositorio de ejemplos de cara a la redacción de artículos de investigación en Medicina.

Referencias bibliográficas

AMMON, Ulrich (ed.) (2001): *The Dominance of English as a Language of Science. Effects on other Languages and Language Communities*, Berlin: Mouton de Gruyter.

BRETT, Paul (1994): «A genre analysis of the results section of sociology articles», *English for Specific Purposes* 13: 47–59.

COOKE, Ray y Susan BIRCH-BECAAS (2009): «Scientific writing assistance for non-native speakers of English: Shifting right on the interactivity spectrum», *Revista Canaria de Estudios Ingleses* 59: 89–102.

FERGUSON, Gibson (2007): «The global spread of English, scientific communication and ESP: Questions of equity, access and domain loss», *Ibérica* 13: 7–38.

LILLIS, Theresa y Mary Jane CURRY (2010): *Academic Writing in a Global Context: The Politics and Practices of Publishing in English*, London/New York: Routledge.

LIM, Jason (2006): «Methods sections of management research articles. A pedagogically motivated qualitative study», *English for Specific Purposes* 25: 282–309.

MARTÍN MARTÍN, Pedro e Isabel K. LEÓN PÉREZ (2014): «Convincing peers of the value of one's research: A genre analysis of rhetorical promotion in academic texts», *English for Specific Purposes* 34: 1–13.

MORENO, Ana, Sally BURGESS, Irene LÓPEZ e Itesch SACHDEV (2012): «Spanish researchers' perceived difficulty writing research articles for English-medium journals: The impact of proficiency in English versus publication experience», *Ibérica* 24: 157–184.

Pérez-Llantada, Carmen, Ramón Plo y Gibson Ferguson (2010): «'You don't say what you know, only what you can': The perceptions and practices of senior Spanish academics regarding research dissemination in English», *English for Specific Purposes* 30: 18–30.

Posteguillo, Santiago (1999): «The schematic structure of computer science research articles», *English for Specific Purposes* 18: 139–160.

Salager-Meyer, Françoise (2008): «Scientific publishing in developing countries: Challenges for the future», *Journal of English for Academic Purposes* 7: 121–132.

Stoller, Fredricka y Marin Robinson (2013): «Chemistry journal articles: An interdisciplinary approach to move analysis with pedagogical aims», *English for Specific Purposes* 32: 45–57.

Swales, John (1990): *Genre Analysis: English in Academic and Research Settings*, Cambridge: Cambridge University Press.

Swales, John (2004): *Research Genres: Explorations and Applications*, Cambridge, UK: Cambridge University Press.

Yang, Ruiying y Desmond Allison (2004): «Research articles in applied linguistics: Structures from a functional perspective», *English for Specific Purposes* 23: 264–279.

Antonio Cano Ginés
(Universidad de La Laguna)

Nuevas palabras para nuevos conceptos: El caso de la ELAO (enseñanza de lenguas asistida por ordenador)

Introducción

El progresivo avance de las Tecnologías de la Información y la Comunicación (TIC), así como el constante desarrollo de diferentes metodologías y herramientas basadas en ellas han dado lugar a la creación de neologismos, siglas y acrónimos en español, que, en ocasiones, se nos antojan oscuros o difíciles de interpretar a primera vista. Tampoco resulta sencillo, una vez conocido el desarrollo de cada sigla, acotar con exactitud el alcance de su significado en el entorno de la educación virtual. Por otra parte, el devenir de la investigación en este entorno educativo ha generado, en el alcance de la nueva terminología, numerosos matices que hacen necesario un intento de ordenación de conceptos básicos referidos a la *enseñanza de lenguas asistida por ordenador*, que suele sintetizarse como ELAO. El hecho de que suelan crearse en inglés implica, además, una necesaria adaptación al español, que no siempre es fácil: piénsese que tanto las siglas ELAO como la expresión *enseñanza de lenguas asistida por ordenador* no son más que los equivalentes españoles de las inglesas *CALL* y *computer- assisted language learning*. Tampoco ayuda el hecho de que, en ámbito hispanohablante, no exista unanimidad a la hora de acuñar y fijar esta nueva terminología (*cfr.* el propio término *ordenador*, propio del español de España, frente a *computador* o *computadora*, usados en Hispanoamérica).

Lo cierto es que, en el desarrollo de este tipo de enseñanzas, han de conjugarse disciplinas que están llamadas a entenderse terminológicamente para poder avanzar en la investigación: la lingüística, la didáctica y la tecnología. Este es el verdadero reto: «[...] las TIC no suponen una novedad en el sentido de poner a disposición de los participantes nuevos sistemas simbólicos, sino en la posibilidad de crear un entorno en el que se pueden utilizar de manera integrada diferentes lenguajes ya existentes [...]» (Lafuente y Naranjo 2003: 39). Ya señalaba años antes Rodríguez Illera (1992: 116) que las herramientas no tienen ninguna utilidad si no existe detrás de ellas un diseño pedagógico apropiado, a lo que podemos añadir que tampoco sirven de mucho si no actúan como soporte para materia y materiales de calidad. Para conseguir este ideal de diseño instructivo ha de tenerse claro un mapa conceptual de la ELAO como punto de partida. Solo así la investigación podrá avanzar hacia diseños instructivos en los diferentes campos de la ELAO, originando decisiones didácticas adecuadas sobre el tipo y formas de presentación de unos determinados materiales, en función de unos objetivos claros para un grupo meta determinado.

Cuando hablamos del uso o manejo de las TIC en Educación, nos referimos al aprovechamiento de estas tecnologías para la mejora de la calidad educativa. En el campo de las lenguas extranjeras, el uso de las TIC se presenta como un recurso ilimitado para acercar a los alumnos a la cultura y a la sociedad de la lengua meta. El proceso de aprendizaje mediante la ELAO no se limita al trabajo con materiales multimedia diseñados específicamente para uso didáctico, sino que sitúa al estudiante en el centro de su propio proceso de aprendizaje y concibe al docente como facilitador de las herramientas necesarias en dicho proceso.

Lo más llamativo de este tipo de enseñanza y aprendizaje lo apuntan Basterrechea y Lázaro (2005), quienes entienden los sistemas de comunicación, los sistemas de difusión y recuperación de información y los materiales didácticos multimedia como nuevos recursos didácticos que propician una nueva definición del modelo de enseñanza en el que, aunque el aula sigue teniendo su importancia, se traspasan las líneas del espacio y del tiempo para buscar nuevos entornos donde se lleve a cabo el aprendizaje.

En la misma línea, cuando se refiere al análisis de herramientas tecnológicas aplicadas a la enseñanza del español/LE, Fernández Pinto (2002: 16) afirma:

> Internet también es un reto en la enseñanza abierta y a distancia de lenguas aportando dos grandes dimensiones: información y comunicación real (con la ruptura de frontera espacio-temporales, lo cual, y visto desde otro punto de vista, supone un nuevo reto: la gestión y administración de actividades comunicativas).

El objetivo fundamental de este trabajo es poner a disposición del investigador interesado una visión de conjunto de los conceptos básicos de la ELAO; asimismo, aportamos un glosario crítico básico de la ELAO como entorno de enseñanza y aprendizaje de lenguas, de forma que el investigador pueda avanzar en cualquiera de las líneas que componen este amplio concepto.

Conceptos básicos

Existen cuatro conceptos fundamentales en cualquier proceso instructivo a través de las TIC, que están presentes en todos los aspectos de la ELAO: *retroalimentación*, *multimedialidad, autonomía* y, como nexo entre ellos porque actúa como denominador común, la *interactividad*. Los desarrollamos a continuación.

El primero de estos conceptos es la *retroalimentación* (o feedback)[1], que debe ser entendida como un componente más del proceso formativo. En ella están contenidos conceptos como: corrección, ampliación y refuerzo. En términos de retroalimentación son válidas tanto las respuestas correctas como las incorrectas, pues permite «proporcionar una información que haga que el alumno aprenda de su error o animarlo a continuar, intentándolo de nuevo» (CEVUG 2004: 5).

La *multimedialidad* se entiende como la posibilidad de incorporar y adecuar otros medios que pueden favorecer la retención y atención del alumno. Implica que la información no siempre sigue una estructura secuencial, debido especialmente a la posibilidad de utilizar para un único contenido textos, imágenes, sonidos, etc.

La *autonomía* se entiende en la enseñanza virtual desde una doble vertiente: de una parte, como autonomía «cognitiva», ya que el alumno sigue su ritmo propio de aprendizaje; y, de otra, como autonomía «física», ya que el alumno puede aprender en distintos lugares y sin un profesor a su lado (Rodríguez Tapia 2006).

Y, en cuanto a la *interactividad* (*virtual*), ya decíamos más arriba que rige sobre los tres conceptos citados. La *interactividad* es la capacidad, gradual y variable, que tiene un medio de comunicación para darles a los usuarios/lectores un mayor poder tanto en la selección de los contenidos (*interactividad selectiva*) como en las posibilidades de expresión y comunicación (*interactividad comunicativa*). El concepto de interactividad, según Aparici y Silva (2012: 4), «implica la intervención por parte del usuario sobre el contenido, la transformación del espectador en actor y el diálogo individualizado con los servicios conectados». También Rost (2004: 5) distingue entre dos tipos de interactividad: la interactividad *selectiva* (con los contenidos) y la interactividad *colectiva* (entre individuos). En este sentido, Encarnación y Legañoa (2013: 130) afirman que «[...] la interactividad en los entornos virtuales de enseñanza- aprendizaje propicia(ría) el desarrollo de la dimensión individual y social del aprendizaje». Además, un tercer tipo de interactividad sería la *instrumental*, que se da entre el usuario y el sistema, y donde se determina tanto el tipo de comunicación que se crea y las actividades que se proponen como la retroalimentación que recibe el estudiante (Alfageme 2002). Y, por último, debe contemplarse la «interactividad cognitiva», que, según Ruiz Velasco (2013), es la que permite la construcción de conocimientos y conceptos personales en el alumnado mediante recursos tecnológicos que potencian sus capacidades y habilidades.

---

1   *Cf.* para profundizar en este concepto los trabajos de Abio (2010) y Ferreira (2007).

Antecedentes históricos de la ELAO

El avance de la tecnología ha llevado aparejada la lógica evolución histórica de las posibilidades de la enseñanza asistida por ordenador. Esta evolución de la ELAO ha sido estudiada por diferentes investigadores (Davies 2007, Hanson-Smith 2003, etc.), aunque han sido Mark Warschauer (2000) y Stephen Bax (2003) los que han tenido mayor relevancia en este ámbito.

Warschauer (2000), siguiendo un criterio cronológico, diferencia tres fases en el desarrollo de la ELAO:

1. Una primera fase, denominada *structural* o *behavioristic CALL*, que se traduce al español como «ELAO conductista», fue concebida en los años 50 y se desarrolló, sobre todo, entre los años 60 y 70 del siglo pasado, puede considerarse hoy un subcomponente de un campo más amplio que la enseñanza asistida por ordenador. Su método, inspirado en el modelo de aprendizaje conductista, se limitaba a proponer ejercicios lingüísticos repetitivos. En esta fase el ordenador actúa como una herramienta de trabajo, motivadora básicamente por lo novedoso, cuyo objetivo es que alumno adquiera precisión (*accuracy*) en los aspectos más formales del lenguaje.

2. La segunda fase, llamada *comunicative CALL* (en español, «ELAO comunicativa o constructivista»), surge en la década de los 70 del siglo XX y se caracteriza por un incremento notable de la interacción entre el alumno y el software educativo existente: «El alumno no lleva a cabo un simple *drill*, sino que debe realizar un proceso de búsqueda, elección e interacción con el ordenador para obtener la respuesta correcta» (Pérez Torres 2004: 93). Su objetivo fundamental era conseguir mayor fluidez en las destrezas orales.

3. La tercera fase, conocida como *integrative CALL* «(ELAO integradora», *en español*), se inicia a finales de los 90 del siglo pasado y que llega hasta nuestros días: Internet se convierte en una herramienta que proporciona al estudiante una autonomía *desconocida hasta este momento. Las actividades que se proponen en esta fase se orientan* hacia metodologías basadas en proyectos de carácter más interdisciplinar y que implican, por tanto, a otras áreas de conocimiento en los procesos de enseñanza-aprendizaje. La tecnología se convierte en un elemento mediador en el proceso de enseñanza-aprendizaje.

Stephen Bax (2003), por su parte, prefiere utilizar el término *enfoques* porque realiza una clasificación sin referencias a etapas cronológicas y centra sus esfuerzos en buscar, para los diferentes enfoques, un concepto más general, basado en los grados de interactividad e integración de las TIC en el proceso de enseñanza-aprendizaje. Así, Bax (2003: 15 y ss.) distingue entre tres tipos de CALL o ELAO:

1. La *Restricted CALL* («ELAO restringida»), que se caracteriza tanto por lo limitado del software y, por ende, del diseño de actividades como por la escasa retroalimentación ofrecida al alumno y las restricciones del profesor ante estas condiciones tecnológicas.
2. La *Open CALL* («ELAO abierta»), que es un enfoque desarrollado a partir de los años 80 (Bax 2003: 22–23), aporta más información a los estudiantes y se incluyen simulaciones y juegos en las actividades presentadas. La actitud de los docentes y las instituciones hacia el uso de las nuevas tecnologías es más abierta. Existe, por tanto, un mayor grado de interactividad en la enseñanza, pero su alcance depende de cada docente y cada institución.
3. La *integrated CALL* («ELAO integrada») es un enfoque que todavía no se ha desarrollado en su totalidad, de manera que, para Bax (2003: 23), es más bien una propuesta de futuro hacia la que se debe avanzar hasta alcanzar un estado de «normalización» en que la tecnología se considere «invisible» por estar verdaderamente «integrada» en la labor cotidiana del profesor, «como el uso del bolígrafo o los libros hoy en día».

Pero, aunque la tecnología ha avanzado mucho desde la publicación del artículo de Bax (2003) y mucho más desde los artículos de Warschauer y Healey, publicados en 1998, aún no ha alcanzado el estado de normalización que deseaba Bax, si bien es cierto que «cada año aporta nuevos dispositivos o técnicas que ofrecen nuevas posibilidades de implementación [...] en la enseñanza o el aprendizaje de lenguas extranjeras» (Andersen 2012:17).

Y, así, en la bibliografía existente en este dominio, y concretamente en la relación de la enseñanza-aprendizaje con la tecnología, la investigación ha ido aportando una serie de acrónimos que han sido recogidos parcialmente en diferentes estudios (Kern y Warschauer 2000, Chapelle 2003, Levy y Hubbard 2005, Ward 2006). Igualmente se hacen eco de estos aspectos organizaciones dedicadas a la investigación de entornos de aprendizaje interactivo, como EUROCALL, CALICO, IALLT y WorldCALL[2].

---

2 Se trata de organizaciones profesionales que reúnen a docentes e investigadores interesados en el campo educativo y la alta tecnología educativa: EUROCALL es la sigla de la *European Association for Computer Assisted Language Learning*; CALICO de *Computer Assisted Language Instruction Consortium*; e *IALLT de International Association for Language Learning Technology*. Otras asociaciones de menor alcance actualmente en este campo son CERCLES, CCAQLL / CELAO, ATELL & LET, etc.

Una vez vista la terminología básica general y los antecedentes históricos de la ELAO, proponemos ahora una visión conceptual más amplia. La ELAO nos parece el término más integrador de las teorías de enseñanza y aprendizaje en un entorno virtual[3]. Ya dijimos que era el equivalente del acrónimo inglés CALL (*Computer Assisted Language Learning*), el cual, aunque tiene en español como traducción más extendida el acrónimo ELAO (*Enseñanza de Lengua Asistida por Ordenador*), también se ha traducido por ALAO (*Aprendizaje de Lengua Asistida por Ordenador*[4]), siendo su objetivo el integrar la tecnología en los procesos de enseñanza (perspectiva enfocada hacia el profesor) y aprendizaje (perspectiva más enfocada hacia el alumno), respectivamente. Y constituye la concreción de la Enseñanza Asistida por Ordenador (EAO) al campo del lenguaje. El concepto de la ELAO se refiere tanto a la rama disciplinar de la Lingüística aplicada, que estudia el uso y aplicaciones de las Nuevas Tecnologías de la Información y Comunicación (en adelante, NTIC) en contextos de enseñanza y aprendizaje de lenguas extranjeras, como al catálogo de actividades de aula que precisan del uso de NTIC para su desarrollo (Hernández Polanco 2009: 24).

Siguiendo la clasificación de Rodríguez Gómez (2014), la ELAO es un concepto central al que podemos ir asociando otros conceptos y líneas de trabajo (definidos desde sus acrónimos), agrupados en tres grandes bloques: *learning, language, instruction*. Asimismo, se contemplan en su clasificación términos (y sus acrónimos) asociados a la ELAO que no tienen un carácter exclusivamente instructivo, de la siguiente manera:

1. El bloque LEARNING, que incluye los siguientes acrónimos, que participan del factor «aprendizaje» en su definición:
   a) *CAL* (*Computer Assisted Learning*), denominación que abarca cualquier uso del ordenador para el aprendizaje, con la particularidad de que se otorga al alumno un papel relevante en el proceso. Su traducción más habitual es «Aprendizaje Asistido por Ordenador».
   b) *CALT* (*Computer Assisted Learning Teaching*), concepto similar al anterior, pero que otorga una mayor relevancia al profesorado en el proceso de enseñanza-aprendizaje.

---

3 Jose Luís Giménez López (2012) realiza un estudio que profundiza sobre el concepto ELAO como un elemento globalizador, teniendo en cuenta todas las disciplinas que pueden estar incluidas en la enseñanza de segunda lengua con tecnologías.
4 Aunque la traducción más exacta de CALL sería «Aprendizaje de Lenguas Asistido por Ordenador» (ALAO), utilizaremos el término ELAO por ser el más extendido.

c) *CAALT* (*Computer Assisted-Adaptative Learning Testing*), tipo específico de test en que se seleccionan los ítems de acuerdo a los estudiantes que lo realizan. Esta línea de trabajo se ocupa del diseño, la elaboración y la calidad de las pruebas de nivel. Estas pruebas lingüísticas asistidas por ordenador pueden constituir en sí mismas, según Brown (1997), una línea de investigación independiente, «una disciplina científica».

2. El segundo gran bloque es el de LANGUAGE y en él se agrupan los acrónimos (y sus correspondencias) que contemplan en su definición el aprendizaje de lenguas:

   a) CALL (*Computer-Assisted Language Learning*) es un concepto de carácter generalista en el aprendizaje de lenguas asistido por ordenador. Su principal característica es que se centra en el proceso de aprendizaje y no tanto en el papel que desempeñan profesor y alumno.

   b) ICALL (*Intelligent Computer Assisted Language Learning*) se define como Aprendizaje de Lenguas Asistido por Ordenador con Inteligencia Artificial. Bajo estas siglas se encuentran las investigaciones que tienen como objetivo conseguir que el software se adapte a las capacidades, dificultades y necesidades concretas del alumno.

   c) El TELL (*Technology-Enhanced Language Learning*) o «Aprendizaje de Idiomas Tecnológicamente Mejorado» se caracteriza, en palabras de Giménez (2012: 323), por «proporcionar una descripción más precisa de las actividades que se pueden clasificar dentro de los límites de ELAO».

   d) WELL (*Web Enhanced Language Learning*) se puede traducir como «Aprendizaje de lenguas mejorado por la web». En esta línea se estudian los motivos que hacen de Internet un factor tecnológico-didáctico decisivo en el proceso de enseñanza-aprendizaje, especialmente de una lengua extranjera.

3. En el tercer y último gran bloque, INSTRUCTION, se agrupan las líneas de investigación que trabajan el concepto de enseñanza-instrucción centrado en el papel del profesor como principal actor en el proceso curricular del aprendizaje, de creación de materiales y de su evaluación. Son las siguientes:

   a) CAI (*Computer-Assisted Instruction*) o «instrucción asistida por ordenador» es un concepto amplio y genérico, muy cercano al de EAO, que podemos concretar, siguiendo a Riccardi (2002: 225), de la siguiente manera:

El aprendizaje es programado, asistido y/o apoyado a través de la utilización del ordenador. A su vez, este es concebido como un recurso o medio que presenta informaciones y ejercicios para el desarrollo de actividades de enseñanza-aprendizaje de contenidos curriculares por medio de la informática. También CAI se puede usar como un término genérico que incluye todos los métodos del uso del ordenador para el aprendizaje.

b) CALI (*Computer Assisted Language Instruction*) es también un concepto amplio, en el que la investigación aborda el estudio de las aplicaciones de la informática a la enseñanza de idiomas y su aprendizaje, es decir, estudia el uso del ordenador como recurso didáctico dinámico en el proceso de la enseñanza de lenguas.

c) La CMI (*Computer-Mediated Instruction*), que podríamos traducir como «instrucción mediada por ordenador», se define como cualquier instrucción escrita u oral que se realiza a través del uso de dos o más dispositivos electrónicos: correo electrónico, mensajería instantánea o chat, por ejemplo. El futuro de la CMI es prometedor, dado el protagonismo que han adquirido las redes sociales y, por tanto, el aumento de las posibilidades en la exploración didáctico-instruccional del software social. Esta línea de investigación está estrechamente relacionada con la CMC (*Computer-Mediated Communication*).

4. Por ultimo, decíamos más arriba que existen también siglas que responden a conceptos o líneas de trabajo que, aun relacionadas con la ELAO, no tienen cabida en los tres bloques anteriores por no usarse exclusivamente en contextos de aprendizaje de lenguas o por no implicar necesariamente aspectos instructivos. Son las siguientes:

a) CAT (*Computer Adaptative Testing*): estas pruebas, que se pueden traducir como «pruebas a medida» o, más literalmente, como «pruebas adaptadas para ordenador», son utilizadas para diferentes tipos de evaluación (psicológicas o de otra índole), pero no exclusivamente para evaluar la competencia lingüística.

b) CBT (*Computer-Based Training*) o formación asistida por ordenador es un tipo de educación en la que el alumno aprende a realizar tareas mediante la ejecución de programas y puede, a su vez, practicar el uso del programa o aplicación a medida que va aprendiendo de sus contenidos. Se trata por tanto de una formación de doble vía, utilizada especialmente por las empresas a modo de *tutorial*.

c) La CMC (*Computer-Mediated Communication*) o comunicación mediada por ordenador se define como cualquier tipo de comunicación oral o escrita a través de dos ordenadores. Como ocurría con la CMI, es la línea de trabajo más productiva y dinámica en estos tiempos en los que aún no conocemos los límites de las posibilidades de las redes sociales como herramienta para la enseñanza-aprendizaje de lenguas.

Todos estos conceptos conjugados adecuadamente conforman los «Entornos Virtuales de Aprendizaje» (EVA[5]), que constituyen «un sistema de acción que basa su particularidad en una intención educativa y en una forma específica para lograrlo a través de recursos virtuales» (Suárez 2003, §14) y que presentan como características el ser «flexibles y adaptables» (Garduño Vera 2007: 175) a los perfiles de los estudiantes y a los objetivos del aprendizaje.

Pero las propuestas educativas que se inscriben en este tipo de entornos formativos han ido avanzando hacia el aumento de la autonomía del alumno y nos conducen a los denominados «Entornos Personales de Aprendizaje» (EPA[6], en adelante), que suponen no solo una nueva visión de las metodologías, sino también una gestión de materiales didácticos más adaptados al estudiante: se personalizan las herramientas TIC y los programas. En esta evolución quedarán cada vez más difuminadas las fronteras entre las maneras de enseñar y aprender: «EVA y EPA no son conceptos opuestos, simplemente muestran la evolución natural de los espacios de aprendizaje, que tienden a ser más abiertos y libres» (Torres 2008: 32)

Cuando se profundiza en la bibliografía referida a la instrucción programada se pueden encontrar muchas siglas referidas al uso educativo del ordenador con fines «instructivos», con lo que se hace necesario mencionar la EAO (Enseñanza Asistida por Ordenador), cuyo correspondiente acrónimo en inglés, CAI (*Computer Assisted-Aided Instruction*), es una pieza clave de las NTIC y un término genérico que incluye todos los métodos del uso del ordenador para el aprendizaje: se trata de «la aplicación de la tecnología para la elaboración de recursos de aprendizaje desde el diseño hasta la utilización de estos» (Londoño 2011: 114).

A modo de conclusión

Hemos visto a lo largo de este trabajo cómo en torno a la ELAO se ha ido tejiendo un contexto terminológico y pedagógico que ha ido abriendo nuevas líneas de investigación asociadas al aprendizaje de lenguas. Sin duda el «cambio educativo va acompañado de una concepción del aprendizaje, la cual ha propiciado el desarrollo y la consiguiente difusión de la formación a distancia y, muy especialmente, de la Enseñanza de Lenguas Asistida por Ordenador» (Álvarez Martínez 2008: 24).

La combinación de diferentes técnicas didácticas, tipos de recursos de aprendizaje y estrategias de evaluación e interacción entre el alumno y el profesor a

---

5   Acrónimo para el español que responde al inglés *Virtual Learning Environment*-VLE.
6   Acrónimo para el español que responde al inglés *Personal Learning Environment*-PLE.

través de las TIC es un reto que va más allá de los conceptos. El reto es diseñar estructuras desde múltiples perspectivas de creación y, así, «ofrecer al estudiante la posibilidad de elegir diferentes caminos para llegar al conocimiento» (Londoño 2011: 122).

Referencias bibliográficas

ABIO, Gonzalo (2010): «La importancia del feedback automático como apoyo al aprendizaje en el Moodle», en *Texto Livre: Linguagem e Tecnologia*, vol 3 (2). Recuperado el 8 de enero de 2014 en http://www.periodicos.letras.ufmg.br / index.php/textolivre/article/view/61/772.

ALFAGEME GONZÁLEZ, M.ª Begoña (2002): «Las redes en la enseñanza: Interactividad», en *ADAXE: Revista de Estudios y Experiencias Educativas* 18: 117–130.

ÁLVAREZ MARTÍNEZ, Sara (2008): *Interacciones sincrónicas escritas en línea y aprendizaje de español: caracterización, perspectivas y limitaciones*, Tesis doctoral presentada en el Departamento de Filología Clásica, Francesa e Hispánica de la Universidad de Lleida. Recuperado el 20 de marzo de 2014 en: http:// www.galanet.eu/publication/fichiers/Alvarez2008_tesis.pdf.

APARICI, Roberto y Marco SILVA (2012): «Pedagogía de la interactividad», *Comunicar* 19 (38): 51–58.

BARBOSA HERRERA, *Juan Carlos.* (2004): «*Los Ambientes Virtuales de Aprendizaje –AVA–*», en *Foro_AVA_UPTC_2004, CEANTIC (Centro de Educación Asistida por Nuevas Tecnologías), Bogotá: Pontificia Universidad Javeriana, pp. 1–21.*

BASTERRECHEA, Juan Pedro de y Olga JUAN LÁZARO (2005): «Influencia de los recursos digitales y los sistemas de comunicación en el modelo de enseñanza de ELE», en *Actas del Primer Congreso Internacional de FIAPE, Federación Internacional de Asociaciones de Profesores de Español.* Recuperado el 2 de febrero de 2012 de www.sgci.mec.es/redele/biblioteca2005/fiape.shtml

BAX, Stephen (2003): «CALL- past, present and future», en *System* 31: 13–28.

BROWN, James Dean (1997): «Computers in Language Testing: present research and some future directions», en *Language Learning and Technology* 1 (1): 44–59.

CENTRO DE ENSEÑANZAS VIRTUALES DE LA UNIVERSIDAD DE GRANADA (CE-VUG) (2004): *Manual de evaluación de los alumnos a través de Internet*, Granada: Secretariado de Tecnologías y Apoyo para la Docencia Vicerrectorado de Servicios a la Comunidad Universitaria Universidad de Granada. Recuperado el 12 de marzo de 2012 de http://cevug.ugr.es/web-cevug/materiales.html.

CHAPELLE, Carol A (2003): *English language learning and technology: Lectures on applied linguistics in the age of information and communication technology*, Amsterdam: John Benjamins Publishing.

DAVIES, Graham (2007): «Where are we now and where are we going?», en http://www.camsoftpartners.co.uk/docs/UCALL_Keynote.htm. Recuperado el 8 de enero de 2014.

ENCARNACIÓN, Emma Kareline y María de los Ángeles LEGAÑOA FERRÁ (2013): «Estrategia para favorecer el desarrollo de la interactividad cognitiva en entornos virtuales de enseñanza aprendizaje», *Pixel-Bit: Revista de medios y educación* 42: 129–142.

FERNÁNDEZ PINTO, Jimena (2002): *¡E/LE con Internet! Internet paso a paso para las clases de E/LE*, Madrid: Edinumen.

FERREIRA, Anita (2007): «Estrategias efectivas de feedback correctivo para el aprendizaje de lenguas asistido por computadores», en *Revista signos* 40 (65): 521–544.

GARCÍA GAVÍN, Santiago (2013): «La función del ordenador en el aprendizaje de una lengua extranjera», en *Linguax: Revista de lenguas aplicadas* 1. Recuperado el 12 de enero de 2014 de http://www.uax.es/publicaciones/archivos/LINIDI03 _002.pdf

GARDUÑO VERA, Roberto (2007): «Caracterización del docente en la educación virtual: consideraciones para la bibliotecología», en *Investigación bibliotecológica* 21 (43): 157–183.

GIMÉNEZ LÓPEZ, José Luis (2012): *Análisis y validación de interfaces interactivas adaptadas al aprendizaje en dispositivos móviles sobre pantallas restrictivas*, Tesis doctoral de la Universidad Politécnica de Valencia.

HANSON-SMITH, Elysabeth (2003): «A brief history of CALL theory», en *CATESOL Journal* 15 (1): 21–30.

HERNÁNDEZ POLANCO, María de los Ángeles (2009): *La integración de las TIC en la didáctica y el currículum de Lenguas Extranjeras: marco teórico e investigación evaluativa del profesorado de los IES de Cantabria en el curso 2006-2007*, Tesis doctoral de la Facultad de Filología de la UNED.

LAFUENTE MARTÍNEZ, Marc y Mila NARANJO LANOS (2003): «Las actividades de evaluación en entornos electrónicos de enseñanza y aprendizaje: algunas dimensiones para el análisis del diseño pedagógico y tecnológico», en el *IV Congreso Multimedia Educativa. El aprendizaje en entornos virtuales*, celebrado en Barcelona. Recuperado el 12 de marzo de 2012 de http://www.ub.edu/grintie/GRINTIE/ Library/public/ML_MN_MME_03.pdf.

Levy, Mike y Philip L. Hubbard (2005): «Why Call CALL 'CALL'», en *Computer Assisted. Language Learning* 18 (3): 143–149.

Londoño Giraldo, Eliana Patricia (2011): «El diseño instruccional en la educación virtual: más allá de la presentación de contenidos», en la *Revista de Educación y Desarrollo Social* 5 (2): 112–127.

Pérez Torres, Isabel (2003): «Diseño de actividades de investigación orientada en la web y su Integración en el proceso de enseñanza de lenguas», en G. Luque Agulló, A. Bueno González y G. Tejada Molina (eds.): *Las lenguas en un mundo global / Languages in a Global World*, Jaén: Servicio de publicaciones de la Universidad de Jaén, pp. 53–60.

Riccardi León, Italo Oscar (2002): «La enseñanza-aprendizaje de E/LE a través de la utilización de recursos multimedia», en *Actas del X Seminario de Dificultades Específicas de la Enseñanza del Español a Lusohablantes: El componente lúdico en la clase de E/ELE* (São Paulo, 14 de septiembre de 2002), Brasilia: Embajada de España en Brasil, pp. 224–228.

Rodríguez Gómez, M.ª del Cristo (2014): *Análisis de la instrucción gramatical a través de la interactividad virtual: Fusión metodológica y desarrollo de la competencia gramatical*, Tesis doctoral, La Laguna: Universidad de La Laguna (en prensa).

Rodríguez Illera, José Luis (1992): «Herramientas de autor para el desarrollo de software educativo», en *CL & E: Comunicación, lenguaje y educación* 13: 111–124.

Rodríguez Tapia, Enrique (2006): «Incidencia de las nuevas tecnologías en el aprendizaje autónomo de lenguas extranjeras», en Memorias del 6º Encuentro Nacional e Internacional de Centros de Autoacceso de Lenguas. La autonomía del aprendiente: escenarios posibles, Agosto 2006. Recuperado el 12 de enero de 2014 de http://cad.cele.unam.mx/memorias6.

Rost, Alejandro (2004): «Pero, ¿de qué hablamos cuando hablamos de Interactividad?», comunicación presentada al Congreso ALAIC de la Universidad Nacional de La Plata. Recuperado el 12 de enero de 2014 de http://es.scribd.com/doc/35884178/Rost-2004-Pero-%C2%BFde-que-hablamos-cuando-inte ractividad.

Ruipérez, Germán (1995): *Enseñanza de lenguas y traducción con ordenadores*, Madrid: Ediciones Pedagógicas (pp. 25–47).

Ruiz Velasco Sánchez, Enrique (2013): *Aprendiendo con tecnologías de la inteligencia en* la web semántica, México: IISUE y Ediciones Díaz Santos.

Soria Pastor, Inés (2008): «Evolución de la ELAO. Tecnologías de la Información y la Comunicación en el aula ELE», Instituto Cervantes. Recuperado el 20 de enero de 2014 de http://ticelewiki.pbworks.com/f/TICS_isoria_2008_1.doc.

Suárez Guerrero, Cristóbal (2003): «Los entornos virtuales de aprendizaje como instrumento de mediación», en *Teoría de la Educación. Educación y Cultura en la Sociedad de la Información*. Recuperado el 12 de marzo de 2012 de http://campus.usal.es/~teoriaeducacion/rev_numero_04/n4_art_suarez.htm.

Torres Ríos, Lola (2008): *Procesos de aprendizaje colaborativo en una red de entornos personales de aprendizaje (REPA) para aprendientes de ELE. Proyecto piloto: Observación de plataformas de aprendizajes de idiomas y creación de REPA*, Proyecto de Tesis presentado en el Departamento de Didáctica de Lengua y Literatura de la Universidad de Barcelona.

Ward, Monica (2006): «Using Software Design Methods in CALL», en *Computer Assisted Language Learning* 19 (2–3): 129–147.

Warschauer, Mark y Deborah Healey (*1998*): «Computers and language learning: An overview», en *Language Teaching* 31: 57–71.

Warschauer, Mark y Richard Kern (eds.) (2000): *Network-based language teaching: Concepts and practice*, Cambridge: Cambridge University Press.

Warschauer, Mark (2000): «The death of cyberspace and the rebirth of CALL», en *English Teachers' Journal* 53: 61–67.

Studien zur romanischen Sprachwissenschaft
und interkulturellen Kommunikation

Herausgegeben von Gerd Wotjak

Band 20 María José Domínguez Vázquez: Die Präpositivergänzung im Deutschen und im Spanischen. Zur Semantik der Präpositionen. 2005.

Band 21 Thomas J. C. Hüsgen: Vom getreuen Boten zum nachdichterischen Autor. Übersetzungskritische Analyse von Fernando Pessoas *Livro do Desassossego* in deutscher Sprache. 2005.

Band 22 Gerd Wotjak / Juan Cuartero Otal (eds.): Entre semántica léxica, teoría del léxico y sintaxis. 2005.

Band 23 Manuel Casado Velarde / Ramón González Ruiz / Óscar Loureda Lamas (eds.): Estudios sobre lo metalingüístico (en español). 2005.

Band 24 Celia Martín de León: Contenedores, recorridos y metas. Metáforas en la traductología funcionalista. 2005.

Band 25 Ulrike Oster: Las relaciones semánticas de términos polilexemáticos. Estudio contrastivo alemán-español. 2005.

Band 26 María Teresa Sánchez Nieto: Las construcciones perifrásticas españolas de significado evaluativo y sus equivalentes alemanes en la traducción. Con ejercicios para la clase de español como lengua extranjera. 2005.

Band 27 María Amparo Montaner Montava: Análisis cognitivo-perceptivo de la combinatoria de los verbos de transferencia. Se incluye CD-ROM con actividades para estudiantes de lingüística, lenguas y traducción. 2005.

Band 28 Clara Curell: Contribución al estudio de la interferencia lingüística. Los galicismos del español contemporáneo. 2005.

Band 29 Antonio Pamies / Francisca Rodríguez Simón: El lenguaje de los enfermos. Metáfora y fraseología en el habla espontánea de los pacientes. 2005.

Band 30 Gisela Marcelo Wirnitzer: Traducción de las referencias culturales en la literatura infantil y juvenil. 2007.

Band 31 Elena De Miguel/Azucena Palacios/Ana Serradilla (eds.): Estructuras Léxicas y Estructura del Léxico. 2006.

Band 32 Esteban Tomás Montoro del Arco: Teoría fraseológica de las *locuciones particulares*. Las locuciones prepositivas, conjuntivas y marcadoras en español. 2006.

Band 33 Nicola Matschke: Zeitgenössische französische Bibelübersetzungen: exemplarische textlinguistische und stilistische Übersetzungsprobleme. 2006.

Band 34 Mónica Aznárez Mauleón: La fraseología metalingüística con verbos de lengua en español actual. 2006.

Band 35 Moisés Almela Sánchez: From Word to Lexical Units. A Corpus-Driven Account of Collocation and Idiomatic Patterning in English and English-Spanish. 2006.

Band 36 Marta Albelda Marco: La intensificación como categoría pragmática: revisión y propuesta. Una aplicación al español coloquial. 2007.

Band 37 María del Carmen África Vidal Claramonte: Traducir entre culturas. Diferencias, poderes, identidades. 2007.

Band 38 Maria Eugênia Olímpio de Oliveira Silva: Fraseografía teórica y práctica. 2007.

Band 39 Catalina Jiménez Hurtado (ed.): Traducción y accesibilidad. Subtitulación para sordos y audiodescripción para ciegos: nuevas modalidades de Traducción Audiovisual. 2007.

Band 40 Emilio Ortega Arjonilla (ed.): El Giro Cultural de la Traducción. Reflexiones teóricas y aplicaciones didácticas. 2007.

Band 86 Pedro Mogorrón Huerta / Daniel Gallego Hernández / Paola Masseau / Miguel Tolosa Igualada (eds.): Fraseología, Opacidad y Traducción. 2013.

Band 87 María Jesús Fernández Gil: Traducir el horror. La intersección de la ética, la ideología y el poder en la memoria del Holocausto. 2013.

Band 88 Gloria Clavería / Cecilio Garriga / Carolina Julià / Francesc Rodríguez / Joan Torruella (eds.): Historia, lengua y ciencia: una red de relaciones. 2013.

Band 89 Carmen Llamas Saíz / Concepción Martínez Pasamar / Manuel Casado Velarde (eds.): Léxico y argumentación en el discurso público actual. 2013.

Band 90 Gerd Wotjak / Carsten Sinner / Linus Jung / José Juan Batista (eds.): La Escuela traductológica de Leipzig. Sus inicios, su credo y su florecer (1965-1985). 2013.

Band 91 Ana Llopis Cardona: Aproximación funcional a los marcadores discursivos. Análisis y aplicación lexicográfica. 2014.

Band 92 María López Ponz: Juego de capitales. La traducción en la sociedad del mestizaje. 2014.

Band 93 Fruela Fernandez: Espacios de dominación, espacios de resistencia. Literatura y traducción desde una sociología crítica. 2014.

Band 94 Xavier Lee Lee: La expedición de Martin Rikli y Carl Schröter en 1908. Primer *viaje de estudios* del ámbito germanoparlante a Canarias. 2014.

Band 95 Se ha hecho camino al andar. Homenaje por Mª I. Teresa Zurdo Ruiz de Ayúcar. Festschrift für Mª I. Teresa Zurdo Ruiz de Ayúcar. Estudios compilados y editados por Mª Jesús Gil Valdés e Isabel García Adánez. Herausgegeben von Mª Jesús Gil Valdés und Isabel García Adánez. 2014.

Band 96 Xoán Montero Domínguez (ed.): Traducción e industrias culturales. Nuevas perspectivas de análisis. 2014.

Band 97 Nekane Celayeta Gil / Felipe Jiménez Berrio / Alberto de Lucas Vicente / Maite Iraceburu Jiménez / Dámaso Izquierdo Alegría (eds.): Lingüística Teórica y Aplicada: nuevos enfoques. 2014.

Band 98 Catalina Jiménez Hurtado (ed.): La traducción como comunicación interlingüística transcultural mediada. Selección de artículos de Gerd Wotjak. 2014.

Band 99 María del Carmen Fumero Pérez / José Juan Batista Rodríguez (eds.): Cuestiones de lingüística teórica y aplicada. 2014.

www.peterlang.com